中公新書 1

桑原武夫編

日本の名著 改版

近代の思想

中央公論新社刊

まえがき

『日本の名著』という題によって、明治維新からこんにちにいたるまでのすぐれた本を選びだし、それぞれに解説をつけてほしい、と中公新書から頼まれたとき、わたしはその企画の有用性を確信して、すぐさまひき受けた。

しかし、九五年間にはすぐれた作品がきわめて多いので、戦後はこのさい除くこととし、また、文学上の創作は別に選んでもらうほうがよいと考えた。そこで対象を哲学、政治・経済・社会、歴史、文学論、科学にかぎり、「近代の思想」という副題をつけることとした。そこまできめたうえで、河野健二、上山春平、樋口謹一、多田道太郎の四氏に加わってもらい、まず各自が以上の各分野にわたる名著を推薦したあと、長時間共同討議して、ここに選んだ五〇の書目を決定した。

もっぱら独創的な作品を選ぶこととし、外国の文献の要約、紹介は、当時重視されたものであっても採用しなかった。

夏目漱石など文学者は、評論から選び、創作は除いてある。

戦後ははぶいたが、『狩野亨吉遺文集』のように、たとえその公刊が戦後であっても、執筆されたのが戦前または戦中であったものは、採用した。

配列は、原則として、執筆の年代順とした。

引用文は読みやすくするために、表記法を若干改めることにした。

本来なら上記の五人ですべての解説を担当すべきだが、実力と時間の不足がそれを許さぬので、次のページにあるとおり、親しい友人一〇氏の協力を求めて分担執筆をしてもらった。参加の好意を謝するとともに、書目選定の責任はわたしたちにあることを明記しておきたい。

ここに選んだ五〇の書物のうち、目下入手困難なものが若干あることは残念だが、それは、西洋の三流作品は訳出しても、こうした国民的名著を絶版にしておいて恥じないわが出版界の責任というべきである。読書界の要請によって、現代の読者に近づきやすい形において再刊されることを希望する。

一九六二年秋

桑原　武夫

共同執筆者（五十音順　所属は執筆時）

飛鳥井雅道　京都大学人文科学研究所
飯沼　二郎　京都大学人文科学研究所
井上　健　京都大学理学部
上山　春平　京都大学人文科学研究所
梅　原　猛　立命館大学文学部
加藤　秀俊　京都大学人文科学研究所
川喜田二郎　東京工業大学理工学部
河野　健二　京都大学教養部
桑原　武夫　京都大学人文科学研究所
高橋　和巳　立命館大学文学部
多田道太郎　京都大学人文科学研究所
橋本　峰雄　神戸大学文学部
樋口　謹一　京都大学人文科学研究所
平山敏治郎　大阪市立大学文学部
松田　道雄　医学博士

目次

日本の名著

——近代の思想

●なぜこの五〇の本を読まねばならぬか

人間は虚無から創造することはできない。いま現にあるものをふまえて未来をつくるほかはない。ところでその現在は、好ましいものであろうと、いとわしいものであろうと、それはまた過去に規制されつつ生まれたものである。したがって、未来への情熱がいかにはげしくても、過去を完全に無視してしまうなら、現在の確保がよわくなるという意味において、未来への躍進はあぶなっかしいものとなる。このようにいうことは、過去主義あるいは回顧趣味の奨励では、もとよりない。じじつ、未来への意欲をもたぬひとには、過去はとらえにくいものとなるのであって、わたしたちのいいたいのは、過去のうちで現在に生きている、あるいは生かしうるものをつかんで、未来への出発を確実なものとすべきだということである。

伝統主義という言葉がある。ながくつづいた伝統には、つづくだけの理由がある。その理由の探究を怠って、これをいっきょに清算しようとするのは無理であり、またできることでもない。しかし、わたしたちの人生の規範は伝統のなかに示されており、それを護持さえすればよいという意味なら、伝統主義は危険な保守主義であって、わたしたちは容認しがたい。とくに日本では、伝統というと近代を無視して、古代、中世に力点をかける風潮がつよい。すぐ法隆寺、『万葉集』といったことを考えたがるのである。現在から遠ざかるほど過去は美的鑑賞の対象となりやすく、現実的行為の基盤とはなりにくいという事情を知らねばならない。過去は現在に近いほど大切だとする歴史観が必要なのである。

わたしたちにいちばん近い過去は、明治維新にはじまる日本の近代である。もちろん一八六八年以後の日本が、いっきょに封建の徳川時代から絶縁しえたわけではない。たしかに維新は政治経済的にただちに近代化に成功することはできなかった。それはむしろ当然のことであるが、このことから維新を革命とよぶことをためらうひとがある。しかし、このとき日本が民族の独立をまもり近代化をはかるために、伝統をすてて、西洋の文物を大胆にとり入れるべく、一つの文化革命を決意したことに間違いはない。そして世界史上、かつてどの国民も、これほどの熱意をもって文化の切りかえをおこなったものはない。フランス革命といえども、それほどの断絶を志向しなかった。そして、一九世紀なかばの世界情勢を考慮に入れるならば、日本人の決意はきわめて賢明であったといえる。

「文明開化」という言葉に要約されるこの決意は、不可避的な錯誤をともないつつも、究極において成功した。そしてこんにち、日本は間違いなく近代国家である。近代国民としての自信をもって、わたしたちは過去に不可避的であった錯誤のつぐないにあたるべき時期にきている。

わたしたちの祖父母たちは、急いで西洋に追いつくために、外国の新しい文物を次から次へととりこむことに熱心すぎて、とりこまれたものが日本の土壌でいかに成長、開花するかに注意をはらわなかった。いや、眼に見える物質的生産には注目したであろうが、それをみちびくべき眼に見えぬ思想的生産には無関心であった。かれらは思想的根なし草になる危険をおかしつつ、ひたすら前進したのである。前進はつねに美しい。わたしたちは祖父母や父母を咎めるよりも、みずからを改めたい。わたしたちは明治から一九四五年までの日本人の思想的苦闘のあとを、どれだけ知っているのであろうか。かえりみて恥かしく思わぬひとは少ないであろう。

明治以後の文学作品については、すでに幾度か綜合的全集が試みられたのに、思想的作品についてはいままで専門家以外はほとんど無関心であった。しかし、わたしたちは日本の未来を真剣に構築しようとするとき、近代の思想遺産を活用せねばならないはずである。ここに選んだ五〇の名著、それは一つの遺産目録のささやかな試みにすぎないが、悲しむべき無関心打破の一石ともならば幸である。

そこに前進への足場を自由に見いだしうるために、選定はあたうかぎり幅ひろく、多様性をもたせたいと願った。

（桑原武夫）

福沢諭吉『学問のすゝめ』

ふくざわ＝ゆきち　一八三四（天保五）年、大阪堂島の中津藩蔵屋敷に勤務する下級士族、福沢百助の五子として生まる。母も中津藩士の出である。生後一年半で父の急死にあい、母に伴なわれて中津（大分県）に帰る。少年時代から探究心がつよく、稲荷社の御神体をとりかえた話は有名である。家計を助けるために内職にはげみ、一四、五歳になってはじめて漢学塾に通う。一九歳のとき長崎に赴き、自活しつつ蘭学を学ぶ。約一年後、江戸をめざして長崎を出たが、途中で大阪にとどまり緒方洪庵の医学塾に入門、蘭学勉強に没頭。二年後、中津藩の命令により江戸に出て、江戸藩邸で蘭学を講じ、ついで英学の必要性を感じ、独学で英語をはじめた。一八六〇年、日米通商条約の批准書交換のための使節団派遣にさいし、咸臨丸に乗り組んだ軍艦奉行の従僕として渡米。維新までに、ヨーロッパとアメリカになお一度ずつ旅行し、多くの洋書を持ち帰って、近代化に貢献した。六五年、洋学塾を創設、三年後、芝に移し、慶応義塾と名づけた。七八年、東京府会議員に選出されたが、まもなく辞任し、政界よりも言論界で活躍することをもとめた。八二年『時事新報』の主筆となり、民権と国権の両者を伸長すべきことを唱えた。脳溢血の再発により一九〇一年死去。著書は『西洋事情』、『文明論之概略』、『福翁自伝』など。本書は岩波文庫版がある。

鳥羽・伏見の戦いで敗れた幕府は、いよいよ江戸を本拠に最後の決戦をするという噂がしきりであった。福沢諭吉は、ひとびとが立ち退きをはじめている動乱のなかで芝新銭座に土地を買いいれ、大工たちをやとって校舎の建築をはじめた。慶応義塾の校舎ができて、福沢が講義をはじめたころには、上野の彰義隊《しょうぎたい》と官軍のあいだの戦争が切迫して、江戸市中は大さわぎであった。砲声を遠くに聞きながらかれが講義したのは、英書の『経済学原理』であった。

この有名なエピソードは、福沢が学問にかけた期待の大きさを示すものである。かれは幕府側にも攘夷側《じょういがわ》にも荷担せず、ただ洋学の導入が今後の日本の進路にとって不可欠のものであることだけを信じた。これは政治にかかわることの危険から身を護ろうとした一つの戦術ともみられなくはないが、『学問のすゝめ』はまさに福沢が自己の態度を公然とひとびとの前で弁護し、新時代に生きる道を教えようとしたものである。維新早々で、政府当局者をもふくめて、多くの国民は、とるべき方途に迷っていたのが実状であったから、本書は、一八七二年に初編が出ると、たちまち二〇万部という空前の売れ行きを示した。あまりに評判がたかいので、さまざまの偽版が現われて十数万部に達した。なかには愛知県のように県庁自身が『愛知県発行、福沢諭吉述、学問のさとし』と題する偽版をつくり新しい教育指針として県下に配布したこともある。福沢は、版権確保のために訴訟を起こし、八方奔走しなければならなかった。

初編の成功に刺激されて、福沢は二編以後も書きつづける決心をした。けっきょく、五年間にわたって一七編まで書いたが、いずれも二〇万部売れたというから、全部で三四〇万の出版部数をもったことになる。資本主義の唱道者たるにふさわしく、経営的にもかれは完全に成功した。出版は、用紙の買入れ、印刷、製本まですべて自家経営、販売だけを取次店にまかすというやり方で、かれは著者兼出版業者としての利益を収めた。

『学問のすゝめ』は多くの感銘をあたえるとともに、反響も少なくなかった。とくに第四編「学者の職分を論ず」は、新進の洋学者たちがあらそって仕官の道をもとめて在野精神に徹しないことを批判したので、加藤弘之、森有礼などの反論を招いた。また「国法の尊きを論ず」、「国民の職分を論ず」では、仇討、切腹などの無意味さを説き、楠正成のような「忠臣義士」の死といえども、主人の金を一両なくしたために自殺する「権助《ごんすけ》の死」と、「文明を益することなき」点では同じことだと説いた。この「楠公権助論」は、新聞その他ではげしく攻撃され、脅迫状まで来た。いま一つの反響として、千葉県長沼村の沼の漁業権が他村に奪われそうになり、その村の一人が偶然『学問のすゝめ』を手にして感激し、福沢を訪ねて援助をもとめたので、福沢は二五年間、終始村民のために援助を惜しまず、ついにその願いをとげさせた事実がある。『学問のすゝめ』が民衆の自覚をたかめた一例である。

「天は人の上に人を造らず人の下に人を造らずと云えり。されば天より人を生ずるには、万人は万人皆同じ位にして、生れながら貴賤上下の差別なく、万物の霊たる身と心との働を以て天地の間にあるよろずの物を資《と》り、以て衣食住の用を達し、自由自在、互に人の妨《さまたげ》をなさずして各《おのおの》安楽にこの世を渡らしめ給うの趣意なり」

自然法的な人権平等の主張をもって、本書は出発する。しかし、目の前の人間界においては貧富貴賤の区別があるのはなぜか。

「人は生れながらにして貴賤貧富の別なし。唯学問を勤《つとめ》て物事をよく知る者は貴人となり富人となり、無学なる者は貧人となり下人となるなり」

つまり、人間社会の「有様」の相違は学問の有無にかかっている。その学問とは何か。

「学問とは、唯むずかしき字を知り、解し難き古文を読み、和歌を楽み、詩を作るなど、世上に実のなき文学を云うにあらず」「専《もっぱ》ら勤むべきは人間普通日用に近き実学なり」

すなわち「いろは四十七文字」にはじまり「帳合《ちょうあい》」「そろばん」その他、地理学、物理学、歴史、経済学、修身学などである。これらの学問を身につけて、それを実地に応用することが、「一身の独立」の基礎であると説く。

「一身の自由独立」は、福沢によれば、ただちに「一国の自由独立」につながる。国家間もまた平等でなければならず、「理のためには『アフリカ』の黒奴にも恐れ入り、道のためには英吉利《イギリス》、亜米利加《アメリカ》の軍艦をも恐れず、国の恥辱とありては日本国中の人民一人も残らず命を棄てゝ国の威光を落さゞるこそ、一国の自由独立と申すべきなり」ということになる。

第二編以下は、初編のテーマを「人民独立の気力」あるいは「文明の精神」をいかにして養成するかという一点にしぼって、さらに具体化し深めたものである。すなわち、人民論、学問・学者論、政府論、男女論、名分論、演説論、道徳論などである。これらの主題は、「人民独立の気力」を養ううえで不可欠のものと考えられるのだが、同時にそれは、福沢が生涯を通じて追究し展開した議論の輪郭をもあざやかに示している。

福沢の思想の特徴はどこにあるか。まず封建的身分制にたいするはげしい批判である。旧幕時代に百姓町人がいかに不自由な境遇におかれていたか、「専制抑圧」がいかに「卑屈不信」の念を人民に植えつけたか、空虚な「名分論」がいかにして「偽君子」を生み出すか、などがするどく衝《つ》かれるが、それは単なる過去の問題ではない。

「近日に至り政府の外形は大に改りたれども、その専制抑圧の気風は今尚存せり。人民もやや権利を得るに似たれども、その卑屈不信の気風は依然として旧に異ならず……」「これを概すれば日本には唯政府ありて未だ国民あらずと云うも可なり」

では政府とは何か。福沢は、おそらくウェイランドに学んで国家契約説をとる。

「元来人民と政府との間柄はもと同一体にてその職分を区別し、政府は人民の名代となりて法を施し、人民は必ずこの法を守るべしと、固く約束したるものなり」

人民は政府の下に立つ点では「客」であるが、人民の意志によって法を立てる点では「主人」であり、「一人にて主客二様の職を勤むべき者なり」。この主張は、きわめて尖鋭な民主主義論である。福沢は、革命権を肯定しているわけではないが、すくなくとも政府の力を相対化し、人民の力を伸長して、「国民の力と政府の力と互に相平均」させることを期待している。「国民の力と政府の力と互に相平均」させるという言葉が示しているように、福沢は一方が他を圧倒し、あるいは覆《くつがえ》すのではなく、対立する二つの要素を均衡させることに重点をおく。彼の主張は、批判においてするどいが、政策論になると調停的、妥協的な色彩をおびてくる。国民と政府の「平均」は、さらに「議論」と「実業」〔実践〕との平均論となり、さらに男女論その他の道徳論においても、かれ独自の均衡感覚がはたらいている。西洋と日本の比較論においても、西洋の事物を盲信する風潮を戒めていう。

「西洋の文明もとより慕うべし、これを慕いこれに傚《なら》わんとして日もまた足らずと雖《いえど》も、軽々これを信ずるは信ぜざるの優に若《し》かず。彼の富強は誠に羨むべしと雖も、その人民の貧富不平均の弊をも兼てこれに傚うべからず、日本の租税寛なるに非ざれども、英国の小民が地主に虐せらるゝの苦痛を思えば、かえって我農民の有様を祝せざるべからず」

これは、福沢の一見識を示すものであるが、同時に、かれの均衡論は対立するどちら側へでも通ずる実学的性格をつねにそなえていたことを忘れるべきではない。

田口卯吉『日本開化小史』

たぐち゠うきち　鼎軒と号した。一八五五（安政二）年、目白の徳川家の徒士屋敷に生まる。母は、幕府天文方に属し佐久間象山、渡辺崋山らと交遊した田口慎左衛門の長女で、父は養子。卯吉は五歳で父を失い、祖母と母によって育てられ、一二歳で徒士となり、銃法を習い、英語の学習をはじめた。一四歳のとき明治維新となり、一家離散。横浜で路上の骨董商を手伝うかたわら、英語の習得にはげんだ。一八六九年、静岡藩に出仕することになり、沼津兵学校に入り、ついで医学を志した。七二年、大蔵省翻訳局に入り、経済学および開化史の研究に従事し、その成果を『日本開化小史』、『自由貿易日本経済論』として発表。七八年、大蔵省をやめ、渋沢栄一らの援助を得て、『東京経済雑誌』の刊行に着手し、生涯これを主宰し、大いに論陣をはった。ミルやバスティアなどの自由主義経済思想に傾倒し、保護主義や社会政策学派を論敵とし、「不変の理」である経済法則を発現させることがかれの目標であった。『帝国財政意見』、『支那開化小史』その他辞書、事典の編纂もあり、九一年からは史学雑誌『史海』を発行し、史書の出版にもつとめた。一九〇五年、腎臓病のため死去。本書は岩波文庫版がある。

変革期には歴史への関心がたかまる。とくに、社会の転換がおこなわれてのち、ひとびとがまだ新しい生き方や見通しをもちえないでいるとき、いったい自分たちはどういう地点に立っているのか、なぜそうなったのかを切実に知りたく思うのは当然である。フランス革命の嵐のなかで、コンドルセが『人間精神進歩の歴史』を書き、バルナーヴが『フランス革命序説』を書きのこしたのは、そうした意味をもつものであった。

田口卯吉の『日本開化小史』は、まさしく日本における「人間精神進歩の歴史」にほかならない。それは福沢諭吉の『文明論之概略』とならび称せられるが、もちろん歴史論としては『開化小史』のほうがずっと面白い。というのは、田口が「神道の濫觴《はじまり》」から徳川の没落にいたるまでの経過を、『神皇正統記』〔北畠親房〕や『読史余論』〔新井白石〕などによって具体的にとりあげながら、しかも歴史解釈のうえでは「神がかり」史観や「勧善懲悪」の道徳主義をまったくしりぞけて、はっきり合理主義の立場にたっているからである。もちろん、どの国民の歴史もそれ自体として合理的なものではけっしてない。時代をさかのぼるほど、迷信や信仰や風俗習慣が大きな力をふるうことは、だれでも知っている。しかし、田口はそれらの非合理なものをあくまで合理的に説明しようとするのである。それによって、一見、非合理とみえるものがじつは歴史のなかで合理的な理由をもっていることが明らかにされる。と同時に、非合理の非合理さがいっそうはっきりとつかまれることとなるのだ。明治の変革は、一八七七年の西南の役でおわったといわれるが、その時点において、田口卯吉はこうした立場から日本の歴史を分析する。かれは自分の思想を表明していう。

「余は神権、忠義、報国等の教えをもって、人間社会の変状〔正状の反対、幸福の少ない状態〕を処するの一具となし、しこうして完全無欠の教えと認むるあたわず。しかりといえども、にわかにこれを排除するを望むにあらず、ただ速かに排除するの気運に達せんことを望むのみ」

漸進的進歩主義ともいうべきこうした結論に、かれはいかにしてたどりついたか。ギゾーやバックルの文明史、スペンサーやルボックの社会発展論の影響をうけたかれは、歴史や社会の根底に「社会の大理」「社会進化の法則」が存在することを認める。その法則は、いっさいの生命あるものがもっている「生を保ち死を避ける」天性に由来する。この天性が、歴史のさまざまの時期において、たとえば霊魂不死の説や祖先崇拝を生みだしたり、仏教の普及や封建道徳をつくりだす。したがって、日本史の基底にはつねにこの「保生避死」という人間の本性《ヒューマン・ネイチュア》が作用しているとみる。これが第一点である。第二点は、「およそ人心の文《すすめる》野《すすまざる》は、貨財を得るの難易とあいまって離れざるものならん。貨財に富みて人心野なるの地なく、人心文にして貨財に乏しきの国なし」という認識である。つまり、生産の発達が文化の発達をうながすという経済史観である。歴史の最初の段階では、人間は衣食を得るのに精いっぱいで、「祖先の事を記するに暇《いとま》なく、間接の災害を恐るの智なし、茫然《ぼうぜん》天地の間に立ちて禽獣に異ならず、衣食これ急なり、あに死後の事を憂うるの暇あらんや、故に霊魂不死の説いまだ発せざるなり」。

田口は、自然法的なイギリス経験論と、経済史観を基礎にして、日本史の展開をたどる。科学的な日本史研究の土台をおいた本書が二〇歳代の仕事であることには驚かされる。

日本の古代史の展開は、財貨に基礎づけられて、人間の想像力がさまざまの変転をとげる過程としてとらえられる。「されば人心進歩の有様を考うるに、最初には全く想像をなすことなく、更に禽獣に異ならざりしが、死を嫌うの天性よりして、霊魂の死せざることと、霊魂の帰する処とを想像し、つぎに死を避けんとの天性よりして、自然の怪力を敬するの心起り、つぎに言伝の粗なるよりして〔カミは元来、普通の人間をさす言葉であった〕、祖先を神聖と想像するの心起り、つぎに霊魂不死の考えよりして、祖先の霊魂天地に照臨ましますと想像し、つぎに祖先の霊魂神となりて、これを祭れば諸々の災害を治し給うの威力あることを思」うようになり、「神教政府」ができあがる。神道が仏教にとってかわられたのは、神道が災害や吉凶という目さきのことしか説きえないのにたいし、仏教が死後のことにまで想像をめぐらすことができたからである。この想像力のちがいに圧倒されて、天皇が仏門に帰依したことが、蘇我氏の専横、政府権力の衰退となる。奈良・平安の時代は、唐の模倣に終始した。「人民の富を唐の如くにならしむる方法には目を付けで、ひとえに朝廷を唐風に飾り立てんと目論《もくろ》みたり」。田口は、平安時代の「文弱」を排して、鎌倉時代の「農商安堵」を高く評価する。平安文化は「浅薄なる大冊」を積みあげたにすぎず、平安政府の開化は「地方を抑制して」なったものにすぎない。

「そもそも学士たるものは何がために他の職工よりも重んずべきか、文学なるものは何がために他の貨物よりも尊ぶべきか、その功績の人類に及ぶところいかに相異なるか。余をもってこれを見るに、更に貴重すべきあるを見ざるなり、しかるをいわんやいたずらに古字に通じ古書に明らかなるのみの学士をや」

後年、田口が自由主義経済学を掲げて言論界に活躍するにいたる端緒が、ここに見られる。

「そもそも人心の進歩は貨物の進歩と併行すべきものなれば、いまその貨物の進歩を妨げて特に文学のみを盛んならしめんと欲するは〔平安朝文学〕、あたかも車の両輪の一を退《しりぞ》けて他を進めんと欲するに異ならず、その目的をとぐること能《あた》わざるなり」

無益な学問・芸術よりも「貨物の進歩」を重しとする文明論である。

戦国時代から徳川の末年にいたるまでの間に、人民の開化はいかに進展したか。田口は一方では、政治や制度の変遷を興味ふかくたどりながら、他方「社会の生計の度」がどのように進歩したかを具体的に示そうと試みる。戦国のころには、「知行三百石取り」の家の子どもでも、朝夕雑炊《ぞうすい》をたべ、「昼飯なぞ喰うということは夢にもないこと」（『おあん物語』）で、「わらび、梅干、くらげ」が山海の珍味であった。衣服は、一三歳から一七歳まで、膝から下はまるだしの帷子《かたびら》一枚を着せられただけ（同書）、女は髪を稲のワラで結んだ。徳川初期になって、池田光政が江戸で織田常真にお目見えして御馳走になった料理は「蕪汁におろし大根の鱠、あらめの煮物、干魚の焼物」（『三省録』）であり、女は外出にさいして「覆面または綿」で顔をかくし、男も深い編笠をかむった。芝居、浄瑠璃、浮世絵がはやり、酒の販売がはじまり、侍たちは「伽羅の油」を髪につけはじめた。徳川中期になると、貨物や職業の種類はいっそう多くなり、かんざし、日傘、下駄、ビロードの足袋、煙草入れなどが人目をひく。

右に併行して文学の変遷も認められる。朱子学がまず先行して、これにたいして復古学が起こり、さらに経済学、和学、医学、狂言などが盛んになるが、それらについても変遷をたどっている。これらの学問が「王侯富豪」と「中等以下の人民」のいずれに受け入れられるかによって、異なった尊重ないしは利用のされ方をするという指摘は興味ふかい。「王侯富豪」は「古聖賢の名に眩し〔目がくらみ〕」「古代の語を貴重し」「漢文を重んじ」「南宗の絵」を好み、唐様《からよう》の書法を尊重する。「中等以下の人民」は、孔孟の類は「固くこれを禁《いまし》め」わずかに「商売往来」「百人一首」「平仮名の草子」などに安んじ、「錦絵」を楽しみ、「御家流」の字を書いた。「けだし社会の平等ならざるは社会の常なれば、尊卑の用うるところ相異なるはもとより免かるべからざるところなれども、封建のときの如く甚だしきはあらざるべし」

このほか、すぐれた着想が多い。文明開化の立場からのすぐれた日本史の一つである。

中江兆民『三酔人経綸問答』

なかえ＝ちょうみん　名は篤介。一八四七（弘化四）年、土佐藩足軽の長男として高知に生まる。早く父に死なれ、しっかり者の母に育てられた。一八六一年、土佐藩校文武館に学び、のち藩の留学生として長崎に遊学、坂本竜馬を知る。幕末、江戸に出てフランス語を学び、維新後の一八七一－七四年、司法省留学生としてフランス留学。帰朝して政府につかえ翻訳係となるも、意見衝突して辞職。自宅に開いていた仏語塾に力をいれ、「仏国共和の事」を講じ、ルソーの『社会契約論』を漢文で訳して八二年、『民約訳解』を出し、東洋の「ルソー」と呼ばれた。八一年、日本で最初に「自由」を名のった『東洋自由新聞』を西園寺公望らと創刊。弾圧による廃刊後も自由民権運動の理論的参謀として活躍し、とくにその雑誌『欧米政理叢談』は有名。八七年、保安条例によって東京を追放されたが、ただちに大阪で『東雲《しののめ》新聞』を発刊。九〇年の第一回衆議院選挙で大阪から当選、「神聖なる議員」と呼ばれたが、民党の堕落にあいそをつかして辞職、北海道に去った。九八年、独自に国民党を組織し政界改良を試みたが失敗。一九〇一年、癌のため余命一年半と宣告されてのち『一年有半』を書き、ベスト－セラーとなった。同年、弟子幸徳秋水にみとられて死去。『三酔人経綸問答』は、現代語訳をそえて岩波文庫から刊行。

『三酔人経綸問答』(一八八七)は七五年前に書かれた政治論だが、これを現代文に書きあらためて読んでみると、まったく新鮮なのに驚く。著者中江兆民が本書のなかの南海先生のように「目は全世界をながめわたし、一瞬間に千年前にさかのぼり、千年後に及ぶ」政治哲学者だったからである。兆民は自由民権運動の参謀として献身的努力をしたが、その運動はじゅうぶんなる展開を示しえず、この年、本書刊行後、保安条例によって東京から追放され、大阪に移り、『東雲《しののめ》新聞』によって筆陣をはった。そして三年後、第一回衆議院議員選挙に大阪からうって出て、当選するのである。

本書はそうした状況において書かれているが、その時点における明確な政治目標へ読者を導くような政策論ではない。兆民はここで、政治の実践家というよりむしろ政治の学者としてあらわれている。当面の政敵を叩くというより、永遠に成長していくべき味方としての人民を教育するために、日本の政治の根本理念を語っている。理念であって政治綱領ではないから、示されるのは尖鋭な一本の路線ではなく、三本の線の組み合わせられた複合的なものとなっている。議論を三人の人物の討論によって展開するという方法は、古く中国にあり、さらに弘法大師が道教、仏教、儒教の代表者をして語らしめる『三教指帰』がある。兆民は、おそらくこれらの先例に触発されて、本書の構成を着想したのであろう。討論者を「三酔人」として、飲酒という要素をからませたのは、読者の親しみを増す技巧であると同時に、議論を単なる理論的・直線的構成とせず、ゆとりのある断続的展開たらしめようとしたのであろう。

学は東西にわたり、奇説をもって知られる南海先生は、大の酒ずき、そこへ一本の火酒をたずさえて二人の客がやってくる。一人はスマートな風采で、言語明晰な哲学者、洋学紳士とよばれる。もう一人は、かすりの和服の壮士風の論客で、豪傑君とよばれる。

洋学紳士は、西洋近代思想を代表する。進化の理法を確信し、政治社会は、未開から君主専制、さらに立憲制をへて共和制に至らねばならぬ。自由こそ人間社会の最高の価値であって、これは民主制のもとにおいてしか発達しない。そこで日本は、まず自由・平等・博愛の三原則の確立をこそめざすべきであって、軍備などは即時撤廃すべきである、と主張する。小国がわずかの軍備をもったところで、強国にたいしてなんの役にもたたない。万々一、一強国による侵略をうけたとしても、こちらは丸腰で、道義の立場で対すればよい。他の列強はこれを放置しないであろう。本来、人間は四海同胞たるべきもの、甲国人、乙国人などというのは生まれの偶然にすぎず、人間はどこの国に住んでもよいはずのものだ、とまでいう。

豪傑君はこれを聞いておこりだす。それは学者の書斎の議論にすぎない。現実から出発しなければならないが、その現実はまさに強食弱肉、ヨーロッパの諸列強はアジア‐アフリカを武力で侵略し、または商権によって圧迫している。人間にはもともと闘争本能があり、国家間の戦争は不可避なものである。小国であろうと、侵略を甘受するなどというのは承知がならない。日本も大いに軍備をととのえて、強大国にならねばならぬが、資力が乏しくて、いきなりそうはいかない。どうすればよいか。アジアに一つの国がある。国土が広く、資源も豊かだが、老衰して力がない。日本はここに進出すべきだ。そして天皇を奉じて都もその地に移すがよい。狭い日本は、洋学紳士のような民主主義者におまかせすることにしよう。明治以後の日本には、「新し好き」と「昔なつかし」との二元素があって、争っているが、昔なつかしの連中を除去しなければ日本の改良はできない。だから、この昔なつかしの連中を動員して某国を侵略すればよい。万一失敗しても、反動分子が減るだけの効果はあるだろうという。

もっぱら聞き役にまわっていた南海先生も、意見を求められていう。洋学紳士の説は、西洋の学者が頭のなかで考えだし、本に書いただけのこと。現実の世の中ではまだ支配的になっていない、美しい雲のようなものだ。豪傑君の説は、昔の偉人が一〇〇〇年に一度だけ成功したやり方で、こんにちの時勢では実行できぬ過去のまぼろしだ。そう批判する南海先生は、まず洋学紳士の信奉する進化の神の進路を明らかにする。それはけっして直線的なものではなく、まがりくねり、左と思えば右へ行き、進むとみれば退き、退くとみれば進む。人間があつかましくも先にたって進化の神を導こうなどとしたら、そのわざわいははかりしれない。だから政治家は、進化の神の憎むところを知っておかねばならない。それは時と場所とをわきまえずに言論・行動することである。理想をもちながら、その実現においては時と場所の限定を自覚して慎重でなければいけない。

いま問題になっている人民の権利にしても、これには二種類ある。英仏のように人民が自分たちの力で革命して取りもどした権利を「回復の民権」という。君主のほうから自発的に人民に与えたものを「恩賜の民権」という。回復でも恩賜でも、民権の本質にかわりはない。日本の民権が憲法によって与えられたことを恥じるにはあたらない。これを大切にまもり育てて、回復の民権と肩をならべるようにすべきである。これをこそ進化の理法というべきだ。

豪傑君の中国の侵略などとはもってのほかだ。これと提携して世界の平和をはかるべきである。世界の情勢も、強食弱肉などとあまり極端に考えてはなるまい。どこの国にも民主勢力があって、もはや権力者の独断を許さないはずだ。また大軍備が戦争勃発をかえって防止することもありうる。日本は防衛戦争のみを考えるべきで、侵略戦争をおこなってはならない。

最後に当面の政策をきかれて、「立憲の制度を設け、上は天皇の尊厳を強め、下はすべての国民の福祉を増し、上下の両議院を置く。外交については、平和友好を主として、国体を傷つけられないかぎり、けっして国威を高めたり武力をふるったりするようなことはせず、言論・出版などに関する規則は、しだいに寛大にし、教育や商工業は、しだいに盛んにする、といったことです」と答える。

奇説を期待した二人が、あまりの平凡さにあきれると、南海先生がいずまいを正して、日常の雑談なら、奇抜なことで人を笑わせるのもよいが、いやしくも国家一〇〇年の大計を議論する場合に、どうして奇抜を看板にすることができようか、という。その後、二人の客は海外に去り、「南海先生は相もかわらずただ酒をのんでいる」というのが結びの言葉となっている。

この三人のだれが兆民の思想を代表するかについては、いろいろの説がある。しかし三人がそれぞれ兆民の分身だとみるのが適当であろう。三人問答の形式をとったこと、また三人の説がそれぞれふかい共感をもって描かれていることが、それを示している。

その後、洋学紳士の説は、幸徳秋水をはじめとして、内村鑑三や矢内原忠雄、そして河上肇以下のマルクス派に継承展開され、しだいに「美しい雲」は地上に近づき、戦後の新憲法となった。豪傑君の考え方は、志賀重昂、北一輝、宮崎滔天などにつらなり、やがてその民権性を喪失して、太平洋戦争に突入せしめる。これはしかし、こんにちもなお底流としてけっして消えてはいない。南海先生流の漸進改良主義は、竹越与三郎をはじめ日本の穏健進歩派をささえ、大正デモクラシーにつらなり、洋学紳士の説と一部分重なったとみられる。ていねいに読めば、三人の思想はこんにちもなお生きているのであり、日本の現実はなお『三酔人経綸問答』の枠内にあることがわかる。明治における政治についての最高作品とされるゆえんである。

北村透谷『徳川氏時代の平民的理想』

きたむら＝とうこく　本名を門太郎といい、小田原藩医快蔵の長男として、一八六八（明治元）年、小田原唐人町（いまの万年四丁目）に生まる。維新後、父は昌《しょう》平《へい》黌《こう》に入学、のちに大蔵省出仕とともに一家上京。泰明小学校卒業後、私塾に学び、一四歳から横浜のホテル－ボーイなどをしながら民権運動に参加。東京専門学校（早大）に入学したがつづかず、民権運動の激化にもついていけず、商売を試みて失敗、通訳やアメリカ人宣教師の手伝いなどで生活した。一八八八年、石坂ミナと恋愛結婚したが、生活に困窮してもめごとが絶えず、原稿を書きはじめたが金にならなかった。九二年、フレンド教会機関誌『平和』の主筆、翌年、星野天知の援助によって『文学界』を創刊。島崎藤村、平田禿木などにつよいロマン主義的影響をあたえた。妻との不和はひどく、アルバイトで教えていた女学生とのプラトニック－ラヴは成立せず、キリスト教会からも遠ざかる。自殺未遂をくりかえしたあと、一八九四年、自宅の庭で縊死。当時の新聞は冷淡に報じた——「みごとにブランコ往生とげたるよし」。生前の著書には伝記『エマルソン』一冊と、詩集二冊あるのみ。本書は『透谷全集』三巻（岩波書店）に収録。

明治憲法が発布されたころ、自由民権運動左派の組織は壊滅し、跡をとどめぬまでになっていた。かつて運動のはげしかった時期にはいつも集まり、武装蜂起さえ考えていた神奈川・三多摩地方の青年グループも、あるものは逮捕され、あるものはアメリカに亡命してしまった。運動から脱落した北村透谷だけが、クエーカー教牧師の通訳をしながら、東京で孤立していた。透谷は、政治的功名心をなげすて「気楽なる生活を得た」と自嘲しつつ、内心でははげしい心のわきたちをおさえていた。かれは身分ちがいの恋愛をおしとおして結婚していたが、すぐ金に困り、妻とのあらそいを毎日のようにつづけていた。孤独な、絶望のにがい思いと、それをうちけす戦闘的な魂が、かれのなかで、たえずせめぎあっていた。

『徳川氏時代の平民的理想』は、題名から想像されるような文学史論ではない。直接のきっかけは、当時の文壇の新進大家尾崎紅葉の小説『伽羅枕《きゃらまくら》』を読んだときの感想文「粋《いき》を論じて『伽羅枕』に及ぶ」〔死後発表〕であり、その感情的反撥の感想文を雑誌向けに書きなおした『伽羅枕』及び『新葉末集』といったアクチュアルな現代論議だった。『徳川氏時代の平民的理想』は、これらの理論的意味づけとして、論点をひろげて書きあげられたものである。

明治憲法の体制下では、透谷の恨みなど現実にはなんの力ももってはいなかった。帝国議会が開設されたところで、その左派もけっこう既成の枠のなかで野党的存在を誇るだけのものでしかなかった。新しい文学と宣伝されるものは多かったが、二葉亭四迷はすぐ忘れられてしまい、古い西鶴とか元禄時代の復活を提唱する尾崎紅葉、幸田露伴が、あっというまに大家になってしまった。徳川時代の、しかも元禄とか文化文政の好色文学が明治の新しい時代に大手をふって通用しはじめたとき、新しい文学を考えようとする透谷は、まず、紅葉にも元禄時代にも反撥の念を書きつけていく。

北村透谷『徳川氏時代の平民的理想』

「いき」が尊ばれるのは、江戸時代の遊蕩の風から生じたものである。その時代の作家は、「おおむね遊廓内の理想家にして、かつ遊廓場裡の写実家なりしなり。愛情を高潔なる自然の意義より解釈せず、遊廓内の腐敗せる血涙中よりこれを面白気に画き出でたる者にて、遊廓内の理想を世に紹介し、世に教導したる者、実に彼等の罪なり」。紅葉のような明治の作家が、どうしてこんな「いき」などをもち上げるのか。「いき」などはいくらうまく書いたところで、人間の真実にはふれられぬ。この第一論文を書いたときの透谷は、紅葉を攻撃して気晴らしをした。しかし、理想主義者と思われていた幸田露伴までも『新葉末集』を発表し、「遊廓内の豪傑」、「粋《いき》の粋」を描いて満足している状態は、どう考えればいいのか。第二論文「『伽羅枕』及び『新葉末集』」では、紅葉・露伴の両大家をともに軽蔑し、罵倒する筆致がつよくなる。

「明治文学のために泣かざるを得ず。明治文学をして再び元禄文学の如くに、遊廓内の理想に屈従せしむるの恥辱を受けしめんとするを悲しまざるを得ず」「そも粋と呼ばるる者、いかなる性質より成れるか、そも売色女の境遇より、如何なる自然の心を読み得るか。われ多言するに勝《た》えざるなり」

いきどおる透谷は、だが、どのような文学をみずからの手でおしだそうとしていたのであろう。かれは、政治的叙事詩を書いてみたこともあった。遊廓的ではない自然の恋愛を歌いあげようとしたこともあった。さらに、孤立した個人のなげきの歌ではなく、新しい明治の時代をせおっている「国民」のイメージを提出しようとしたりもした。こうしたかれの試みは、いつもにがい無駄な努力におわった。「いき」などではなく「恋愛」を、と考えるかれも、その恋愛が結婚に到達するとたんに苦しみになってしまうとなげいていたのである。色恋沙汰の小説よりドラマが書きたいと願う透谷だが、一度たりとも成功していない。

紅葉・露伴のかつぐ「いき」、「きょう」〔侠〕は、ただ感覚的に反撥するだけでは倒せないのであった。なぜ明治になってそんな遊廓文学が読まれるのか。いや、そもそも徳川時代になぜこんな愚劣な思想が理想化されたのか。かれはその根本の問題を解こうとする。それまでの単なる反撥ではなかった。かれ自身の弱さを確認したうえで、現在の問題を解決しようとする意識をかかえて、徳川時代に対決したのである。

第三論文『徳川氏時代の平民的理想』は、透谷自身の苦しみを投影したニヒリスティックな文学史論となった。徳川時代の文学は、その時代の窒息《ちっそく》した雰囲気をそのままあらわしているのだ。現代の理論家たちが「くだらん」ときめつけても、徳川時代の作家たちはやむをえず無意味な仕事をしたのだ。

「われはむしろ十返舎のために泣かざるを得ざる悲痛あり。彼のごとき豪逸なる資性をもって、彼のごときゼヌインのウィットをもって、しこうして彼のごとくに無無無の陋巷《ろうこう》に迷い、無無無の奇語を吐き、無無無の文字を弄《ろう》して、ついに無無無の代表者となって終らしめたるもの、そもそも時代の罪にあらずして何ぞや」

　封建社会でもっともすぐれた可能性をもつものは、平民であった。しかし可能性といっても、それは不平としてしか表現できなかったのである。「不平の黒雲のもっとも多く宿るところは、もっとも深く人間の霊性を備えたる高尚なる平民の上にあり」

　武士の芸術と平民の芸術とは断絶したまま交わることはなかった。平民の文化を卑下することはやさしい。しかし、平民こそ「地底の水脈」なのだ。「わが徳川時代平民の理想を査察せんとするは、わが邦の生命を知らんとの切望あればなり」。最大の悲劇は、その平民が、遊廓での「いき」とか「きょう」といった、現在からみて無意味なものを理想として育てていったことなのだ。「始めより終りまで極めて悽惻《せいそく》暗澹たる」平民の歴史のなかではじめて理想が生まれたことは、「無量の悦喜」をもって迎えるべきだったが、それが「虚無的の放縦」となり、

「偏固なる、嬌少なる、むしろ卑下なる理想」におちてしまったのだ。その平民の状態は、明治になって解放されたといいきることはできぬ。透谷は、平民を攻撃しようとはしなくなった。かれは「平民のために憐れみ」、「平民のために悲しん」だ。

本書は、「いき」や「きょう」を正しくないと知りつつ、それを自称進歩派からまもりとおす姿勢をみせ、「真に痛むべし」という文章でおわる。

それは、透谷にとっても「痛むべき」であった。明治期の新進大家、紅葉・露伴を攻撃したときのかれは、単純な進歩派と思われるほどだったが、時間をかけ、調べ、日本の平民の状態を考えれば考えるほど、一見古い元禄文学の意味をとらえ直さねばならなかった。徳川時代の文学はまちがっていたが、そのまちがえこそが貴重だったと論点を変える透谷は、進歩主義者、山路愛山から非難され、一方、紅葉たちからもうとんぜられたのである。

透谷の理想はどこにあったのか。もちろん、平民の痛ましいまちがった理想や、その模倣者紅葉を破壊し、新しい明治の平民の理想をうちたてることにある。しかし、明治の平民も「虚無思想」にとらえられていると透谷が考えるとすれば、希望はじつはどこにもなかったといえよう。かれの理想はしだいに心の内へ閉じこもっていった。生命は人間の霊の内部にしかない。現実を動かすことは無理ではなかろうか。『内部生命論』を書き、絶望をつよめてゆく北村透谷には、自殺だけが待っていたのである。

山路愛山『明治文学史』

やまじ＝あいざん 本名を弥吉といい、幕府天文方山路一郎の長男として、一八六四（元治元）年、浅草の天文屋敷に生まる。父は彰義隊に参加し、函館で政府軍と戦い、失意のうちに静岡に隠居したため、愛山は私塾で学んだだけで静岡警察の雇吏となり、一家の生活を支えた。八九年、キリスト信者となって上京、東洋英和学校に入学。卒業後、静岡で伝道師生活を三年間送り、ふたたび上京、徳富蘇峰の民友社に入社。政治論、経済論、史論を書きつづける。九七年、毛利家の『防長回天史』編集所主任となり、翌年、『信濃毎日新聞』主筆。一九〇二年、三たび上京して雑誌『独立評論』を発刊、国家社会主義を提唱して論壇をさわがせた。日露戦争当時、戦争賛成を主張しつつも社会主義者を援助し、のち国家社会党を創立。〇六年には日本社会党と共同して電車賃値上反対運動をおこなった。のち雑誌記者として多くの著作を残し、豪放な人格をおしまれつつ、一九一七年、病死。『新井白石』、『社会主義管見』（発禁）、『足利尊氏』など、数十冊の著がある。本書は、一八九三年、『国民新聞』に発表、『史論集』（みすず書房）に収録。

「文学」という言葉は、明治の中ごろまで、ひろく思想をあらわす文章の意味でつかわれていた。山路愛山は、文学を社会的発言とその機能で考える。文学を「思想の表皮なり」と考えてこそ、そのあとに出てくる「狭義の文学」、「美術的の文学」の意味も明らかにできるだろう。

明治二〇年代、明治憲法のつよい規制のもとで生活する愛山にとって、文学とは、たえず天下国家にたたかいを挑み、人心を導き、生活を改める力たるべきものであった。藩閥政府の思想の力が強ければ強いほど、それに反対する思想も力強くなければならない。文学は、「美術的」純文学のこと、といってすませる状態ではなかった。かれは牧師をしたこともあった。しかし、型にはまった説教で神の道を説くだけでは不十分である。文章を書き、読者に影響をあたえ、行動にかりたてるジャーナリストの道が、かれには適していたのである。

進歩的雑誌『国民之友』の記者として愛山の筆法はあらゆる分野にわたった。政治を好み、経済を論じ、歴史を説いた。学者からも作家からも、山師、俗物とののしられたが、かれは平気であった。人間が生きるのに専門などはない。人間は人間として生きるのではないか。ひとが書く文章は、これすべて、その人物の生き方のあらわれである。「事業の中心は人なることを信ず」。かれが歴史を論ずるとき、伝記、評伝が多いのも当然だったといえよう。

愛山は筆の力を信じていた。文章がひとを動かしてこそ、つぎの世代の希望をつくる。当節の作家や学者たちが政府やジャーナリズムに飼いならされているとすれば、本来の筆の力はどこに見いだすべきか。御用学者はやっつければよろしい。だが憂欝なことに、いっしょに手をとって仕事をしようとしていた北村透谷までもが愛山を俗物よばわりするにいたったとき、かれは自分の立場を説明せねばならぬ。『明治文学史』は、その反論として『国民新聞』に書きはじめられた。

北村透谷の愛山批判はいささか衝動的であった。透谷も、当時の学問が御用学問であり、文学が苦い現実を美化ばかりしているのに反撥していたのだが、透谷はその文学反動とのたたかいに無力を感じ、現実の社会を変えるとか文章によってひとを動かすことは諦めかけていた。文は「空の空を打ち」、「戦争の中途に何れかへ去る」ものだ。「文章を事業」と考えれば、いかに善意であっても、「反動の事業」に利用されるだけだ。「反動は愛山生を載せて走れり。しかうして今や愛山生は反動を載せて走らんとす」

進歩派を自認する愛山にとって、これほど無念な批判はなかったであろう。しかし、透谷のように、精神の純粋さをまもるためにはニヒリズムに身をゆだねてもよいとしてしまえば、現実はどうなるのか。現実放棄は愛山の許さないところであった。反動の汚名をそそぐために、愛山はかれ自身の生きる明治の思想を、自分の立場から総括しようとする。

『明治文学史』は、いわゆる「文学史」ではなく思想史として書かれることになった。「脩辞」すなわち文体だけをみて「文学の全体なりとするものは未だ文学を解せざる者なり」。「美術的の文学」は脩辞なくしてないが、「思想は必らず脩辞の前に来る」。文学は、いかに透谷の反論をうけようとも、「世と相渉《あいわた》らずんば言うに足らざるなり」。いかに「高、壮、美、崇、恋」といっても、「思想の活動」が重要であり、もし「寸毫《すんごう》も世に影響なからんか、言い換うればこの世を一層善くし、この世を一層幸福に進むることにおいて寸功なかりせば、彼は詩人にも文人にもあらざるなり」。文章すなわち事業というのも、物質的なことではなく、精神的影響をいいたいのである。その場合、論争は必要である。透谷は自己批判の必要〔自己の無力〕を表面に出すが、それは正しくない。他人を理解することは必要ではないか。

愛山は、本書のなかで、明治の思想をリードする主な人物をつぎつぎと論評し、自説をおし出していった。まず、民間の経済理論家、田口卯吉が論ぜられる。田口の熱情は日本の自由主義経済学をきりひらいた。空理のはやる日本で、かれは「堅硬なる思想の上に立つ」。そしてその数学的論理、真面目、自信は御用学者の人民劣等論をみごとに冷評してくれた。思想の発達が歴史の進歩によることを証明した『日本開化小史』は劃期的《かっきてき》で、これをこえうる作品はまだ生まれていない。ただ、田口はあまり冷静にすぎる。歴史がひとをつくるのだが、ひとが歴史を動かすことを考えねばならぬ。愛山は、つづいて福沢諭吉を特筆大書する。明治の社会を動かしてきたのは、福沢の功績だったといえるからである。福沢が「どこまでも『平民』として世に立てる」は世を教えることいかばかりであったか。人民にはじめて世界の大勢を知らせ、「自己の品位はすなわち自己にあること」を教え、「明治の時代に平民的模範を与えたる者、己の生涯をもって平民主義を解釈したる者は彼〔福沢〕にあらずして何ぞや」。愛山は平民の思想の基礎を福沢に認めていた。しかし、愛山のいいたい点は、そのつぎにある。明治社会は、専制政府がいかにおさえようと、たしかに福沢的・平民的原理なくしてはすすまなかったであろう。だが、明治の中期となり「天下の幾分はほとんど福沢的に化するに至」ったとき、かれをこえる思想家が必要になるのではないか。「謂う見よ、彼れの弟子等が往々にして唯物的〔哲学に於てに非ず、実行に於て也〕に流るゝを、福沢流の才子と称せらるゝ人物がややもすればただ生活を善くするの一事をもってその最終の目的となすことを」

「人もし金を積んで郷里に居り、時に金を散じて人を恵み、橋を架し、道を作り、小恵小善を行うをもって足れりとせば、福沢君は実に天下最第一の師たらん。しかれども世はただ小善の人をもって治むべからず」

明治の新時代は、現代風の表現をつかえば、ブルジョワ化に成功した時期である。しかし、当時そのなかで人生を考えたものにとって、その田口的・福沢的ブルジョワ化は、けっして幸福をのみもたらしたのではなかった。透谷はこのブルジョワ化を憎み、絶望し、ニヒリズムにまでおちこんでいった。愛山は透谷的ニヒリズムを克服しながら、あくまで現実に密着しつつ、田口的・福沢的実利主義を克服しようとするのである。

福沢を非難する愛山の筆は、一転して透谷にむかおうとしていた。しかし、北村透谷の生活を知るにつけ、透谷批判は愛山をためらわせた。透谷は病気であった。『明治文学史』を書きつづけ、透谷を論じれば、透谷としても反論を書かねばならないだろう。意見こそちがうが、福沢的功利主義批判では目標をともにする透谷と愛山である。かれは友人とも相談のうえで透谷の病気がなおるまで『明治文学史』を中断して待つことに決心した。透谷は、しかし、ついに絶望からきた病気をなおせず、この年自殺においこまれてしまった。『明治文学史』は福沢諭吉・北村透谷批判という絶頂に達せんとしたまま、けっきょく未完のままにおわる。愛山の代表作とよばれるものは、そののち、多くの歴史論、人物論として出版され、読まれていったが、この明治二〇年代の論争の書は、短い断片のままに忘れさられたままである。

明治の日本は、透谷の予見したとおり、すこしでも現実に棹さしたいと思うやいなや、その棹をさす当人をも帝国主義におし流してしまうほど絶望的な、暗い力をもっていたのは事実である。愛山も晩年、社会主義的「帝国主義」を名乗るようになる。しかし学問は、透谷が「空の空をうつ」、「空しいものでよい」といいきったほど、単純なものではなかった。現実的に福沢的ブルジョワ功利主義とたたかい、歴史に棹さし、社会正義をとなえた愛山の影響で、はじめてのちの社会主義者、歴史学者が育ってきたのである。堺利彦は愛山の弟子の一人だった。

内村鑑三『余はいかにしてキリスト信徒となりしか』

うちむら＝かんぞう　一八六一（文久元）年、高崎藩の下級武士の長男として江戸小石川に生まる。一八七四年、東京外国語学校に入学、七七年、官費生として札幌農学校へ移り、翌年、キリスト教徒として受洗。八一年、抜群の成績で卒業し、農商務省嘱託として水産調査に従事した。八四年三月、結婚、一〇月には早くも別居。一一月、自費で渡米し、看護の仕事をしたのちアマスト大学、ハートフォード神学校に学ぶ。八八年、帰国。翌年、再婚。北越学館、麻布英語学校をへて一高の講師となり、九一年、教育勅語に敬礼を拒否して放逐された。妻とは死別し、国内各地を転々とする。この間に『求安録』、『基督信徒の慰』、『余はいかにしてキリスト信徒となりしか』（英文）などを公刊。九七年、『万朝報』の記者となり、英文、和文をもって時事評論に筆をふるい、独力で『東京独立雑誌』、『聖書之研究』を発行。日露戦争には非戦論を唱えて堺枯川、幸徳秋水とともに『万朝報』を辞し、以後、文壇、論壇、教派教会に関係せず、ただ聖書のみによる信仰の伝道に専念した。一九三〇年、心臓水腫により死去。著書は上記のほか『羅馬書の研究』など。

本書は生い立ちから始まる。内村鑑三は武士の出身であった。

「儒教の教訓は、多くの自称クリスチャンらに授けられまた抱かれている諸教訓にくらべ、すこしも劣るものではないと私は確信している」（以下の引用はすべて、山本泰次郎氏の訳による）

正しいことであれば、ただひとりでもおこなう。間違ったら自分で責任をとる。そういう利害の打算をこえた精神を、武士の精神として、内村は体得した。そして、東洋の道徳や宗教にたいする尊重は、生涯変わらなかった。自他の信仰の自由をどこまでも重んじた。

内村の家にいた女中が嫁にいき、キツネを信じていることを報じたひとがあった。かれは言下に「そうだ。アノ女はキツネを信じているから正直なのだ」といいきった。その顔とその声の厳粛さに、おもわず息をのんだという。

また、ヘチマの水が心臓病にきくといって贈ってくれた未信者の老婦人があった。内村は笑って、ほんとうに親切なのは信者よりも未信者のほうだといった。

しかし内村の眼はまた、儒教や日本の在来の道徳・宗教のうちに性道徳にたいする無力さと多神教のもつ矛盾のあることをも、けっして見のがさなかった。

「神々が多種多様なため、ある神の要求と他の神の要求とが矛盾衝突し、その結果、一つ以上の神を満足させねばならぬ場合、良心的な人間の立場は悲惨なものとなってしまう。……自然わたくしはいらいらした、臆病な子供であった。わたくしはどの神にもささげられる一般用の祈禱文を組み立てた。……朝ごとに顔を洗い終るや否や、東西南北の四方に住む四群の神々に、この一般用の祈禱をささげた……　神社が次ぎ次ぎといくつか隣り合っているところでは、同じ文句の祈禱を何度もくりかえすことが実にわずらわしかったので、遠まわりをして、社祠の数の少ない方の道をとり、良心の苛責《かしゃく》をのがれようとしたこともあった。しかし拝まねばならぬ神々の数は日と共に増し加わり、……この小さな魂によってすべての神々を満足させることは全く不可能だと、さとるに至った」

札幌農学校に入学早々、上級生からキリスト教への改宗を迫られ、頑強に反抗したがついに屈し、前教頭クラークの残した「イエスを信ずる者の誓約」に署名した。こうして信徒となった内村をはじめとする若い学生たちは、つくべき師もないまま、各自一心に聖書を読み、およぶかぎり注解書を手に入れて研究するかたわら、校内に集会をひらいて熱心に信仰生活をつづけた。かれのうけた信仰が、その第一歩から聖書中心だったということは、かれの生涯の信仰を決する重大な要因となった。やがて渡米したかれは、そこに異教国同様の、いや、それ以上の醜さを見いだして、はげしい失望を味わう。

「今日のいわゆるキリスト教国をつくり上げているものがキリスト教ならば、天よりの永遠ののろい、その上にあれ！　平安はキリスト教国においては到底見出されそうもない。混乱、錯雑、精神病院、刑務所、救貧院！」

ああ故国の安らかさと、静けさの慕わしさよ。

「遠くはなれて流浪の異境からながめるとき、故国はもはや『取り得のない国』ではなかった。それのみか、類《たぐい》もなく美しくさえ見えはじめたのである。――それも、異教徒だったころのあの怪奇な美しさではなく、その固有の歴史的使命によってこの宇宙間に確固たる地位を占める真に均整のとれた調和の美しさ――である。……祖国こそは、高遠な目的と高貴な野心とをもって世界と人類とのために存在する神聖な実在であることがわかったのである。祖国について、こんなにもかがやかしい眼を開かせられたことを、わたくしはかぎりなく神に感謝した」

このような内村にたいして、アメリカのキリスト教はあまりにも無神経で、日本人としてのかれの自尊心にするどく突きさきるものであった。第八章に宣教師大会の記事がある。

「その多くは見世物《シヨウ》を見物に来るのであり、他の多くはショウになるために来るのだ……しかしこれらのショウで、一番悪いくじを引くのは、たまたまそこに居合わせた異教徒の回心者である。曲馬師《サーカス・メン》が慣らした犀《さい》を使うようにして、彼らはかならず利用される。彼らはショウになるために舞台へ上げられる。それは実にすばらしいショウだ！ ついこの間まで木石の前にぬかずいていた彼が、今やこれらの白人と同じ神を拝しているのである！『おお、ぜひ君の回心談を聞かせてくれたまえ』と会衆はさわぎ立てる。『しかし十五分以内で願いますよ。そのあとで、神学博士某々大先生から、外国伝道に関する手順や方法や論拠についてうかがうことになっているからね』。馴らされた犀は生きた実例である。黒板に書かれた標本ではない。現地から来た現物見本である。ショウにされ、おもちゃにされたい犀たちは、喜んでこの人々の命令に従い、実に見苦しい態度で、獣《けもの》から転じて人間らしく生きるに至った次第をものがたるのである。しかしこのように利用されることを好まぬ犀もいる。彼らはショウにされることによって内心の平安を奪われることを欲しない。自分がどんなにまわり遠い、痛々しい路を経て犀の生活を捨てるに至ったかを、会衆は理解することができないからである」

アメリカに着くとまもなく、ペンシルヴァニア州の児童白痴院の看護人となったかれは、そこで完全な自己犠牲と全面的な自己忘却にほかならぬ慈善の要求に応じようと努力するにつれ、生来の利己心はあらゆるおそろしい罪悪となって立ちあらわれ、うちなる暗黒に圧倒されて、はげしい苦悩に打ちひしがれた。しかし、院長はじめ何人かのすぐれた信仰に接してふかい感銘をうけた。八ヵ月ののち、「心中の懐疑に、もうこれ以上堪えられなくなった」かれは、魂の救いをもとめて、アマスト大学に入学する。そして、総長シーリーに導かれて、ついにキリストの十字架による贖罪の意味、真の福音の喜びにめざめるのである。

一八八六年三月八日の日記――「わが生涯におけるきわめて重大な日。キリストの罪のゆるしの力が、今日ほどはっきりと啓示されたことはなかった。今日までわが心を悩ませていたあらゆる疑問の解決は神の子の十字架の上にある。キリストはわが負債をことごとく支払い給うて、われを始祖の堕落以前の清浄と純潔とにつれもどし給う。今やわれは神の子であり、……神はわれわれを神の栄光のために用いて、ついに天国においてわれわれを救い給うであろう」

あるいは同年一二月五日の日記――「わが国民の上に神の摂理があるはずだという考えに強く打たれた。すべての善い賜物《たまもの》は神から与えられたものであるならば、わが国民の中の立派な人々もまた天から与えられた者でなければならぬ。われらは、われら独自の賜物と恩恵とをもって、神と世界に仕えねばならぬ。二千年の訓練によってかち得たわれらの国民性が、アメリカやヨーロッパの思想によって根こそぎ置きかえられることを神はのぞみたまわない。キリスト教の美わしさは、神がそれぞれの国民に与え給いし独自の国民性をことごとくきよめ得る点にある。日本もまた神の国民であるとは、何と祝福と奨励に満ちた思想ではないか」

かれがここにおいて確立したものは「二つのJ」〔Jesus と Japan〕にたいする絶対の献身であり、その完全なる一致にたいする確信であった。以後四〇年、かれは猛虎のようなはげしさと幼児のような純真さをもって、この献身をつらぬきとおした。わたしはそこに真のナショナリズムのあり方をみる。アマスト卒業後、さらに神学校に入るが、四ヵ月にして退学し、伝道の意気に燃えて故国へ帰りついたところで本書は終わっている。

志賀重昂『日本風景論』

しが＝しげたか　一八六三（文久三）年、岡崎の藩士の家に生まれ、幼くして父を失った。一二歳で上京し攻玉舎に入る。のち東京大学予備門の試験にパスしたが、東京大学に進学せず、一八八〇年、かれの札幌農学校入学といれちがいに内村鑑三、新渡戸稲造らが卒業。いずれも東京大学から明治政府の官僚にすすむコースを否定して、未開の原野に将来の夢を託したパイオニアたちである。農学校卒業後、八六年、海軍練習艦「筑波」に便乗して南洋諸島をまわり、翌年その見聞記『南洋時事』を出版。この憂国の文章によって二三歳のかれの名はたちまちひろまった。八八年、三宅雪嶺らと政教社をつくり、政府の企図する「条約改正」に反対し、『日本人』を創刊。九四年、『日本風景論』出版。九六年、進歩党結成にあたって名誉幹事となり、翌年、農商務省山林局長に就任。九八年、小笠原諸島南方のマーカス島の所属が日米間に争われたとき、奔走して日本領とし南鳥島と命名。その後、衆議院議員に数回当選。日露戦争に従軍し、『大役小志』、『旅順攻囲軍』を出版。乃木大将の人間にふかく傾倒し、国内を講演旅行した。一九二七年、死去。本書は岩波文庫版がある。

アジア諸国のなかで、欧米列強の植民地にならず独立国としてみずからの近代化に成功したのは日本しかない。この近代化がどうしてうまくいったのか。その原因は、まだ完全にはとかれていない。しかし、近代化にむかっての国民的統一が他のアジア諸国にみられないほど組織されたということが、その一つの原因であることはまちがいない。

この日本の国民的統一は、明治二〇年代におこなわれた。

治外法権があって関税自主権のない安政条約を改正して、外国と対等の条約をむすぼうというのが国民のひとしく望むところであった。一八八七年、政府は国民に秘密にこの条約改正をやろうとした。治外法権を廃止するかわりに外国人の裁判官を任用し、租界をなくすかわりに外国人の国内居住自由をみとめるという案であった。この「改正」は当時の状況では不利であるという仏人法律顧問ボアソナードの忠告、それに応じて農商務大臣の職をなげうって反対した谷干城の行動が、東京に各地から参集した「壮士」たちをたたせて、「大同団結」という国民運動がおこった。東京には運動会という名のデモが何回となくおこり、ついに政府は保安条例を布告し、集会結社・言論の自由を停止し、「壮士」たちを東京から退去させた。

翌一八八八年、三宅雪嶺、志賀重昂によって創刊された『日本人』は、藩閥専制政府に反対する国民的統一の拠点となった。「条約改正」が阻止され、つづいて一八九〇年に国会が開かれ、殖産興業が政府によって推進されるという雰囲気は、国民的統一運動の鉾先《ほこさき》を、反政府から国の実力による独立に転じさせた。一八九四年の日清戦争とその勝利、さらに三国干渉による講和条件の威圧的変更は、国民の精神的統一を完成させた。

この国民的統一の基本になった思想を代表するものが、志賀重昂の『日本風景論』である。近代化という至上命令を達成するためには、日本のなかにふかく根づいている封建的なものをとりさらねばならない。しかしながら、列強の圧力をはねのけ、国の独立をまもって団結するためには、日本に固有の美点をあげ、その伝統をまもる義務感を国民のなかにひろげねばならない。自己を過去から切りはなすために、過去に結びつかねばならぬという矛盾に、この時代の日本の思想は当面したのだ。

保安条例で東京を追われて二年間外遊した尾崎行雄が、帰国第一声として「帝国君民の天職」を書いたとき、かれは日本民族の優越を日本の自然の美しさから説いた。進歩にむすびつくことのできる伝統といえば、そういう生物学的なものしかないのだ。日本のナショナリティの根拠を日本の自然に求める発想は、当時の近代派のなかに自然発生的にあったのだ。この自然的な発想を自然科学者の資格で基礎づけたのが、地理学者志賀重昂であった。

『日本風景論』は、つぎのような構成をもっている。㈠緒論、㈡日本には気候、海流の多変多様なること、㈢日本には水蒸気の多量なること、㈣日本には火山岩の多々なること、

㈤日本には流水の浸蝕激烈なること、㈥日本の文人、詞客、画師、彫刻家、風懐の高士に寄語す、㈦日本風景の保護、㈧亜細亜《アジア》大陸地質の研鑽、日本の地学家に寄語す、㈨雑感。

この目次をみれば、この書物が日本風土学の教科書にすぎないと思うだろうが、著者はたんに日本の気候風土の特徴を書いたのではない。日本の風土が欧米のそれに比べてどんなにすぐれているかということを論証したのである。巻頭の一に「瀟洒《しょうしゃ》」という項目がでてきて、日本各地の風景の美しさを描写した詩句一〇篇がかかげられる。その一、二を引くと、

「一声の杜宇《とう》知る何の処ぞ、澱江《よどがわ》の渡頭新緑流れんとす」

「一雨空を洗いて鴨東《かもがわ》の楼台愈ゝ高く、東山の嵐翠《らんすい》滴れんとし、眉の如きの新月、山の側面に懸る」

この瀟洒の粋は秋にあるとして、「日本の秋」の説明がはじまる。

「もしそれ亜細亜《アジア》大陸よりの西北風かすかに吹き初《そ》め、霜気ようやく動きて、爽籟《そうらい》八十余州に徹透するや、欧米諸邦まれに看《み》る所の白桐《きり》は、黄ばみ尽くして笛声、砧声《ちんせい》と共に落ち、頃しも鴻雁《こうがん》は、朔北地方に餌食の欠乏するをもって、党派を団結し相競いて寒雲を渡り、餌食の饒多《じょうた》なる日本に南来して蓼汀蘆渚の間に下り、時にみる、植物黄色素《カロチン》の代表者にしてしかも欧米諸邦に看《み》得ざる公孫樹《いちょう》は、葉々黄金を累《かさ》ね来るを。独り植物黄色素の代表者の日本に多在するのみならず、植物紅色素《アントチアン》の代表者たる槭樹《もみじ》属もまた日本国中いたる処に普遍し、槭樹《もみじ》、ミヤマモ

ミジ、ツタモミジ（一名トキワカエデ）、オニモミジ、三角楓《とうかえで》、ハナカエデ、ヒトツバカエデ、ミツデカエデ、ウリカエデ、ウリハダカエデ、ハウチワカエデ、テツカエデ、カチカエデ、カラコギカエデ、オガラバナ、チドリノキ、メグスリノキ、チョウジャノキなる十八種の一斉に紅葉して宛然天女の雲錦を曝《さ》らすが如きは、実に瀟洒と美とを兼併するもの。想う此の如きの大観、欧米諸邦に多く看《み》得ざる所、英吉利《イギリス》人、自尊自大、ややもすれば輒《すなわ》ちそのテームス江畔ニューンハム、パンボールンに於ける九月の秋色を夸揚《かよう》し、マグダレンに於ける十月初旬の秋色を矜説《きょうせつ》す、しかれども槭樹属は英国にほとんど絶無たり、槭樹属にして絶無なる処、如何ぞ秋の大観を知覚せんや」

欧米諸国の詩人がどんなに自然の美をうたっても、自然そのものが日本にくらべれば貧しいのだ、ということを自然科学的に説いているのである。志賀は、外国人が日本の風景をみてはじめてつくりえた自然をうたう詩を丹念に探しだす。また、日本の風景をうたった古い時代の詩歌が、「水蒸気の現象及び結果を描」いて「能《よ》く理学と調和適合」していることを示す。日本の民族的統一の成功の一つの原因が自然にあることを、キリスト教長老エス＝エー＝バーネットに語らせる。

「印度にて貧民を救済せんとするは絶望と云うべく、支那の貧民は業すでに猥穢に陥り、米国にては幾回かこれが救済を試みたるも、その効なきのみならず、却て救済実行中に米国政府の官吏を腐敗せしめ、貧民より怨望悪感情を招くに到れり。独り日本のみは、貧民個々希望を懐抱し、社会的生活の真味を領するものは、そもそも何の理ぞ、一は土地分配法の適宜にして、個々若干の土地を所有し、おのおの力作してもって自己の衣食を供給する事これにして、一は国民をあげて山野の美を絶愛する事これなり、すなわち相侶伴を作して花を賞し、単に自然の美を探らんとて巡礼行脚するの盛んなるは、世界中また日本人の如き国民あるをみず、すでに国民自然の美を絶愛す、故に居常凞々《きき》快暢《かいちょう》、また都門に入りて煽惑挑撥を求むるなく、渾然融化して、自ら貧を忘るゝに到る」

　日本の農民が土地分配法よろしきをえたというのは疑問だが、風景のなかにとけこんで貧を忘れたことは、たしかに諸外国の貧民と日本の貧民との一つの差異であったろう。そして志賀重昂の『日本風景論』は、当時のミドル - クラスを対欧米コンプレクスから解放し、殖産興業にむかって全力をつくさせたにちがいないが、また日本の貧民に「自ら貧を忘」れさせるのになにほどかの力をかしたことも否定できない。

『日本風景論』の文章は、さきの引用でもわかるように、漢文口調で、ありきたりの表現を無邪気につかっている。そのあいだに、自然科学の新しい術語がちりばめられている。それが殖産興業の第一線に活躍した人たちの「教養」にまさに合致した。そのため『日本風景論』は当時のベスト - セラーの随一でありえたのであった。

陸奥宗光『蹇蹇録《けんけんろく》』

むつ＝むねみつ　一八四四（弘化元）年、和歌山に生まる。父は同藩の大番頭、勘定奉行、寺社奉行を歴任した伊達藤二郎で、宗光はその第六子。元服して小二郎と称し、一〇代の半ばに江戸にゆき安井息軒などに学び、諸藩の勤王派と交わった。一八六七（慶応三）年、坂本竜馬の海援隊に入り、陸奥陽之助という変名をもちいた。維新にさいして岩倉具視の推挙で外国事務局御用掛、兵庫県、神奈川県の知事などを歴任、七二年には外務大丞を兼任、財政官として地租改正にもあたった。七四年、藩閥の専制に反抗して官を辞し、七八年、元老院幹事に在職中反政府運動に荷担したかどで禁獄五年に処せられた。八二年特赦、翌年から八六年まで欧米に遊学ののち外務省に入り、八八年駐米公使。九〇年、農商務大臣、衆議院議員、枢密顧問官をへて、九二年第二次伊藤内閣の外務大臣となり、条約改正、日清戦争の外交の衝にあたった。九五年、功により伯爵となる。壮年のころからの肺患で一八九七年死去。権謀機略にとみ、これが外交上にあらわれては、いわゆる〝弱をもって強を制する〟ところの陸奥外交の真価を発揮した。

日清戦争の開始から終結までの「外交政略の概要を叙するを目的」として、時の外務大臣陸奥宗光がその「職守上蹇々匪躬《けんけんひきゅう》〔忠貞の心をもって君につくし、自分の利害をおもわぬこと〕経営苦心」した過程をみずから書きとめたものがこの『蹇蹇録』であり、そして、これを読むわたしたちは比類のない平和憲法をもち、絶対に平和を失うまいという悲願にみちた日本国民である、という二つの事実の接触が、今日この本を刺激的な書にしている。

かれ陸奥宗光を、天皇制日本の帝国主義的侵略の一端をになった政治家であると割りきってしまえるなら簡単なのだが、それで片づけられないところに問題がある。

まず民族というもの、したがって民族の利益というものの意味がふりかえられる必要があろう。というのは、日清戦争が、安政の不平等条約の改正という民族独立の完成と並行していたからである。イギリスとの条約改正の成功は開戦直前の一八九四年七月、アメリカとのそれは戦争たけなわの同一二月であった。それは、陸奥がいうように、「世界に於て日本を世界の優秀国と認識するに至りたる」結果なのであるが、この認識をもたらしたものの少なくとも一つが、日清の戦勝であったことは、好むと好まざるとにかかわらず、首肯せざるをえまい。戦争によらないではかの「認識」をかちとる可能性が絶無であったというのではないが、すこぶる少なかったのではあるまいか。世界状勢に全責任を転嫁して陸奥らの責任を全面的に解除しようというのではないが、当時と現在との国際政治における違いは忘れてはなるまい。

こういった制約のもとで、陸奥ら当時の政治家がいかに日本民族の利益をまもるべく「蹇々匪躬」したか、まずその〝強引〟さというマイナスの面からみてみよう。陸奥は外交政略の基本方針の一つとして「表裏二個の主義」をみずから認める。「我政府は外交上に於て常に被動者の地位を執らむとするも一旦事あるの日は軍事上に於て総て機先を制せむ」というわけだ。受動的外交と能動的戦略との矛盾は、真珠湾にいたるまでわが伝統の奇襲——〝だましうち〟ととられても一言の抗弁もできないであろう。しかも、「我外交上の位置を一時被動者より主動者に変ぜしめざるを得ざる」にいたったと判断すると、「聴従せむことは彼等に在《あっ》て頗《すこぶ》る難事」、要するに無理難題的最後通牒を清国につきつけて、戦争を強制する。こうした「高手的外交政略」に出るについても、「苟《いやしく》も外国より甚《はなは》だしき非難を招かざる限りは何等の口実を用うるも差支なし」という細心さ、ズルさも忘れない。これはさらに、開戦という事実そのものによって「第三者たる列国に容易にその間に容吻するの機」をあたえない、いいかえると、戦争という既成事実によって列強に中立を強制する、という外交政略にも発展している。

こうした強引さは、民族の利益をまもるのに必要であったか。必ずしもそうは言いきれなかろう。陸奥らは、しかし、そう信じていた。この確信の底には、「一個人にせよ邦国にせよ己に権力を得れば輙《すなわ》ちその得る所に止るを以《もっ》て満足せず愈々《いよいよ》これを強大ならしめむと欲するはその常情なり」という認識が存在した。この権力意志的認識は、清について、さらには欧米列強について陸奥がもっていたものだが、日本もまたおなじであることをかれは自覚していた。「彼我共にその権力を該国〔朝鮮〕に張り自家の功名心を満足せむとしたるは事実に於てこれを掩《おお》うべからざるなり」

この露悪ともいえる自己の客観視は、日本の政治家の場合稀少価値として珍重すべきである。〝剃刀大臣〟の異名にふさわしいこの冷徹な客観視は、みずからの動機について欺瞞をゆるさない。日清戦争についての一種の聖戦論――「義侠国たるの帝国」が「強を抑え弱を扶《たす》け仁義の師を起」した十字軍である――に、陸奥は反対する。この「社会凡俗の輿論」が口にする「道義的必要」に、かれは「政治的必要」を対置する。「政治的必要の外何等の意味なきもの」、「第一に我国の利益を主眼とするの程度に止めこれが為めあえて我利益を犠牲とするの必要なしとせり」。しかも聖戦論の利用価値にも盲目ではない。それが「如何なる事情源因に基きたるが如きはこれを問うに及ばず兎に角この一致協同を見たるの頗《すこぶ》る内外に対して都合好きを認め」るのである。

「愛国心」にたいしても、陸奥はほぼ同様の冷徹さを失わない。「我国古来特種の愛国心」は、「諸事往々主観的判断のみに出で毫《ごう》も客観的観察を容れず」という欠陥をひそめている。そこで「政府は固《もと》よりこれを鼓舞作興すべく毫もこれを擯斥《ひんせき》排除するの必要なし」としつつも、

「徒《いたずら》に愛国心を存してこれを用いるの道を精思せざるものは往々国家の大計と相容れざる場合あり」という判断が成立する。たとえば三国干渉の動きにたいして、国民が戦争継続を叫んだごときを陸奥は例とするのであるが、そのかぎりでは「国家の大計」からみて干渉に服した政府のほうが妥当であったといえよう。ただし、「客観的観察」のために必要にして十分な情報を国民に提供していたかどうかについては、疑いがないわけではないにしても。

聖戦論にせよ愛国心にせよ、陸奥らは十分利用した。このマキャヴェリズム的二重道徳は非難に値しようが、それよりもむしろ、ミイラ取りがミイラになることがなかったことは、これまたわが国政治家における稀少価値として認めねばなるまい。

『蹇蹇録』が公刊された最初は一九二八年、両度の世界大戦のちょうど谷間の時期にあたっていた。「国政の枢機に渉《わた》る」というので執筆から公刊まで三〇年余を必要としたこと自体示唆的だが、以後八月一五日にいたるわが外交の拙劣さは、ミイラ取りがミイラになったことに由来する硬直性によるところが大きいと考えられるだけに、陸奥が民族の「利益」をまもるために発揮した柔軟性がもっと学ばれていたら、という感慨をいだくのは筆者のみであろうか。しかも、外交の硬直性は現在なお生きのびているのである。この柔軟性は、確固たる主体性の楯の半面にほかならぬ。陸奥の場合、それは日本民族そのものについての冷徹な客観視にもとづいていた。日本が「世界の優秀国」となり、欧米列強のいだいていた「耶蘇教国以外の国土には欧州的の文明生息する能わずとの迷夢」を打破したのは、「我国民の為めに気を吐くに足るの快事」と自認しつつも、民族について評価をあやまることをしなかった。

「しかれども有体《ありてい》に言えば、日本人はかつて欧州人の過貶《かへん》したる如く欧州的文明を採用する能力なきに非ざりしと共に、今又彼等が過褒《かほう》する如く果してその極度に進行し得べきや。これを約言すれば、日本人は或る程度に欧州的文明を採用し得るもその程度以上に進歩し能わざるや、これ将来の問題に属す。ただし人類一般の常情は、ここに一個の好評を得れば自ら以て余ありとし、一個の悪評に会すれば自ら以て足らずとす。今や日本人は頻《しきり》に世界列国より感嘆讃賞を受けたる後、果して能《よ》く自己の真価を打算し得るや如何。これまた後日の問題に属す」

日本の欧化、近代化について、このようなバランスのとれた評価をもちえたものは、陸奥のほかけっして多くはなかった。むしろ「自己の真価の打算」に失敗し、他国の「過褒」〔過大評価〕「過貶」〔過小評価〕に一喜一憂し、尺度を他にもとめる主体性喪失が、ずっと後まで、いや現在でも支配的である、といえはしまいか。

現在における日本民族の「利益」は、明治におけるそれと、いうまでもなく質的相違をもつ。世界平和の維持は、民族の利益であるとともに人類の利益でもある。そうした質的相違をふまえつつも、この「利益」をまもるために、陸奥の柔軟性、主体性にまなぶべき点が少なくないのではなかろうか。

竹越与三郎『二千五百年史』

たけごし＝よさぶろう　三叉《さんさ》と号した。一八六五（慶応元）年、本庄（埼玉県）の清野家に生まる。のちに竹越家の養子となる。大阪で新聞記者となり、のち東京へ出て慶応義塾を終え、徳冨蘇峰、山路愛山らの民友社に入り、『国民新聞』記者となった。『新日本史』上巻を一八九一年に、中巻をその翌年に刊行したが、下巻は出なかった。反政府的論調のため弾圧されたともいう。九六年、『二千五百年史』を著わし、洛陽の紙価を高からしめた。のち、西園寺公望文相のもとで文部省勅任参事官、九九年ヨーロッパ各地を巡遊。一九〇二年以後、代議士に当選五回、政友会に属した。一九一五年以後、池田成彬、本野一郎らと日本経済史編纂会をつくり、四年後に『日本経済史』八巻（のちに一二巻）を出版。宮内省帝室編修局編修官長、枢密顧問官などとなったが、戦争前に引退。一九五〇年、死去。著書はほかに、『台湾統治史』、『陶庵公』など。

こんにち歴史科学者は多いが、歴史家はきわめて少ない。いうまでもなく歴史は事実の学であって、事実の発見、その真偽の判別、その相互連関などを調べることを基礎的作業とする。しかし、そうした作業を実証科学的にまたは法則追究的におこなうだけでは、まだ歴史にはならない。歴史はつねに全的把握を必要とする。たとえ限られた時期の、限られた問題を扱うにしても、そこに全的把握の光がさしていなければ、歴史の部分品であって、歴史とはいえない。こんにち歴史書はきわめて乏しいのである。学問の細分専門化と精密化という美名が、こうした欠陥の存在を学者に忘れさせており、欲求不満におちいった読書人は、さすがにトインビーは偉いなどと思ったり、時代物大衆文学をひもといたりして、ごまかしている。

竹越与三郎の『二千五百年史』は、すぐれた「歴史の本」である。いまから六十数年前、三一歳の青年によって書かれたこの若々しい日本国民の歴史にまさる通史は、まだ書かれていないといっても過言ではない。文語体でむつかしい漢字が多いが、もし表記法を少し改めるとすれば、A5判七六三ページの大冊がいまの読者にもじゅうぶん面白く読めるにちがいない。『紀元二千五百年史』という表題が示すように、これは建国から明治維新までの通史だが、読みはじめると、古代史の部分がいささか手うすなことに気づくであろう。神武紀元をつかっているところに、それは端的にあらわれているが、たとえば邪馬台国については、ちゃんとした記述が何もない。しかし、一八九六年という時期を考えると、咎めるほうが無理とさとるだろう。古代史研究は、これ以後進歩するのだが、本書はこれを促進し、やがて神武紀元を疑わしめずにはおかぬところのものを内包している。すなわち、健康な民主主義的啓蒙史観である。

竹越与三郎は民友社に属した。そして明治二〇年代の民友社は、いまや衰亡した自由民権運動のあとをおそって、日本の民権思想を代表するところのものであった。総帥徳富蘇峰は、政府の反動化を攻撃し、その『吉田松陰』(一八九二)において、「維新の大業なかば荒廃し、さらに第二の維新を要するの時節は来たりぬ。第二の吉田松陰を要する時節は来たりぬ。彼の孤墳は、今すでに動きつつあるを見ずや」とまでいった。民友社は「当時日本における新思想の源泉たりき。しかして社会主義の潮流は実にこの源泉より出で来たれり」と幸徳秋水をしていわしめるほどのものが、そこにたぎっていたのである。

竹越はその源泉からほとばしり出るごとくに、『新日本史』を書いた。これは一つの明治維新史だが、維新が勤王思想によっておこなわれたという俗説をまず否定する。天皇尊重はあとから出てきたものである。革命には三種あって、政治上の楽園が過去にあって、これを恢復せんとする革命〔イギリス〕、新思想によって未来を打ちひらこうとする革命〔フランス〕、ただ現在の社会にたいする不満から発する乱世的革命とがあるが、維新はその第三に属するという。茫々たる古代は別として「中世以後……ただ天皇は和歌に遊び、公卿は恋と嫉妬に生涯をゆだね、将軍諸侯は婦人を御《ぎょ》するの天下を御するよりも難きをうらみ、諸士はただ平民に対して、その頂の高からざらんことを恐るるのみ」だったからであり、維新革命は封建社会の自己解体と「国民の活力」によるものだとする。ところがひとたび幕府を焼くと、藩閥政府は火を消すことに専念し、「国力をつくり、民心を教育」することよりも、上から国民を統治することばかり考えている。だから「社会は依然たる旧社会」で、君主すなわち国家と考えられ、君権的国家主義が平民主義と対立するにいたっているというのである。

ここに『二千五百年史』の骨格は、あらかじめあたえられているといえる。すなわち、平民的な抵抗的啓蒙主義である。平民的というのをブルジョワ的といってもよいが、それは反プロレタリアという含みをもたぬものとしてである。それは階級史観ではもとよりなく、中江兆民の到達した人民主義には及ばない。しかし、当時としては、いな一九四五年まで、それはじゅうぶんに進歩的であった。わたしは、紀元二千六百年祭行事のころ、本書を読んだ興奮を忘れることができない。「生ける天子は世の費《ついえ》、民のさまたげなり。必ず天子を要せんか、木像か銅像にてこと足れり」といった高師直《こうのもろなお》の言葉を引用しえた歴史家が、昭和にあっただろうか。

しかし、この師直の引用から、竹越の思想をあまりにラディカルなものと受けとってはならない。歴史家の思想が時代を隔絶してあまりにラディカルである場合は、その書くものは過去の社会についての図式となって、歴史記述とはなりえぬのである。中江兆民の『三酔人経綸問答』の人物をかりていえば、「洋学紳士」には歴史は書けなかったにちがいない。「南海先生」のみが書きえたはずであり、竹越はおおよそ南海先生の立場に近いのである。

竹越の立場は、いうまでもなく、かれの軽蔑した官学史学の実証・考証主義ではない。維新の精神を忘れはてて官僚独裁の邪道にひきずりこまれようとする国民にうったえ、教えて、人心を動かそうとする歴史である。それはランケ、ラヴィスではなく、チエール、ミシュレの流れである。人心を動かすためには、社会の構造を示すだけではなく、ときの歴史を象徴する人物の活躍がなければならない。竹越の最も得意とする才能であった。ただA＝ソブールの『フランス革命』のほうが、ミシュレのそれよりも歴史としてすぐれていると思うひとは、本書の読者たるにふさわしくない。歴史研究と歴史叙述とは背反するものではないが、重なるものでもない。現代日本における後者の衰退が本書をひとしお輝かせるのである。

「経世実用の学」を最も重んずる、上昇期ブルジョワジーの史家として竹越は、専制にはつよく反感を示しつつも、実力主義への愛着と国力の伸展への希望をかくさない。足利尊氏は「日本の歴史ありて以来、識量最もひろく、胆略最も大」と評価され、豊臣秀吉は「応仁以来の風雲が欝生せる最大人物の一」として中国の曹操に比せられる。倭寇や朝鮮遠征はきびしく批判されてはいない。じじつ文禄の役を、これほど生き生きと描いたものはないといってよい。

竹越が二百余年の徳川封建制の効用をたかく評価したのは、注目にあたいする。これが人民自立の基礎をおき、「天下は一人の天下にあらず」という「シナ的の民主主義」がひろまり、庄屋・名主のなかに多くのハンプデン〔チャールズ一世に二〇シリングの納税を拒否したジェントルマン〕を出し、ここに貯えられたエネルギーが、日本をこんにち存続せしめている原因だというのである。こんにち、アジアの新興独立諸国がのびなやむ原因の一つは、植民地化されて封建制を経過していないことにあることを思えば、その洞察力はするどいといわねばならない。

やがて『日本経済史』を著わす竹越は、本書においてもすでに素朴ながら経済史観にたっており、形而上学的・美的歴史に反対の立場をとるが、その文章は雄健な名文で、これが本書の魅力をなしている。たとえば大坂落城のあとに「これよりさき加藤清正、節義ありと称し、江戸に往来するごとに必ず秀頼を省す。人これを止むるや、即ちいう、これ旧恩に報ずる所以《ゆえん》なりと。しかして変起るやこの節義漢もついにたのむべからずして、徳川氏の統治の下に太平を楽しみぬ」と付言し、藤原氏その他の皇室との通婚は、「その血液を宮廷に輸送す」と表現される。歴史は文章のみをもってたつものでは、もとよりない。しかし、言語を媒材とする歴史叙述はついに文学と絶縁しえぬ宿命をになっている。文章のもつ喚起力、批判力の技術の錬磨に無関心なひとは、歴史家として怠慢といえるだろう。

竹越与三郎に学ぶべきは、その平民史観のみではない。平民を動かしえたかれの文章を味わう楽しみもそこにあることを忘れてはなるまい。

幸徳秋水『廿世紀之怪物帝国主義』

こうとく＝しゅうすい　本名を伝次郎といい、一八七一年、高知県幡多郡中村町に生まる。父は酒造と薬種屋を兼ね、区長もつとめたが、秋水の生まれた翌年に歿した。秋水は身体虚弱な秀才として育ったが、早くから自由党の運動に共鳴し、一七歳のとき上京して反政府運動に加わった。一八八八年、保安条例にひっかかり、追放されて帰郷。翌年、当時大阪にあった中江兆民の学僕となり、師にしたがって、九〇年、憲法発布とともに上京。九三年、兆民のもとを離れて自由党の機関紙『自由新聞』に入社して新聞記者生活を始め、主として外国からの通信を翻訳する外報係を担当。九八年、『万朝報』に入社してようやく頭角をあらわす。『廿世紀之怪物帝国主義』は、その顕著なあらわれである。やがて社会主義に近づき、一九〇一年、片山潜らと社会民主党を創立、さらに二年後、堺利彦らと平民社を結成、週刊『平民新聞』を通じて日露戦争に反対し、逮捕投獄された。〇五年から半年間、アメリカに渡って無政府主義に移行し、直接行動の必要性を説いて同志の結集をはかったが、政府の弾圧にあって挫折。数ヵ月間の帰郷ののち再挙を期して上京したが、一九一〇年、天皇暗殺未遂事件の首領として検挙され、翌年、処刑。

『廿世紀之怪物帝国主義』と題する本書は、きびしい論難の一編である。快刀乱麻を断ついきおいで、列強および日本の領土拡張政策、その根幹をなす愛国心と軍国主義を徹底的に批判・攻撃していて、こんにちなお迫力を失わない。イギリスの経済学者ホブソンの『帝国主義論』の一年前、レーニンの名著『資本主義の最高の段階としての帝国主義』に先立つこと一五年、国際的にも先駆的な著作である。のちに「大逆事件」の首領として処刑された幸徳秋水が、病苦と貧困のなかで世に問うた三一歳の処女作であった。

　この書物の出た一九〇一年の日本の状況は、日清戦争で予想外の勝利を博して、「いわゆる愛国心を経となし、いわゆる軍国主義《ミリタリズム》を緯とな」す膨脹政策への道をまっしぐらに進んでいたところである。

「日本人の愛国心は、征清の役に至りてその発越坌湧《ふんよう》を極むる振古《しんこ》かつて有らざりき。彼等が清人を侮蔑し嫉視し憎悪する、言の形容すべきなし、白髪の翁媼《おうおう》より三尺の嬰孩《えいがい》〔子供〕に至るまで、ほとんど清国四億の生霊を殺し殲してのち甘心〔満足〕せんとするの概ありき」

　政治家はもちろん、学者も実業家も文学者をもとらえた熱狂的な愛国主義、膨脹政策の激流のなかでただひとり、秋水はこの趨勢にたちむかった。「東洋のルソー」中江兆民を師とし、数年間の新聞記者生活で外国の新聞雑誌にしたしんできた秋水は、日本をふくむ諸列強の帝国主義のなかに当面の最大の悪を認め、それを摘発・攻撃することを自己の使命としたのである。

まず、愛国心への批判——。愛国心は、愛情の対象を自国の国土や国民に限定するものであるから、高潔なる同情心ということはできない。それはまた、他国への憎悪と一国の虚栄以外のなにものでもない。古代ローマ人の愛国心が賞讃されることが多いが、ローマの貧しい農民たちは愛国心と戦争によっていったいなにを得たであろうか。「見よ、かの戦役の間、富者の田畝は常にその臣属奴僕の耕耘灌漑する所となるも、貧者の田は全く荒廃靡蕪に委するのやむなかりしにあらずや、しこうして債務は生ず、しこうして買われて奴隷となる。果して誰れのとがぞや」

したがって愛国心は、「外国外人の討伐をもって栄誉とする」好戦の心であり、動物的天性《アニマル・インスチンクト》にすぎぬ。しかも、日本はもちろん、世界中の人間がこの動物的天性のままに争うことから脱却していない。「かなしいかな、世界人民はなおこの動物的天性の競争場裡に十九世紀を送過し、さらに依然たる境涯をもって二十世紀の新天地に処せんとはするなり」

愛国心をあおり立てるのは、いったいどういう目的のためなのか。「この主義〔愛国主義〕や常に専制政治家が自家の名誉と野心を達するの利器と手段に供せられる」。すなわち愛国心の名において、思想が統制されるのである。

「久米邦武氏が神道は祭天の古俗なりと論ずるや、その教授の職を免ぜられたりき、西園寺侯がいわゆる世界主義的教育を行なわんとするや、その文相の地位をあやうくしたりき、内村鑑三氏が勅語の礼拝を拒むや、その教授の職を免ぜられたりき、尾崎行雄氏が共和の二字を口にするや、その大臣の職を免ぜられたりき……」「これ明治聖代における日本国民の愛国心の発現なり」

愛国心や挙国一致の名において政治闘争が封殺され、「外国にたいする愛国主義の最高潮は、内治における罪悪の最高潮を意味する」。「いわゆる一致せる愛国心、結合せる愛国心は、征戦一たびおわれば、国家国民に向って何の利益をかあたうるや。見よ、敵人の首を砕ける鋭鋒は、直ちに同胞の血をなめんとす」

愛国心とならぶ帝国主義の根幹は、軍国主義である。軍国主義あるいは軍備拡張は、多数人民の愛国心の高まりを利用して、「武人や資本家」が野心をたくましくする手段にすぎぬ。軍国主義者は、戦争は偉大な国民をつくるというが、戦争によって偉大な文学ができたためしはない。「日清戦争より発生せる『うてやこらせや清国を』という軍歌をもって、我は大文学と名づくるをえざるなり」。また、軍国主義者は、戦争は「強壮」「堅忍」「剛毅」の心を養うというが、「しょせん戦争は隠謀なり、詭計《きけい》なり、女性的行動なり、狐狸的智術なり、公明正大の争いに非ざるなり」。「しこうして今や世界各国民は、この卑劣なる罪悪を行なわんがために、多数の年少を拉《らっ》して兵営という地獄に投じつつあるなり、野獣の性を養わしめつつあるなり」。

秋水は兵営生活の無意味さと悲惨さを、尖鋭な名文で暴露しているが、残念ながら、ここにそれを書きうつす余白がない。ただ、つぎの一文は今日もなお意味をもつだろう。

「両々あい持して力あい当るの欧州列国の間にあっては、勢力均衡主義の名において、しばらく平和の確保者たらん、しかもすこしく人少なく力よわきアジア、アフリカの如きに遇《あ》えば、たちまち変じていわゆる帝国主義の名において、平和の攪乱者となる。現時の清国や南阿やもって見るべし。かの武装に汲々として僅かに消極の平和を支持するは、なんぞ軍備を撤去して積極の平和を享《う》くるにしかんや」

秋水のいう帝国主義は領土拡張政策のことであり、資本輸出や独占利潤の問題などをふくんでいない。それをかれに望むことは無理である。「いわゆる帝国主義とは、すなわち大帝《グレーター・エムパ》国《イア》の建設を意味す、大帝国の建設は直ちに領属版図の大拡張を意味す。しこうして我は悲しむ、領属版図の大拡張は、多くの不正非議を意味することを、多くの腐敗堕落を意味することを、しこうして遂に零落亡滅を意味することを」。秋水によって糾弾されるものは、イギリスの南阿征服、ドイツの中国政策、アメリカのフィリッピン征服である。

「我は信ず、将来米国が国家生存の危険ということ、万一これありとせば、その危険は決して領土の狭きにあらずして、領土拡張の究極なきにあり、対外勢力の張らざるにあらずして、社会内部の腐敗堕落にあり、市場の少なきにあらずして、富の分配の不公なるにあり、自由と平等の滅亡にあり、侵略主義と帝国主義の流行跋扈《ばっこ》にありと」

今から六〇年前の評論とは思えないほど、力づよくまた新鮮である。秋水は、帝国主義者の論拠とするところを一つ一つあげて、これを論破する。その中味は省略するが、日本の経済については、つぎのようにいう。

「我日本は武力を有せり、もって国旗を海外に建てるを得べし。しかも我国民はこの国旗の下に投下すべき幾何《いくばく》の資本を有せりや、この市場に出すべき幾何の商品を製造するを得るや。領土一たび拡張す、武人はますます跋扈せん、政費はますます増加せん、資本はますます欠乏し、生産はますます萎靡《いび》すべし」

これは領土拡張による経済停滞あるいは没落観であり、このへんに秋水の思想の硬直性と視野のせまさを見ることができる。

しかしかれの旺盛な戦闘力を低くみてはならない。秋水のこの第一声は、すでに一年有半の余命を宣告されて病臥中の中江兆民によって、高く評価された。

「病中退屈早速誦読卒業、議論痛絶所謂《いわゆる》疾之身に在るを忘れ申候。行文勁練、而も温籍之趣を失わず。敬服之至りに候」

秋水の帝国主義批判は、力点が正義、人道などの道徳的立場におかれており、その点にかれの限界をみる説も少なくない。しかし、それ故にこそ力づよく痛切であるというべきである。

宮崎滔天『三十三年之夢』

みやざき＝とうてん　本名を寅蔵といい、白浪庵滔天とは二五歳のころから使用した雅号である。一八七〇年、いまの熊本県荒尾市に生まる。地主であった父は撃剣の達人である。滔天は同胞一一人中の末っ子である。兄弟はみな熱情的行動人であったが、滔天は兄弥蔵の影響下に自己の運命を中国の革命に結びつけ、一生をそれに献身した。その間の事情は本書にくわしいが、恵州事件失敗後は、桃中軒雲右衛門の弟子となり、浪花節語りとなった。貧困のうちにも孫文らを援助することをやめなかったが、一九一一年秋に辛亥《しんがい》革命となり、孫文が臨時大総統となった。しかし袁世凱《えんせいがい》によってこれが失敗に帰し、第二、第三の革命が起こる間、滔天は中国に行って支援したが、一九二二年に死去。『三十三年之夢』は、〇二年『二六新報』に連載、のち単行本となり、好評で、一〇版を重ねた。二六年に吉野作造が福永書店から出した復刻本が最良のテキストである。四三年の文藝春秋社版もある。六二年、筑摩書房『世界ノンフィクション全集』第三三巻に現代語抄訳が収められた。漢訳が三種ある。

毛沢東による共産主義革命が、中国数千年の歴史を一変した巨大な達成であることはいうまでもない。しかし、その光輝にのみ目をうばわれて、清朝を打倒して最初の共和国をうちたてた辛亥《しんがい》革命を忘れるのは歴史的に公正でもなく、また近代中国を理解するゆえんでもない。毛沢東自身、かれらの事業をその延長とみなしているのである。辛亥革命の代表者、孫文の日本亡命のさい、最初にこれと接触し、以後革命の成功にいたるまで、情熱的に孫文を支持、協力した日本人が、わが宮崎滔天である。『三十三年之夢』は、滔天の半生、三三歳までの波瀾に富む自叙伝である。

孫文は、この書にあたえた巻頭の序文において、滔天を「現代の俠客」とよび、「君の識見は高遠、抱負は非凡、仁義の心篤《あつ》くして他人の急を救わんの志やみがたきものがあり、常に黄色人種の衰退を憂え、支那の弱体化をあわれみ、しばしば大陸に遊んで英賢を訪ね、もろともに一世の偉勲を成就し興亜の大業を完成せんことを念願していた」と書いている。自分たちを支援するために落魄して浪曲家となった盟友にたいするものゆえ、やや賞《ほ》めすぎの感があるのは当然として、「俠客」という規定は、さすがに的確な表現である。

「親分頼むたのむの声さえかけりゃ、人の難儀をよそに見ぬという男だて、人にゃほめられ女にゃ好かれ、江戸で名を売る長兵衛でござる」

滔天は、幼いときにおぼえたこの祭文の一節をふかく愛し、心がむすぼれると、よくこれを歌ったという。かれはまさに東洋の俠客であった。第一次辛亥革命が挫折して、孫文が袁世凱《えんせいがい》と妥協を余儀なくされたとき、袁は滔天に巨大な利権を提供しようとしたが、滔天は「渇しても盗泉の水は飲まぬ」といって、これを峻絶した。かれの最も軽んじたのは金銭であって、一生を貧窮のうちに終わったが、いつも男性的闊達さを失わず、いたるところで女にもて、まさに愛唱する祭文の一節を実現しえたといえる。

宮崎滔天は、明治以後最大のロマンティストということができる。かれの長兄は、自由民権論を遊説《ゆうぜい》して歩いたが、のち西郷隆盛の乱に加わって戦死した。それを模範とあおいだ滔天は、幼時から自由民権を最高の善と思い、官軍でも官員〔役人〕でも、すべて「官」という字のつくものを悪と感じとった。かれの人民主義は根がふかいのである。はじめ郷里で徳冨蘇峰の塾に入ったが、かれらの学問が要するに名誉心の満足にあることを見きわめ、立身出世主義に不満をいだいて、これを捨て、東京に出た。教会のオルガンの音と讃美歌の清潔な美しさに打たれたのをきっかけに、熱心なキリスト教徒となった。かれは故郷に急いで帰り、母に熱弁をふるって入信させた。母は一生信者だったが、かれ自身はやがてこれを捨てた。もともと情熱の化身ともいうべきこの青年として、当然の経過であった。宗派間の対立に疑いをもち、また貧しいものには福音よりもパンが必要なのではないかと考えだしたのである。人生の問題に暗中摸索している滔天に、一生の方針を与えたのは、兄弥蔵であった。

世界の現状は弱肉強食で、白人の暴威は東洋に及んでいる。いまこれを防がなければ、黄色人種は永久に圧迫されてしまうであろう。そしてその運命のわかれ道は、中国の盛衰にかかっている。そこで自分は中国に潜入して、英雄を探し、もしそれが見つかったならば、犬馬の労をとりたい。もしそれが得られなければ、自分で事をおこなおう、というのがその基本思想であった。弥蔵はやがて辮髪《べんぱつ》して、シナ服をまとい中国商館のボーイとなり、その志の実現をはかるために家族との音信をすら絶ったのである。この兄は不幸にして早く死ぬが、滔天はその遺志を継ぎ、やがて「英雄」孫文に出あい、その革命運動をたすけるため、老母と妻子を捨てて東奔西走するのである。その情熱的な行動のあとは、本書の生彩にとむ文章のうちに躍動している。中国革命初期の実情を知るうえでの最高の文献の一つとして、吉野作造が推賞してやまないのは当然である。

世にいわゆる「支那浪人」なるものは多い。大ざっぱにくくれば、滔天もまたそこに数えこまれるであろう。しかし、支那浪人をすべて侵略的日本軍国主義の手先ときめこむのは、粗雑な議論である。軍部の手先となり、粗暴な冒険に身をゆだね、また利権の獲得に汲々とした連中が、その過半数であったかもしれない。しかし滔天は、その行動にいささかだらしのない点のあったことはたしかだが、私利、金銭を目標としたことは一度もなく、中国革命派にたいするその献身は、つねに純真そのものであった。

基本的に立身出世を否定し、反官僚的人民主義にたつかれの思想は、どこか無政府主義に親近性を示し、玄洋社風の国家主義と対立する面を示している。かれが一生、頭山満らの一派と不和であったことは、注目に価する事実である。少年のころふかく傾倒したキリスト教の精神が、諸国民への博愛として最後までどこかに残っていたともいえるであろう。

いかに東亜解放の理想のためとはいえ、家を捨て、妻子を貧窮の底にたたきこみ、遊女の援護でようやく生活をささえながら、夜ごとに酒をあおって高吟するというのは、良識からの完全な逸脱である。かれは自分の国のことはすっかり捨てて、隣国の革命運動に献身しているのだ。（かれはフィリッピン独立運動の志士アギナルドを助けようとしたこともある。）しかし、ここに明治初期の日本青年に見られた理想主義のロマン主義的情熱的表出があったのである。かれはその運動資金を犬養木堂らからもらっており、その犬養らは、究極において日本の中国進出を推進していたのであった。大きな政治の線からみれば、滔天はその流れのなかにある。しかし、その流れに泳ぐ滔天における誠実と献身、その天真爛漫《てんしんらんまん》さ、これを評価しえないひとは、人生における感動的行動なるものの価値をついに理解しえないひとといわねばならない。

滔天の兄弟は情熱家ぞろいで、その兄の一人は西郷の乱に死に、他の一人は土地均分運動に挺身し、また一人は中国の解放に志している。こうした一家がどうして生まれたのか、考究に価すると思われるが、そうしたものの存在こそ、明治初期の日本民族に内在した素朴理想主義の存在を示すものといえる。こんにち、その理想主義は、どういう形において日本民族にあるのであろうか。中国革命運動の資料としてのみでなく、明治初期の青年像、その自己形成を知るうえに、また明治の行動的ロマン主義を知るうえに、『三十三年之夢』は最も興味ふかい読み物の一つである。最後に、桃中軒雲右衛門の弟子となった宮崎滔天が、高座で好んで歌った自作の浪花節『落花の歌』の歌詞を、これは本書で言及されてはいるが、歌詞は載っていないので、つぎに掲げておこう。ここには、かれの人民主義が躍動している。

「一将功成り万骨枯る　国は強きに誇れども　下万民は膏の汗に血の涙　芋さえ飽かぬ餓鬼道を　たどりたどりて地獄坂　世は文明じゃ開化じゃと　汽車や汽船や電車馬車　まわる軌に上下はないが　乗るに乗られぬ因縁の　からみからみて火の車　推して弱肉強食の　剣の山の修羅場裡　血汐をあびて戦うは　文明開化の恩沢に　もれて浮世に迷い児の　死して余栄もあらばこそ　下士卒以下と一つ束　生きて帰れば飢えに泣く　妻子や地頭にせめ立てられて　浮かむ瀬もなき細民の　その窮境を苦に病みて　天下の乞食に綿を着せ　車夫や馬丁を馬車に乗せ　水飲み百姓を玉の輿　四海兄弟無我自由　万国平和の自由郷　この世に作り建てなんと　心を砕きし甲斐もなく　計画破れて一場の　夢の名残りの浪花ぶし　刀は捨てて張扇　叩けば響く入相の　鐘にかつ散る桜花」

岡倉天心『東洋の理想』

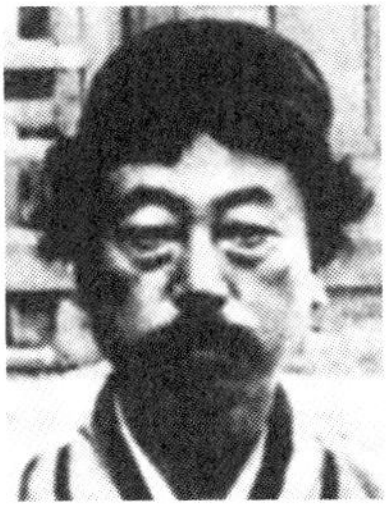

おかくら＝てんしん　幼名を角蔵、のち覚三と改めた。一八六二（文久二）年、福井藩士勘右衛門（藩命によって貿易商に従事）の二子として横浜に生まる。幼くして英語に秀で、一八七四年に一家上京してのち、東京開成学校（東大）に入学。性多才で、文人画、漢詩、琴曲をも学ぶ。一八歳のとき結婚。妊娠中の妻に卒業論文「国家論」を火中に投ぜられ、以後の針路決定の契機となった。ときに来朝したフェノロサに助力し、「美術論」に書き改めたという。文部省に職を得、美術教育を企画して欧州を視察。帰国後、革新的な日本画を鼓吹して東京美術学校を創設、九〇年、同校校長。硯友社《けんゆうしゃ》に対抗して根岸派をつくり文人墨客を身辺に集めた。中国旅行中、学内に内訌を生じ、九八年、同志橋本雅邦、愛弟子横山大観らとともに辞職、日本美術院をおこした。失意のうちにインドを旅行し、同地で知りあったニヴェダイタ女史の斡旋で、一九〇三年、"The Ideals of the East"を英国にて出版。翌年、ボストン美術館東洋部長。以後、茨城県五浦（日本美術院）とのあいだを半年ごとに往還。一九一三年、腎臓炎のため死去。主著に『日本の覚醒』、『茶の本』（英文）など。本訳書は角川文庫にある。

岡倉天心の『東洋の理想』は鼎立《ていりつ》する三つの主張によってささえられている。㈠アジアは文化的に一つの統一体である。㈡その統一的な保存、継承、発展の姿は日本の文化史にこそ具体的にあらわれている。㈢いま西欧文明の、武力を背景にする進出によって危険にさらされているとはいえ、東洋の文化は、それ自体の内的覚醒によって、よりすぐれた人間の価値として発展させうる可能性がある。

ときは明治三〇年代——中国に義和団事件があり、日露の関係が急迫をつげていた。さきに、かれの抱懐する国粋的理想によって開設された東京美術学校を人事の内紛によって追われ、また新たに創設した日本美術院も経営不振にあえいでいたころ。おそらくは道とざされて言を発する私憤と、西欧諸国の東洋に関する無知と侮蔑にたいする公憤との合体のうえに本書は書かれた。

「アジアは一つだ」と天心は開巻劈頭《へきとう》にいっている。

「ヒマラヤ山脈は二つの強力な文明——孔子の共同主義の支那文明と、ヴェーダの個人主義の印度文明とを、ただこれを強調せんがために分つ。しかしながら、この雪の障壁をもってしても、あの究極と普遍とに対する広い愛の拡がりを、ただの一時も遮《さえぎ》ることはできないのだ。この愛こそは全アジア民族共通の相続財産ともいうべき思想なのだ。……そして、彼らを、地中海やバルト海の諸民族──特殊に留意することを好み、生活の目的ではなしに手段を探究することを好むこれら諸民族──から、区別する所以《ゆえん》のものだ」（以下の引用はすべて浅野晃氏の訳による）

天心のこの汎《はん》アジア主義は、政治・経済的側面からの立論ではない。事実、日本はアジアを裏切りつつあった。しかし、美術・芸術面にみられるアジアの統一が、政治・経済面にみられる分離よりも価値低い次元の現象であると断言すべき根拠はない。天心の立脚点は、たとえば中国の辛亥革命期の指導者、章炳麟《しょうへいりん》や孫文が考えていた反帝国主義によるアジアの連帯構想に呼応する、日本側の良心の最後の拠点であったといえる。天心の精神主義は、武力によってではなく、それぞれ固有の文化圏に内在する精神的エネルギーをテコにして世界を変革しようとするガンジーやタゴールの姿勢に共通するものをもっていた。たしかに、それぞれに極度にナショナルな発想でありながら、同時に国家を超えうる開かれた視座をもそなえていたのである。

たとえば、山崎闇斎のある逸話を天心は引用している──「印度ならびにシナの聖賢たちに対する尊敬の念の厚いことで有名だったある著名の学者〔闇斎〕が、反対論者の一人にこう訊ねられた。──『貴下はこれらの偉大な先達たちに対して非常な愛を抱いていられるが、もし仏陀を総帥とし、孔子を副将とする大軍が日本へ押し寄せて来たとしたならば、貴下はどうなさるつもりか？』と。その時、この学者は、躊躇《ちゅうちょ》することなく、こう答えたというのである。曰く、──『釈迦牟尼《しゃかむに》の頭を打ちおとせ。そして孔子の肉体を塩漬けにせよ』と」

日本文化の特質は、他国の伝統を、その国の伝統以上のものとして育てあげてきた点にある。天心はこう誇りつつこの引用をしている。しかし、このナショナリズムは、『東洋の理想』が英語で書かれイギリスで出版されたものであることを想起するとき、同時に、アジアの全体がヨーロッパによる征服にたいしてやがてとるであろう態度の宣言ともなるのである。

門下生三人とともにニューヨークの大道を和服で闊歩していた天心にむかって、通りすがりの若者たちが "Which-nese are you, Japanese or Chinese?"（「日本人かそれともシナ人か」）とからかったとき、間髪を入れず "Which-kee are you, Yankee, Monkey or Donkey?"（「おまえはヤンキーか、猿《モンキー》か、それとも驢馬《ドンキー》か」）と天心は応酬したという。

「いかなる樹木も、種子のなかにある力よりもより大となることは出来ない。生命は、つねに、自己への回帰のなかに存する」

「『汝自身を知れ』というのは、デルフォイの神託によって語られた最大の秘義であった。『すべては汝自身の中に』と孔子のしずかな声が語った。そして、これと同一の消息をその聴き手にもたらすあの印度の物語は、さらに一段と目ざましい。というのは、ある時こういうことがあった——と仏者は言っている——師がその弟子たちを自分の周りに集めた時、彼等の前に、突如として、——知らざるところなき金剛菩薩を除くすべてのものの視力を挫《くじ》いて、——一つの恐ろしい姿、首神シヴァの姿が光耀の中にあらわれた。そのとき金剛菩薩は、彼の仲間たちが目がくらんでいる中にあって、師の方を向いて、こう言った。『わたしに教えて下さい。なぜ、ガンジスの砂にもひとしい無数の、あらゆる星々や神々の間を尋ねても、わたしは、何処にも、このように赫々たる姿を見たことがなかったのですか。彼は何人《なんびと》でありますか？』と。そこで仏陀がいった。『彼は、汝自身だ』と」

東洋よ、自信をもて！ と天心は繰り返していっている。

ニーチェの意志哲学の一部分が、ナチによって民族的優越の理論にすりかえられたように、天心の文明的汎アジア主義は、第二次大戦中、超国家主義者によって政治的に曲解された。なるほど天心は政客的な性質をもっており、生前篋中《きょうちゅう》に秘められていた『東洋の覚醒』にも、かれらに利用さるべき言説がないわけではない。しかし、「王侯の任務は〔中国において〕命令することではなくて、暗示することであった。人民の狙いは抗論することではなくて、諷《ふう》諫《かん》することであった。そして、詩歌こそこうしたことの媒介をなすものとされた」と説くように、天心はあくまで東洋美学者であり、美的大調和を理想としていたのである。ヨーロッパ崇拝に傾く時勢に抗し、ときに激して攻撃的言辞を弄したとはいえ、天心は、本来平和ないとなみである芸術に立脚していることを忘れてはならない。愛弟子の横山大観に『無我』と題する有名な画がある――春の水辺、ねこ柳の絮《はな》さく枝を背景に、童子が髪を無造作にたばね、ゆったりと平袖の着物を着て立っている。その童子の邪心なき微笑こそ、魂の平静と人格の美的均衡をとうとぶ東洋の理想であり、また天心の理想のみごとな顕現でもある。

あまりにも汎論的な文明批評の著である『東洋の理想』は、その細部において補正さるべき少なからぬ部分をふくむ。また、「アジアは一つ」という大命題にも、動かすことのできない科学的保証があったわけではない。しかし、その命題の空想性を、いま嘲笑しさることはまだできない。なぜなら、その命題を真に否定しうるのは、世界が事実において一つになったときだけであるだろうから。さらにまた、天心を単なる国粋主義者と考えることも正しくない。天心は知っていたのだ――あらゆる変革は、現に存する条件を条件とし、変革すべき当の相手を、その相手自身が気づかずに妊《はら》んでいる力をくみあげることによってしかなしえない、と。

「内からの勝利か、しからずんば外からの強力な死か」

天心はそれを日本の美術界に試みた。不幸にして、伝統と他者への他力本願をねがう二つの派のはさみ打ちにあって、その意図は挫折した。不幸は、かれの著述と業績の評価のされ方にもつきまとった。三宅雪嶺がいった――

「鐘に二つある。内に錘があって内から鳴る西欧の鐘と、外から撞木《しゅもく》で突いて鳴る日本の鐘と」

諸外国における天心評価が伝わってきてはじめてそれに同調し、死後十数年をへてはじめて著述の日本版が出された事実のうちに、誇り高き自律性を説いてやまなかった天心がなお生きつづけねばならぬ問題のすべてがふくまれている。

河口慧海『西蔵《チベット》旅行記』

かわぐち＝えかい　幼名を定治郎といい、一八六六（慶応二）年、大阪の堺に生まる。六歳から世学院という寺子屋で学び、錦西小学校に入学、一二歳で小学校を退学して家業の桶樽製造に従事。一四歳から夜学校で習字、数学、漢学を習い、さらに晩晴塾で漢学を学ぶうち、釈迦伝を読んで発心し、一八八四年、長柄の正徳寺で僧に師事した。九〇年、東京本所の黄檗宗五百羅漢寺で得度し、慧海仁広と名のり、住職となった。九二年、仏教の原典を入手することを目的としてチベット行を決心し、五年後の三二歳のとき、中国へ出帆した。一八九九―一九〇二年、秘境チベットを旅行し、一九〇三年、帰国した。翌年、インドに行き、この間、ネパール、および、ふたたびチベットに入った。『西蔵旅行記』は、第一回チベット旅行の報告で、〇四年に刊行され、〇九年にはロンドンで英語版が出た。二六年、還俗し、翌年、在家仏教修業団を設立した。一九四五年、八〇歳で死去。抜粋した現代口語訳は、筑摩書房『世界ノンフィクション全集』第六巻に収められている。

民族というものにも青春時代があるとすれば、明治を創り出したのは日本民族における青春の情熱であったろう。情熱というものは、本来、不可解神秘的な生の力である。それは観照によって理解されるべきものでなく、行為のうちに燃焼されるべきものである。明治の日本人は、情熱のための情熱をもてあそぶほどにソフィスト的堕落をとげておらず、古典時代にむかって上昇する素朴な野蛮性をもっていた。それゆえかれらは、情熱を具体的な創造的行為のなかに注入しようとした。おそらくは芸術の一片にもその青春のひらめきが宿っていたのであって、岡倉天心の著作や下村観山の絵が心をうつのもそれでであろう。

河口慧海のチベット入りとその『西蔵旅行記』のなかを貫くものも、まず第一にそれであるとの感をふかくする。二七歳で早くもチベット入りの志を立て、三四歳のとき、当時まったく禁断の秘境であったチベットへ、ヒマラヤの峻険をものともせず潜入した。北風颯々《さつさつ》として砂嵐と吹雪の舞うチャンタン高原をさまようとき、かれのうちに渦巻く青春の焰はようやくその渇きを癒やす抵抗感に満足したのかもしれない。

明治の青春がほんものであったことは、かれらが青春のための青春という子供くさい自己陶酔に陥らなかった点にも現われている。かれらは、大丈夫たるものが真に客観的に有意義だと信ずる実践的行為の映像をむすぶ力があった。青春におもねらない、苦行者にも似た厳しさ、そこにこそかれらの青春の真面目があった。慧海師はいたずらに冒険を求めたのでなく、仏教の正しい源泉を探り、これを世に伝えるためにあえて苦難の旅路をいったのである。それが青春の良心であった。かれらは遊戯で満足するほど貧弱な情熱の持主ではなく、またそんな自己欺瞞を見破れないほど弱々しい生命力でもなかった。遊びではないから、自分の行為が失敗しても心情的な美しささえ満たされたらよい、などという甘えはなかった。必ず成功せねばならない。慧海師のチベット入りにさいしての周到な準備は、それを物語ってあまりある。また、一見不遇にみえるかれの一生のつかい方のなかにも、それは貫いている。

どこにも具体的資料があるわけではないが、わたしはときどき、若かりし日のかれははげしい恋愛を経験したのではないかと思うことがある。本書にはただ一ヵ所、それと思わせるところがある。チャンタン高原でチベット娘にいいよられたとき、「私もまんざら経験のないことではないので……」という趣旨のことを書いているからである。恋愛などに触発された情熱は、しばしばほかのかたちをとって噴出するものである。西行の墨染《すみぞめ》の姿は情熱の別の姿であり、ゲーテの詩プロメトイスもそのデモーニッシュな変容である。それゆえ、当今の日本の世相が墨染の姿のなかに陰気な老いこみと偽善のにおいをしか認めないのは一つの不幸であって、まことの青春を求めたものこそ青年僧慧海の姿であった。

明治の青春はほんものであったがゆえに、その情熱は日本的「特殊」のワクに入りきらず、溢流して「普遍」へとひろがろうとするものがあった。『西蔵旅行記』にはたくさんの下手な和歌がある。その和歌やその他の数ヵ所において、われわれは慧海師が日本的愛国者であったことを認める。しかしまたそこにうかがわれる愛国的情熱なるものが、いかにも明治らしいふっくらとしたものであることをも認める。慈悲という普遍的な人類愛や普遍的真実を求める白熱的な闘志とあまり矛盾していないのである。かれが外国人であることが出国後発覚したときに、かれと交際していたゆえをもって投獄されたチベット人たちを救うために、ネパール政府を通じてダライ＝ラマに歎願書を奉呈したが、このためにかれの傾注した全力と決死の勇と辛酸とは、求道者的バックボーンを示してあますところがない。この旅行記の最も劇的な最後の幕切れである。

明治の情熱は、ここにおいても、はかなきもの、狭き特殊なるものだけには飽きたらず、永遠なるもの、普遍なるものへ探究の鉾先《ほこさき》をむけていたといえる。これを思うとき、現在の日本は明治とは較べものにならぬひろい国際的環境のなかに坐しながら、はるかに狭いみずからの「特殊」のなかに沈淪し、遠くを見るより右や左を見まわすことに明け暮れてはいないであろうか。「普遍」へむけて溢れ出るこの情熱こそ、おのずから明治人のスケールを昭和人よりも大きくさせていたものであろう。かれらはパイオニアであった。河口慧海や南極探検の白瀬中尉などには、一流趣味があった。白瀬は少年時代から北極到達の志をいだいていたのであって、欧米人のまねごとではなかった。だから、かれが南極でスコットやアムンゼンとくつわを並べたとき、いかにかれの隊がみすぼらしくとも、真に歴史のフロンティアにいたのであった。

慧海師の一流趣味も同様である。一流趣味といっても、欧米の一流人士のお仲間に入れてもらいたいばかりに背のびをしてフロックコートを着るたぐいとはまったく逆である。かれらこそ、まさに土のなかから生えてきた人間である。それゆえに、隣人を意識しての人生設計などという、つけ焼刃の二、三流趣味には甘んずることができなかった。かれらの闘争は人間を超えた永遠に向けられていたといってはいいすぎであろうか。ここに慧海師の紀行の気品と超俗性と国際性がある。

かれの勉強の仕方もまたかような一流趣味であって、それはまた堂々と表門から入るという正統趣味ともいえるし、なにごとにつけても徹底さを求めた趣味ともいえる。わたしはかれの本領であった仏教研究については素人であるから、多くを語る資格はない。しかしかれは、仏教原典の研究のために、少なくもチベット語、サンスクリット、ネパール語などに熟達した。第二回渡印中には、エスペラントまで勉強している。河口家の後嗣の故河口正氏のお宅で、わたしは師の残した克明な日記でそれを知った。第二回チベット入りのときに師のおこなった植物標本作りは、台紙に貼った植物の枝葉をうまく固定さすために糸まで用いるという徹底ぶりだったともいう。

師の紀行が気品と超俗性を備えているということは、この紀行がもつ無類の面白さや大衆性と矛盾しない。その合致するゆえんは、なまなましい、忠実な、珍らしく正確な現地の描写にある。かつて来日したブータン王妃の一行は、「この本こそありのままのチベットを正直に描写したものです」と激賞した。それは、本書がチベット近辺のことをほめて書いてあるからばかりではない。むしろ、ずいぶんあけすけに悪口も書いてあるのである。問題は、その土地とひとびととを、あたたかい心臓と冷静な頭脳で、率直に理解しようとしているか否かにある。この紀行にだって、わたしはいくつかの誤解や誤りや偏見を指摘することはできる。神ならぬ身の、どんなすぐれた観察者の書物にも、いくつかの誤りは避けがたいことであろう。しかしかれの紀行は、理解しようとする誠意と愛とによって、科学的にも格段に優れたものとなっている。ブータン王妃たちの言葉には、心なしか、多くの欧米系人のチベットやブータンにたいする無理解への歎きがこもっているように思われた。

超俗、孤高、そして不遇に終わったかにみられやすい河口慧海の一生のなかに、こういう大衆性があるのは、注意してよい。それはかれがジャーナリスティックであったということではなくして、かれが大衆を、ひとびとを、愛していたからではなかろうか。かれが学究に甘んじないであくまでも求道者の道を歩いたのは、民衆から超然とせんがためではなくて、その逆だったからであろう。かれは、ついにインドの苦行的修道者とは類を異にしたのである。

福田英子『妾《わらわ》の半生涯』

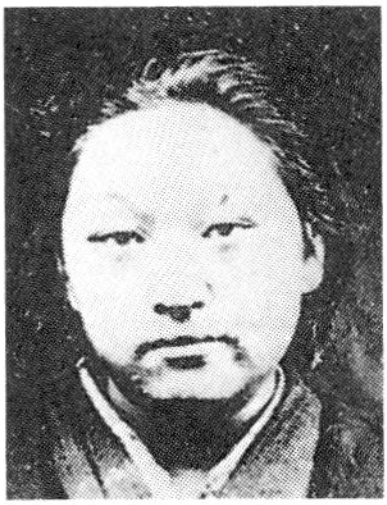

ふくだ＝ひでこ　一八六五（慶応元）年、備前国岡山に生まる。父は藩の下士。英子は一男一女のあとに生まれ、小学校を出て同校の助教となり、母うめ子に思想的感化をうけた。一九歳のとき、女子演説会で人間平等論を説き、蒸紅《じょうこう》学舎を設立。翌年、私塾の閉鎖令をうけ、これを不満として上京、新栄女学校に入学。一八八五年、小林樟雄、大井憲太郎らの朝鮮改革計画に参加し、資金募集に努め、爆弾を大阪に運び、長崎で朝鮮への渡航前に逮捕さる。八九年、恩赦により出獄。大井憲太郎の内縁の妻となり、一子竜麿を生む。九一年、大井と離別。女子工芸学校を開く。翌年、福田友作と結婚し、死別（一九〇〇年）までに三人の男子を生む。一九〇三年ごろより、幸徳秋水、堺利彦らの平民社に関係し、のち社会主義同志婦人会をつくり、〇七年、雑誌『世界婦人』を発刊。〇九年、発行禁止。『世界婦人』の編集兼発行人の石川三四郎と親交、のちに同棲したが、石川は一三年ベルギーへ亡命した。翌年ごろから呉服物の行商をはじめ、東京の内外を転転とし、のち長男の家に住んだ。一九二七年五月、心臓病のため死去。警視庁から二人の刑事が検屍にきて、焼香もせず立ち去ったという。本書は岩波文庫版がある。

これは、備前岡山の一藩士の娘が、自由民権・男女平等の思想に目をひらかれ、自由党大阪事件に加わって投獄され、不幸な恋愛と結婚生活を経験し、さらに社会主義思想に傾斜してゆく半生を自伝としてつづったもの。きびしいたたかいの記録であると同時に、明治史の断面を照らし出した得がたい文献である。

「妾《しょう》がすぎこしかたは蹉跌《さてつ》の上の蹉跌なりき。されど妾は常に戦えり、蹉跌のために一度《たび》もひるみしことなし。過去のみといわず、現在のみといわず、妾が血管に血の流るるかぎりは、未来においても妾はなお戦わん。妾が天職は戦いにあり、人道の罪悪と戦うにあり。この天職を自覚すればこそ、回顧の苦悶、苦悶の昔しも懐かしくは思うなれ」

これが、本書を執筆した福田英子〔はじめは景山英子〕の動機であった。

彼女の思想形成に大きな影響をあたえたものは、母のうめ子と、岡山を中心とする国会開設請願運動のたかまりとであった。うめ子は岡山最初の女学校教師となり、福沢諭吉の愛読者であった。国会開設請願のため上京する委員たちを激励するため、うめ子は自作の大津絵節をはなむけた――

「すめらみの、おためとて、備前岡山をはじめとし、あまたの国のますらをが、赤い心を墨で書き、国の重荷をせおいつゝ、いのちは軽き旅ごろも、親や妻子をふりすてゝ。（詩入）『国を去って京にのぼる愛国の士、心を痛ましむ国会開設の期』雲やかすみもほどなく消えて、民権自由に、春の時節がおっつけ来るわいな」

英子は雄心おさえがたく、郷里出身の自由党員小林樟雄、自由党総理板垣退助、それに大井憲太郎などの助力を得て上京し、勉学につとめた。そして若い二〇歳の英子は、当時の朝鮮における事大党と独立党の紛争にかつての自由党員たちが参加してゆく傾向にひきつけられる。強硬な民権主義者は、たちまち強硬な国権主義者となった。

「わが当局の軟弱無気力にして、内は民衆を抑圧するにもかかわらず、外にたいしては卑屈これ事とし、国家の恥辱を賭《と》して、ひとえに一時の栄華をてらい、百年の患《うれい》をのこして、ただ一身の苟安《こうあん》をこいねがうに汲々たる有様をみては、いとど感情にのみはしるの癖ある妾は、憤慨の念もゆるばかり」

この痛憤は、もとより理由はあるが、しかし爆弾をいだいて朝鮮に渡り、清国と事大党の支配をくつがえすという大井憲太郎らの計画が、のちの日清戦争・朝鮮侵略のための道を掃き清めることとなったことも否定できない。

だが朝鮮渡航・クーデタ計画における英子の活動は、ひたむきで純粋である。彼女は、自由党の同志たちが大阪や長崎で酒宴や遊廓遊びにふけって運動資金をくいつぶしたり、資金をもって行くえをくらますものが出てきたりする有様に腹を立てつつも、運動成功のために奔走する。この運動の堕落は、日本の民衆の利益をはかるのではなく、外国の内乱に参画しようとしたところに原因をもつが、英子が純粋な目と潔癖な心情をもって志士たちの行動をえがいているところは、興味しんしんである。この運動は未然に発覚し、大井をはじめ仲間は逮捕・投獄されるが、国権主義をかかげただけに出獄後は世間の歓迎を博し、多くの者は国会開設とともに代議士となり、出世街道を歩む。それについても英子の批判はきびしい。

「かくわが朝鮮事件に関せし有志者は、出獄後郷里の有志者より数年の辛苦を徳とせられ、大ていい、代議士に選抜せられて、一時に得意の世となりたるなり。また当年の苦艱《くかん》を顧みる者なく、そが細君すらもことごとく虚名虚位に恋々して、昔年《せきねん》唱えたりし主義も本領も失い果し、一念その身の栄耀《えいよう》に汲々として借金わいろこれ本職たるの有様となりたれば、かの時代の志士ほど、世に堕落したる者はなしなど世の人にもうたわるゝなり」

実践に参加し、また名利を求めなかった女性でなければつかみえない真実が、ここにある。

「男らしき妾の発達は早かりしかど、女としての妾は、きわめて晩《おそ》き方なりき。ただし女としては早晩夫をもつべきはずの者なれば、もし妾にして、夫を選ぶの時機きたらば、威名赫々《かくかく》の英傑に配すべしとは、これより先きすでに妾の胸に抱かれし理想なりし」

英子は岡山時代に両親からすすめられた縁談をことわり、つぎに小林樟雄と結婚の約束をしたが、朝鮮事件での小林の行動にあいそをつかして破約した。英子の最初の恋愛は、同じく朝鮮事件で捕えられた大井憲太郎とのあいだに生まれた。しかし、「これぞ実に実《げ》に妾が半生を不幸不運の淵に沈めたる導火線なりけると、今より思えばただ恐ろしく口惜しかれど、その当時はもとよりかかる成りゆきを予知すべくもあらず、ひたぶるに名声赫々の豪傑を良人に持ちし思いにて、その以後は毎日公判廷に出ずるを楽しみ、かの人を待ちこがれしぞ且つは怪《あや》しき」。

大井憲太郎は自由党左派の輝ける指導者であり、弁護士としても名声を得ていた。しかし、かれには妻があった。妻は数年前から発狂しており、大井は離縁を考えていたが、そのためには生活資金をあたえてやらねばならず、それもいますぐというわけにはゆかない。英子は「さもあるべきことと思いければ、しばらく内縁を結ぶの約をなし」、大井とともに各地の演説会や懇親会に肩をならべて出席した。つかのまの幸福な日々であった。

やがて英子は妊娠したので上京し大井に約束の履行を迫ったが、「事実はこれに反して、重井〔大井の変名〕は最初妾に誓い、はた両親に誓いしことをも忘れしごとく、妾を遇することかの口にするだも忌わしき外妾同様の姿なるは何ごとぞや」。婦人解放をさけび一夫一婦制の確立を唱えてきた英子にとって、これは最大の屈辱である。しかし英子は、けっきょく大井の説得に屈して、ひそかに子どもを生む決心をする。「その間の苦悶そもいくばくなりしぞや」。

その後、英子は大井の同意を得ないで、両親兄弟を東京に呼びよせたが、これが大井には不満で、しだいによりつかなくなった。「こは大いに理由あることにて、彼は全く変心せしなり、彼は妾の帰国中妾の親友たりし泉富子〔清水豊子の変名〕と情を通じ、妾を疎隔せんと謀りしなり」。その証拠を英子はつかんだ。それは、大井が豊子あての手紙を間違って英子に送ったからである。大井は、このころ、自由党再建や、選挙運動であまりに多忙だったせいでもあろうか。

ここにいたって英子は、断然大井と手をきる決心をする。「妾不肖なりといえども吾が子は吾が手にて養育せん、誓って一文たりとも彼が保護をば仰がじと発心し、その旨いい送りてここに全く彼と絶ち、家計の保護をも謝して全く独立の歩調をと」ることになった。英子の潔癖がよく出ているが、この結果は泣き寝入りにひとしい。英子はようやく二八歳で結婚の相手として福田友作を得るが、福田の複雑な家庭事情と弱気な性格のため、貧窮生活のうちにわずか六年間の結婚生活で寡婦となる不幸をさらに経験させられる。彼女はその後、不幸なる貧民の救済のために働くことを決意する。それは序文のつぎの言葉が物語る。

「さきに政権の独占を憤《いきどお》れる民権自由の叫びに狂せし妾は、今は赤心資本の独占に抗して、不幸なる貧者の救済に傾けるなり。妾が烏滸《おこ》のそしりを忘れて、あえて半生の経歴をきわめて率直に少しくかくすところなく叙せんとするは、あながちに罪滅ぼしのざんげに代えんとにはあらずして、新たに世と己れとにたいして、妾のいわゆる戦いを宣言せんがためなり」

彼女の不屈の個性は、いまもなお輝きを失わない。

北一輝『国体論及び純正社会主義』

きた＝いっき　本名は輝次郎といい、一八八三年、新潟県佐渡ヶ島に生まる。代々造り酒屋を中心に繁栄し、庄屋のちには町長もつとめた旧家の長男。父のときから没落がはじまって、北も斜陽の非運をなめた。中学を中途退学し、一九〇五年上京して早稲田大学の聴講生となる。翌年『国体論及び純正社会主義』を完成公刊したが、発売禁止のうき目にあう。しかしこの本を縁に幸徳秋水、堺枯川らの社会主義者と交わり、当時東京に本部のあった中国革命同盟会に加盟、辛亥革命がおこると一九一一年、渡中、同盟会内の民族主義派とむすんで活躍した。この経緯は、帰国後書いた『支那革命外史』（一九二一）にくわしいが、要するに北は中国での体験から革命における軍人の役割をまなんだといえる。一六年、ふたたび中国へゆき上海で浪人生活をおくり、一九年、のちに軍部ファシストたちの経典となるべき『日本改造法案大綱』（一九二三）を書き、これをたずさえて帰国、国家主義運動の頭首とみなされた。猶存社を組織して門下をやしない、西田税らを通じていわゆる皇道派青年将校の信奉を得、二・二六の直接行動には参加しなかったが、一九三七年、首謀者として銃殺刑に処された。

これは痛快な書である。北一輝の一生は、さながら講談そのままの波瀾万丈である。講談の比喩をかりるなら、独学自得の剣をひっさげて江戸に出た若冠二三歳の若侍が、高名の剣士連に試合をいどみかつ連破してゆく長講一番ともいえようか。相手の剣士とは、万世一系の天皇を主権者とする万邦無比の国体をあるいは信奉し、あるいはこれと妥協した明治のアカデミーの碩学たち。そして北一流の独創剣とは進化論に基礎づけられた社会主義、名づけて「純正社会主義」である。北のめざすところは、「社会主義は国体に抵触《ていしょく》するや否やの論争にあらずして、我が日本の国家そのものの科学的攻究」である。

まず独特の憲法論から——。明治国家は、かれによれば、「公民国家」である。主権は天皇にではなく、国家に帰属する。この国体を、かれは「国家主義」とも「社会主義」ともよぶが、「国家」と「社会」との同一視は北の一貫した特徴であった。さて、「特権ある国民一分子」たる天皇は、「平等の多数」〔すなわち天皇以外の全国民〕の代表者である議会とともに、国家の「最高機関」であり、このように「国民〔広義の〕全部」が「政権」をもつ政体を、かれは「国民主義」とも「民主主義」ともよぶ。国家〔＝社会〕主義と国民〔＝民主〕主義、したがって「社会民主主義」を国体とする公民国家は、「国家の進化」の究極的到達点である。ここにいう進化とは、「国家意識の拡張」、つまり政権に参加する国家＝社会の「分子」の範囲の拡大である。「一人の分子」のみの政権の「君主国」、「少数の分子」の政権の「貴族国」〔以上は総称して「階級国家」〕、そして国家の「全分子」が政権をもつのが「民主国」〔「公民国家」〕にほかならない。この進化の過程は「階級闘争」の過程でもあり、その最大の劃期《かっき》は階級国家から公民国家への転換である。そして日本でこれを達成したのが「維新革命」であり、こうして「忠君」の時代から「愛国」の時代に移った、と北はいう。

以上のごときが明治憲法の真の解釈であり、以上のごときが明治国家の真の国体である、と北は主張する。これにたいして「いわゆる国体論」の万世一系の主権者たる天皇は、「迷信の捏造による土偶」にすぎない。国体をなみするものは社会主義ではなく、泥人形をあがめ奉って真の国体を破壊する反革命〔北のいわゆる「復古的革命主義」〕のいわゆる国体論であり、「国家に対する叛逆」の罪を問わるべきである。そればかりか、それは歴史の証明にもたえない。「君臣一家」「忠孝一致」の大義に反する「乱臣賊子」は、「二三の例外」をのぞき、日本全歴史に充満している。このように「自己の歴史を意識せざるもの」は、「土人部落」〔「文明人」は歴史を意識する〕であり、全国民が「万世一系の一語に頭蓋骨を殴打されてことごとく白痴」となっている日本は「東洋の土人部落」である、と痛罵してやまない。

だが北は、「公民国家」が「法律的理想」にすぎないことに、盲目ではなかった。「国家の理想的表白」である憲法と、「国家の現実的活動」である政治とは矛盾している。

「国家なる手袋を脱ぎ去らしめよ、資本家の筋張れる鉄拳は明らかに見らるべし」

なぜか。法律的には「公民国家」なのに、経済的には「階級国家」の段階にとどまっている。この理想と現実との矛盾を解決するには、「経済的維新革命」によって、「経済的階級国家の否定」「経済的公民国家」を成立させねばならない。つまり「社会を財産権の主体たらしむる共産制度」「土地及び一切の生産機関の公有」、すなわち社会主義をめざすのである。

では、革命遂行の方策は如何。階級闘争の最新の方法たる「投票」による、「議会による法律戦争」による、と北はいう。テロリズムやストライキも、人民の「正当防衛権」の行使としてないわけではないが、法律的「公民国家」では投票こそ「最もよく社会勢力を表白する革命の途」である。かくて、この時点での北一輝は、片山潜らとおなじく「普通選挙」の獲得を当面の急務であるとした。しかし後年、この目標がなかなか到達できず、到達できたあとでも、「最もよく社会的勢力を表白する」ものでは必ずしもないことが判明したとき、かれは「正当防衛権」に訴え、そしてストライキよりもテロリズム、クーデタの途を選びとるであろう。

こうした北の以後のコースは、一つには「生物学は、すべてにおいて社会主義の基礎」であり、「一切の社会的諸科学の基礎である」という本書の立場によって、すでに決定されていたともいえよう。この生物学主義によれば、社会＝国家は「個人という分子が空間を隔てて結合した一大個体」であり、「個体それ自身の目的を有して生存し進化しつつある有機体」として把握される。これが、北独特の憲法論の基礎であるのはいうまでもない。同時にそれは、北の「階級闘争」観を独得のものにしたてあげる。

「貧民といい富豪といい各々社会という一個体の部分なり。すなわち個人とは社会のことにして、貧民という個人が今日犠牲となりつつきたれるは富豪という他の個人の罪悪の為めにあらず、社会の進化の為めに社会の自身が社会自身の或る部分を先ず進化せしむる必要によりて社会自身の他の部分を犠牲としつつあるなり。ゆえに今日幸福に置かるる所の富豪も貧民の肉体の一部なり、犠牲に投ぜられつつある貧民も富豪のそれの一部なり」

ここには階級間の基本的対立ではなく、国民としての本質的同質性・統一性が前提されている。しかも「社会という大個体の今日の進化の程度は下等生物」の段階にあり、ミミズ、カニ、トカゲ、タコのように「個体の一部を欠損して生存するの方法」によって生命を維持している。「欠損」とは政治では「戦死」、経済では「失業」となってあらわれるが、このような犠牲に供されるのは、要するに「生存競争」の「劣敗者」にほかならない。「階級闘争」として「法律戦争」ではなく「正当防衛」に出ようとするとき、「劣敗者」のストではなく、下層階級の悲惨をすくおうとするエリートの手によるテロやクーデタが選びとられる条件が、すでにここに潜んでいる。しかも北は、進化のための「生存競争」として、「階級闘争」とならんで「国家競争」をみとめる。国家＝社会という「個体」を基礎的単位と考える以上、後者のほうがかれにとって重要ではなかったか。そして劣敗者としての「欠損」、「犠牲」の非運を甘受するか、それともそれを他に強制するか、その二者択一が「国家競争」においてもせまられている、と考えてはいなかっただろうか。さらには、「国家競争」の優勝者となるため、階級闘争の劣敗者の「犠牲」もやむをえない、という考えを生む素地がここにすでに存していなかったか。

緒言でもいっているように、「後進国学者」としてみずからを把握し、しかも「通弁的学者」の直訳的学説を憎悪した北は、日露の戦勝、そして焼打事件のさなかでこれを書いた。そして日本は、徳川期以来の高度の同質性・統一性によって、この独特の生物学主義をふまえた「純正社会主義」、直訳でない〝土着〟の社会主義を生みだす恰好の地盤を提供していたといえよう。本書は、若年の血気からくる売名のにおいがせぬでもないが、片山潜、河上肇の絶讃をうけ、福田徳三が評したように「天才の著作」たる資格はじゅうぶんであった。

出版ひと月で発売禁止の憂目にあった北は、中国にわたり、軍隊こそ革命の中核的勢力でなければならぬ、と確信することになる。帰国した北は、少壮軍人のうちに彼のもとめるエリートを見いだし、かれらの手によるテロとクーデタへのみちを歩むであろう。しかもかれらは、北とはちがって、いわゆる国体論に毒されていた。そんなかれらにたよらざるをえない北の悲劇は、銃殺に処される直前、天皇陛下万歳三唱を提案した同志にむかって「それには及ぶまい、私はやめる」とこたえた一言のうちに、集中的に表現されていたというべきであろう。

夏目漱石『文学論』

なつめ＝そうせき　本名を金之助といい、号の漱石は『世説』にみえる晋の詩人孫楚《そんそ》の故事にもとづく。一八六七（慶応三）年、江戸牛込の名主夏目小兵衛、後妻千枝の五男として生まる。幼時、父の友人塩原昌之助の養子となったが、養父母の家庭不和のため生家に戻る。一八歳で大学予備門（一高）に入学。同窓に山田美妙、正岡子規ら。初年度は怠けて落第、以後は首席。二四歳で東大英文科に入学。学者志望で、友人たちの文人気質をむしろ軽蔑していた。卒業後、高等師範学校教授。ノイローゼがこうじて、一八九五年、松山中学の教師に転じた。同じ下宿に子規がいた。一年後、五高教授となり、中根鏡子と結婚。一九〇〇年、イギリス留学。帰国後、東大講師となり、『文学論』を講義。『ホトトギス』に散文『吾輩は猫である』を書いて作家となり、余裕派と称された。森田草平、寺田寅彦、芥川龍之介、久米正雄らの門下生を指導。〇七年、朝日新聞社と契約して創作に専念、自覚的な近代人のエゴイズムと愛、家庭や社会との葛藤を追究。一一年、文部省が博士号を与えようとしたが拒絶。一九一六年、持病の胃潰瘍が悪化し、『明暗』執筆中に死去。本書は岩波文庫に入っている。

「私は下宿の一間の中で考えました」と、漱石は「私の個人主義」のなかで『文学論』を構想するにいたった経緯を回顧している。孤独だったイギリス留学期間のことである。

「詰《つま》らないと思いました。いくら書物を読んでも腹の足《たし》にはならないのだと諦めました。同時に何の為に書物を読むのか自分でもその意味が解らなくなって来ました。

この時私は始めて文学とはどんなものであるか、その概念を根本的に自力で作り上げるより外に、私を救う途はないのだと悟ったのです。今迄は全く他人本位で、根のない萍《うきぐさ》のように、そこいらをでたらめに漂よっていたから、駄目であったという事に漸《ようや》く気が付いたのです」

つづけて、自己反省をかねて、ヨーロッパの流行を受け売りする学界の趨勢を批判する。

「たとえば西洋人がこれは立派な詩だとか、口調が大変好いとか云っても、それはその西洋人の見る所で、私の参考にならん事はないにしても、私にそう思えなければ、とうてい受け売りをすべき筈のものではないのです。私が独立した一個の日本人であって、決して英国人の奴婢でない以上はこれ位の見識は国民の一員として具《そな》えていなければならない上に、世界に共通な正直という徳義を重んずる点から見ても、私は私の意見を曲げてはならないのです」

日本の近代文学史上、おおく白樺派の功績に数えられる「近代的自我の確立」は、じつはそれより一時代はやく、漱石の『文学論』によってなしとげられていた。この著述は、考察される対象が何であれ、その文章を書きつづけることが同時に自己の責任を全的にひきうけることになる、そうした作業にのみみられる、息苦しさと光輝とをもっている。漱石はまず、文学は認識的要素と情緒的要素との、さまざまな型での統一体であるという、包摂的な原理をたてる。「およそ文学的内容の形式は(F+f)なることを要す。Fは焦点的印象または観念を意味し、fはこれに付着する情緒を意味す。されば上述の公式は印象または観念の二方面すなわち認識的要素(F)と情緒的要素(f)との結合を示したるものと云い得べし」

そして、その双方にわたって考えられるさまざまな従属要素とその性質を考察し、その組み合わせをいわば博物学的な系統立てに整理してゆく。たとえばFについては、㈠一刻の意識における焦点的印象もしくは観念、㈡個人的一世の一時期におけるそれ、㈢社会進化の一時期におけるそれ、とまず時間的に区分し、それによって各地域、各時代、各民族に特有の観念があり、それぞれ独立の原価値をもつことを説明する。かつて本場英国の批評家のいうところと自分の考えが矛盾する場合のあることをおしつめて、「風俗、人情、習慣、溯《さかのぼ》っては国民の性格皆この矛盾の原因になっているに相違ない。それを、普通の学者は単に文学と科学とを混同して、甲の国民に気に入るものはきっと乙の国民の賞讃を得るにきまっている、そうした必然性が含まれていると誤認してかかる」(「私の個人主義」)と考えたこととの、それは理論的展開だったのである。考察の比重は、しかし、Fよりもf、認識よりも感情のほうにかけられている。なぜなら、「情緒は文学の試金石にして、始にして終なりとす。故に社会百態のFにおいて、いやしくも吾人がfを付着し得る限りは文学的内容として採用すべく、しからざる時は用捨なくこれを文学の境土の外に駆り出さざるべからず」であるから。プラトンがその理想国より詩人を追放したのとは逆に、漱石は普遍的科学の名で迫ってくる先進資本主義国の圧迫をはねかえすため、その『文学論』から抽象性をはじき出したのである。

道徳もまた感情の一形態にすぎない、とかれは主張する。ギリシア文学にみえる怒り、キリスト教文化圏の一神崇拝やそれにともなうもろもろの訓戒も、儒教的な孝や忠の観念がそうであるように、一つの感情である。感情はそれ自体の独立的な法則をもつ。そして感情が一つの力となるのは、それがつねに具体的なものと関連するかぎりにおいてである。

「千百の恋愛論はついに若き男女の交《か》わす一瞥《べつ》の一刹那《せつな》を叙したる小説の一頁に及ばざること明らかなり。……親の為に川竹に身を沈め、君侯の馬前に命をすつるはさまで難きことにあらず、親は具体的動物にして、君侯は耳目を具有し活動する一個人なるをもってなり。されども身をもって国に殉ずと云うに至りてはその真意はなはだ疑わし。国はその具体の度において個人に劣ること遠し。抽象の性質に一命を賭するは容易のことにあらず。もしありとせば独相撲《ひとりずもう》に打ち殺さるると一般なり」

単に文学論であることにはとどまらぬ新しい人間学の萌芽が、そこにはある。すくなくとも漱石は、一九世紀の観念論のある部分をのりこえていた。そこにはよき意味での経験主義があり、よき意味での唯物論が含まれている。

考察は英文学を素材とし、ときに漢文学を比較文学論的に対照させつつ、すばらしく多岐にわたる。感覚的要素、触覚、温度、味覚、嗅覚、聴覚から色、形、運動や両性本能、そして単純情緒から複雑本能へ。さらに一定の感情の転置、拡大、固執、そして悲劇や喜劇における感動の秘密、さらにその表現法にいたるまで。つねに具体的な例証を、独自な見識によって選んできたその成果は、文学史であると同時にまた一つの体系的な心理学の著述ともなっている。

もちろん、ある種の欠陥をももっている。たとえば、フランスの心理学者リボーの説によりつつ「情緒の記憶はほとんど不可能のことに属す」といいきってしまったことなどである。つまり、考察の方法が博物学的でありすぎたために、内省的基礎づけに部分的な未成熟をのこす結果となった。それゆえ、「文学は生活そのものにあらず」、しかも、現実においては耐えがたい状況の再現がひとの心をうつことがあるのはなぜかという、文学の究極的問題の門戸に到達しておりながら、ついに十全な解答を見いだすにはいたらなかったのである。

『文学論』は東大で講義されていたとき、すでに学生たちに難解と目される栄誉（？）を得た。漱石の小説作品がひろく、また持続的に読まれているのに比して、本書はその難解さのためにあまり読まれなかったようである。これに立脚し、これを批判し、これを発展、克服した論文は、厖大な漱石研究があるにもかかわらず、まったく見ることができない。英文学、あるいは文学論研究は、以後もっぱらアーノルド、エリオットなどの紹介へと傾いた。それ自体、無意味ではないけれども、態度において、それは漱石以前への逆行といわねばならない。

　漱石は留学からの帰途、船中からロンドンの下宿の老嬢にあてて、「もう二度とイギリスなどへ行くものか」とわざわざ手紙を出したという。従来それは、ほとんど狂気寸前までいっていたかれの神経衰弱と関係づけられている。しかし、漱石はすでに自主独立への道を歩みだしていたのであり、真実のところ再度の留学など、もはや必要とはしなかったのである。

「私はこの自己本位という言葉を自分の手に握ってから大変強くなりました。彼等何者ぞやと気概が出ました」（「私の個人主義」）

　晩年、漱石は胃潰瘍が悪化して、自分の死を間近に感ずることによって、「則天去私」なる禅境に一つの慰めを求めようとした。だが、則天去私なる観念は、それ以前に強烈な個我の意識と自負があってはじめて意味があるのだということを忘れるべきではない。

「余の神経衰弱と狂気とは命のあらんほど永続すべし。永続する以上は幾多の作品を出版する希望を有する為めに、余は長《とこ》しえにこの神経衰弱と狂気の余を見棄てざるを祈念す」（『文学論』序）

『文学論』は、以後のかれの小説作品を解く鍵であるばかりでなく、日本の近代の精神構造を解く大きな鍵である。

石川啄木『時代閉塞の現状』

いしかわ＝たくぼく　本名を一《はじめ》といい、一八八六年、岩手県南岩手郡日戸村に生まる。父は曹洞宗常光寺住職で、母は父の師の娘。啄木は長男で二姉一妹がある。一八八七年、隣接の渋民村に移る。ひよわで、「西洋ローソク」とアダ名される。渋民小学校を卒えて盛岡高等小学校入学。上級に金田一京助がいた。三一年、盛岡中学に入学し、回覧誌をつくり文学にめざめる。教師ボイコットのストに加わり、のち学校がいやになって中退して上京したが、収入皆無。このころより『明星』に登場。一九〇五年、堀合節子と結婚、処女詩集『あこがれ』出版。〇六年、帰郷、代用教員となる。これより前、父は寺をおわれ、一家の生活はどん底。学校ストライキをそそのかし、ために渋民から永遠に追放。〇七年、単身北海道にわたり、各地、各新聞社を転々し、〇八年、ふたたび上京。小説家として立たんためであったが、失敗。不幸と貧乏のうちに続々歌をつくり、その集積『一握の砂』は歌壇をゆるがした。〇九年、朝日新聞校正係となり、生活やや安定。しかし嫁姑の不和になやまされ、一家そろって病の床につくなどの不幸に圧倒された。この晩年、思想的に重大な仕事をしあげた。一九一二年三月、母は結核で死に、翌月、かれも結核で死去。

「両足を地面にくっつけていて歌う詩」ということを石川啄木はいった。「実人生と何らの間隔なき心持をもって歌う詩ということである。珍味ないしは御馳走ではなく、われわれの日常の食事の香《こう》の物のごとく、然《しか》くわれわれに『必要』な詩ということである」（「食ふべき詩」）

この「必要」という言葉は、『時代閉塞の現状』においても、思想のかなめの言葉としてふたたび現われる。「食ふべき詩」（一九〇九）ではなお「自己および自己の生活を改善する」というところから進み出てはおらず、『時代閉塞の現状』（一九一〇）ではそこから巨大な一歩をふみ出しているのではあるが、しかしこの二つのエッセイは「必要」というふかい、それだけに解釈のむつかしい言葉でつながれている。

しかし、わずか一年のあいだに、なんという急激な変化、進展、突進であろうか。『時代閉塞の現状』を書いて二年後、「死だ！　死だ！　たったひとつだ！　ああ！」と日記に書きつけた詩人は、そのとおり窮死した。死の予感が、あるいは死を予定した「宿命」のようなものが、この急進を煽動したのであろうか。

与謝野晶子の模倣者、ロマン主義者として出発したこの感傷の詩人は、そこから人生の赤裸裸を描こうという自然主義へとびこむ。しかし、「いつしかわれらはその理論上の矛盾を見出した。そして、その矛盾を突っ越して、われらの進んだ時、われらの手にある剣は自然主義の剣ではなくなっていた。——少なくとも予一人は、もはや傍観的態度なるものに満足することができなくなってきた。作家の人生に対する態度は、傍観ではいけぬ、作家は批評家でなければならぬ。でなければ、人生の企画者でなければならぬ」(「ローマ字日記」)

田山花袋、岩野泡鳴、島崎藤村らの自然主義は、明治末期の青年たちの魂を魅了した。それは現実の仮面をはぎとり、いかなる障害をもふみにじって赤裸々の人生を描こうという主張であり、またその実践でもあったからだ。しかし日本の自然主義は、フランスの自然主義よりも、その社会的側面においてはさらにひよわく、したがって「現実暴露の悲哀」といったところへ急速におちこまねばならなかった。おちこまねばならぬ道筋をだれよりもはやく、だれよりも過激に批判したのが、人生の「批評家」、人生の「企画者」であった石川啄木である。かれが「作家は批評家でなければならぬ。でなければ、人生の企画者でなければならぬ」といったとき、かれの相貌はもう一人の痛切の詩人ボードレールにきわめてよく似ていた。「詩はたんに確認するだけではない、たてなおすのだ。どこでも詩は不正の否定となる」(『ピエール＝デュポン詩歌集』への序)

自然主義はあらゆるものの否定をいいながら、最も根本的な「不正の否定」には一指も染めてはいないではないか。これが啄木の自然主義批判の要点である。

「……日本はその国家組織の根底の堅く、かつ深い点において、いずれの国にも優っている国である。したがって、もしもここに真に国家と個人との関係について真面目に疑惑を懐いた人があるとするならば、その人の疑惑ないし反抗は、同じ疑惑を懐いたいずれの国の人よりも深く、強く、痛切でなければならぬはずである。そして輓近《ばんきん》一部の日本人によって起されたところの自然主義の運動なるものは、旧道徳、旧思想、旧習慣のすべてに対して反抗を試みたとまったく同じ理由において、この国家という既定の権力に対しても、その懐疑の鋒尖《ほこさき》を向けねばならぬ性質のものであった。しかしわれわれは、何をその人達から聞き得たであろう」(「食ふべき詩」)

何を聞きえたであろう、こういう言葉のほかは。何を聞きえたか。

「国家は帝国主義でもって日に増し強大になって行く。誠に結構なことだ」

「国家は強大でなければならぬ。われわれはそれを阻害すべきなんらの理由ももっていない。ただしわれわれわれだけはそれにお手伝いするのは御免だ!」

かれらは人間の活動のいっさいを白眼視し、強権の存在についても没交渉の態度をとっている。かれらは、と啄木はいう、それだけ絶望的なのである。この絶望的状況、それはもちろん、一九一〇年の幸徳事件によって決定的にふかめられたものである。「強権」のむきだしの力は、いやというほどかれら文学者を叩きつけた。永井荷風のごとき人が隠遁を決意したちょうどそのとき、『一握の砂』の詩人は、勇をふるい幸徳事件にとりくんだ。公判記録をたんねんに調べ、事件の「真相」に迫ろうとした。この絶望的状況——そのなかで書かれた最後のエッセイが『時代閉塞の現状』であって、時代閉塞とはとりもなおさずこの政治的・社会的どんづまりのことである。そのなかで、なげやりになり、絶望している若者たちのことである。「かくていまやわれわれには、自己主張の強烈な欲求が残っているのみである。自然主義発生当時と同じく、いまなお理想を失い、方向を失い、出口を失った状態において、長い間鬱積してきたそれ自身の力を独りで持て余しているのである。……すべて今日のわれわれ青年がもっている内訌的、自滅的傾向は、この理想喪失の悲しむべき状態をきわめて明瞭に語っている。――そうしてこれは実に『時代閉塞』の結果なのである」

啄木はいう、青年はこれまで三つの経験をへてきた。一は高山樗牛《ちょぎゅう》の「個人主義」である。しかしこの個人主義には伝習的迷信が多くふくまれていた。樗牛は未来の設計者とはなりえなかったのである。二は綱島梁川の「宗教的欲求」である。これは樗牛への反動としておこったものだが、「いつからとなくわれわれの心にまぎれこんでいた『科学』の石の重み」はわれわれを宗教的境地に飛翔することを許さなかった。第三は科学である。科学は教える、「一切の美しき理想は皆虚偽である」と。この三つの経験によって、啄木とその世代は結論する。「理想はもはや『善』や『美』に対する空想であるわけはない。一切の空想を峻拒して、そこに残る唯一つの真実――『必要』! これ実にわれわれが未来に向って求むべき一切である。われわれはいまもっとも厳密に、大胆に、自由に『今日』を研究して、そこにわれわれ自身にとっての『明日』の必要を発見しなければならぬ。必要はもっとも確実なる理想である」

ここでくりかえしくりかえし「必要」といわれていることに、注目しなければならない。この終りの文章のすこし前にこういう言葉がある。「かくていまやわれわれ青年は、この自滅の状態から脱出するために、ついにその『敵』の存在を意識しなければならぬ時期に到達しているのである。それはわれわれの希望やないしその他の理由によるのではない、実に必至である。われわれは一斉に起って先ずこの時代閉塞の現状に宣戦しなければならぬ」

「必要」は、ここでは「必至」といわれている。中野重治はそのすぐれたエッセイ『啄木に関する断片』のなかで、「ここに我々は、彼のいう必要とは何を指すかを明確に理解する。それは実に『必然』(Notwendigkeit)以外の何ものでもない」といった。啄木は科学的考察の必要を痛感し、日常的「必要」から社会的「必至」ないし「必然」へ行きつこうとしていたのである。かれは「日常の詩人」であった。しかし時代と宿命とにうながされ、晩年「国家的社会主義」を云々するにいたったといわれる。ここでファシズムを連想することは正しくない。この天才は一国社会主義のその当時における「必要」を直観していたのかもしれない。「われわれ全青年の心が『明日』を占領した時、その時『今日』の一切が初めてもっとも適切なる批評を享《う》くるからである。時代に没頭していては時代を批評することができない」と啄木がいったとき、われわれは、かれにとっての「明日」であった「今日」、なおじゅうぶん「明日」をとらえていないという苦痛を味わわされるのである。

西田幾多郎『善の研究』

にしだ＝きたろう 一八七〇年、石川県河北郡宇ノ気村に生まる。豪農の長男。一八八八年、四高入学。二年後、学校の教育方針を不満とし、「独立独行で途を開いて行く」覚悟で中退。しかし恩師北条時敬の忠言をいれ翌年東大選科に入学。卒業後、一年ちかい失業状態ののち、能登半島七尾の中学教師の職を得る。四高中退以後、四高講師に就任するまでの六年間は、生家の破産などともかさなって、苦難にみちていた。四高に職を得てから『善の研究』の構想が完成する一九〇六年までの一〇年間、坐禅に没頭したのは、この不遇時代にふかく人生の悲哀を味わったためであろう。坐禅の体験は、失業時代に手をつけたT＝H＝グリーンの研究から学んだヘーゲル主義的観念論の方法と結びついて、『善の研究』の中心思想をなす「純粋経験」の内容を特徴づけている。この本の出版は一九一一年だが、これに先立って、その主要部分が『哲学雑誌』に掲載され、それが認められて、一九一〇年に京大助教授に就任。以後二八年に停年退職するまで京大哲学科に在職。一九四五年、七六歳で死去。死後、『西田幾多郎全集』全一八巻（岩波書店）が刊行された。

『善の研究』は、日本最初の独創的哲学という定評を得ているが、正確には、明治以降における最初の独創的な観念論哲学というべきであろう。「明治以降」という制限をつけるのは、江戸時代の三浦梅園、安藤昌益、本居宣長らの思想を独創的哲学思想と見ぬわけにはいかないし、アウグスティヌスやトマスの思想を哲学というのなら空海や道元の思想を哲学といえぬはずはないからである。また、「観念論」という枠をもうけるのは、唯物論の系統に、『善の研究』の一〇年前に出た中江兆民の『続一年有半』〔無神無霊魂論〕のような素朴ながら独創的と認めざるをえない著作があるからである。

哲学は、「如何に生くべきか」という問題を追究する主体的・直観的な宗教的思想と、「世界はどうなっているか」を追究する客観的・分析的な科学的思想との交錯地帯に成立する思想形態であり、隣接する二つの思想形態の統一を特徴とする。その統一の中心が宗教の側にかたよる場合には観念論的傾向を生じやすく、科学の側にかたよる場合には唯物論的傾向を示しやすい。明治以降の代表的な観念論哲学体系としての本書の特徴を、この観点から検討してみたい。

『善の研究』の中心思想は、「純粋経験」という概念に要約される。それは何か。

「純粋経験においては未だ知情意の分離なく、唯一の活動である様に、また未だ主観客観の対立もない。主観客観の対立は我々の思惟の要求より出でくるので、直接経験の事実ではない。

直接経験の上においてはただ独立自全の一事実あるのみである、見る主観もなければ見らる丶客観もない。あたかも我々が美妙なる音楽に心を奪われ、物我相忘れ、天地ただ嚠喨《りゅうりょう》たる一楽声のみなるが如く、この刹那いわゆる真実在が現前して居る」

要するに、「純粋経験」とは「主客を没したる知情意合一の意識状態」であり、それが「真実在」なのである。精神や物質も、思惟や感情や意志もこの真実在の一面と考えられ、そこから真・善・美も説明される。

たとえば、精神と物質の区別については、「精神現象というのは統一的方面すなわち主観の方から見たので、物体現象とは統一せらる丶者すなわち客観の方から見たのである。ただ同一実在を相反せる両方面より見たのにすぎない」と説かれ、知・情・意の区別については、「知と意との区別は主観と客観とが離れ、純粋経験の統一せる状態を失った場合に生ずる」とか、「我々は主観客観の区別を根本的であると考える処から、知識の中にのみ客観的要素を含み、情意は全く我々の個人的主観的出来事であると考えて居る」と説かれる。

西田によれば、物・心や知・情・意の区別が純粋経験を逸脱した一面的な見方から生ずるのに反して、真・善・美は純粋経験によってとらえられた真実在の姿である。ここから、「直接経験の状態において、主客相没し、天地唯一の現実、疑わんと欲して疑う能《あた》わざる処に真理の確信がある」とされ「主客相没し物我相忘れ天地唯一実在の活動あるのみなるに至って、はじめて善行の極地に達する」とされるのである。

純粋経験というのは、かれも認めているように、一種の意識現象にほかならない。それを真実在とみるのは、明瞭な観念論である。

「我々は意識現象と物体現象と二種の経験的事実があるように考えて居るが、その実は唯一種あるのみである。すなわち意識現象あるのみである。物体現象というのはその中で各人に共通で不変的関係を有するものを抽象したのにすぎない」

しかし、このように意識現象を唯一の実在と見るとき、真理の基準は各個人の意識にもとめられ、客観的な真理の基準を見いだすことが不可能になるのではあるまいか。こうした疑問にたいして、西田はつぎのように答える。

「個人の意識が昨日の意識と今日の意識とただちに統一せられて一実在をなす如く、我々の一生の意識も同様に一と見なすことができる。この考を推し進めて行く時は、ただに一個人の範囲内ばかりではなく、他人との意識もまた同一の理由によって連結して一と見なすことができる。理は何人が考えても同一である様に、我々の意識の根柢には普遍的なるものがある。我々はこれによりて互に相理会し相交通することができる」

この論旨は、「個人あって経験あるにあらず、経験あって個人あるのである」という、よく知られた名文句に要約されている。これは、純粋経験が個人的経験の枠をこえることを意味する。純粋経験においては、主客の区別も自他の区別もなくなるからである。

要するに、純粋経験の立場においては、知・情・意が合一するばかりでなく、主観と客観、精神と物質、自己と他者も合一する。かれは知・情・意合一の根柢に「知的直観」を想定し、精神と自然の統一の根柢に「神」を想定した。知的直観と神は、純粋経験をそれぞれ認識と存在の観点からとらえた姿とみてよかろう。

本書は四編からなり、第一編と第二編は純粋経験を、それぞれ認識と存在の観点からとらえようとする試みであり、第一編では知的直観による思惟と意志の統一が説かれ、第二編では神による自然と精神の統一が説かれている。前半の二編では理論哲学の問題があつかわれているのにたいして、後半の二編ではそれぞれ道徳と宗教がとりあげられ、つまり実践哲学の問題があつかわれている。

序文に、「この書を特に『善の研究』と名づけたわけは、哲学的研究がその前半を占め居るにもかかわらず、人生の問題が中心であり、終結であると考えた故である」とあるが、「哲学的研究」というのは理論哲学的研究をさし、「人生の問題」というのは「如何に生くべきか」を追究する実践哲学の問題をさす。かれは、実践哲学を理論哲学よりも優位におき、さらに実践哲学の領域では宗教を道徳よりも優位におく。「学問道徳の本には宗教がなければならぬ、学問道徳はこれによりて成立する」というのが著者の基本的信念であった。

西田によれば、宗教の本質は「神人合一」にある。それは、「意識の根柢に於て自己の意識を破りて働く堂々たる宇宙精神を実験する」ことである。これは、個人的経験の枠をこえる純粋経験の境地にほかならない。その境地を、かれは、本書の構想が熟しつつあった明治三〇年ころから四〇年ころにかけて専念した参禅の体験を通して体得したのであろう。

純粋経験は一種の意識現象とみられると同時に真実在とみられる。それは意識現象としては知的直観と解され、実在としては神と解される。知的直観による思惟と意志の統一と、神による自然と精神の統一が、理論哲学の問題をあつかう第一編と第二編の主題であるから、本書では理論哲学そのものが宗教的見地から論じられているということになる。

西田にとって哲学の根本であり終結であった宗教は、「深き命の捕捉」であり、「我々のやまんと欲してやむ能わざる大なる生命の要求」であった。宗教とは、自己の生命を機縁とする宇宙的生命の直観的把握であり、そうした生命の把握こそ純粋経験に他ならなかった。西田の哲学は東アジア的宗教思想の伝統をふまえた一種の生命哲学である。

南方熊楠『十二支考』

みなかた＝くまくす　一八六七（慶応三）年、和歌山の日高郡に、庄屋の次男として生まる。一高を中退してアメリカに渡り、ランシング大学に入ったが、ここも中退。もっぱら山野を歩いて動植物を観察、採集していた。その後、イギリスに行き、ロンドン学会の天文学懸賞論文に第一位となってから、大英博物館員となり、考古学、人類学、宗教学関係の資料管理にあたった。博覧強記で、英語、フランス語、ドイツ語、ロシア語、イタリア語、オランダ語、中国語、サンスクリットなど十数ヵ国語を解し、三〇〇篇以上の論文を『自然』に寄稿し、『方丈記』の英訳をつくった。一九〇〇年に帰国、和歌山県田辺に住み、一生を在野の学者としておわった。生物学者としては、主として菌類を対象とし、その採集は四五〇〇種に及んだ。『日本菌譜』としてまとめたが未刊。粘菌は新種七〇種を発見し、世界的権威であった。民俗学者としても一世の大家であり、七五〇篇にのぼる論文がある。『南方熊楠全集』一二巻が一九五一年に刊行（乾元社）された。一九四一年に死去。

十二支に一二の動物を配当した最初の文献は、後漢の王充《おうじゅう》の『論衡《ろんこう》』だといわれるが、これは日本にもはやくから伝わり、いまなお勢力を失わぬことは、今年は寅年《とらどし》だから阪神タイガースが優勝した、などといわれることにもあらわれている。

南方熊楠は一九一四年から、雑誌『太陽』に毎年の干支《えと》の動物について、古今東西の説話をふまえたエッセイを執筆した。寅年からはじまって子年《ねどし》まで一一年間にわたるが、丑《うし》についてはついに書かれなかった。いま『南方熊楠全集』の第一、第二巻に収められているのがそれである。一〇歳で『文選《もんぜん》』を暗記したといわれる稀代の記憶力をもったうえに、十数ヵ国語に通じる語学力をそなえた、ものすごい読書家であった南方は、かれ自身が百科全書そのものであったといえる。その知識を総動員して書かれた『十二支考』は、それぞれの動物についての世界で最も豊富な文献といってよい。

猿についていえば、まずその世界各国語による名称を列挙し、英語では古くはすべてエープ［「まねをする」という動詞 ape から出たともいう］といったが、一六世紀ごろからモンキーという言葉ができ、前者は尾のない人間に近い猿どもをさし、後者はその他を一括するなどと述べたあとで、『本草啓蒙《ほんぞうけいもう》』によって猿の和名を一二あげる。コノミドリ、ヨブコトリ、イソノタチハキ、イソノタモトマイ、コガノミコ、タカノミコ、タカ、マシラ、マシコ、マシ、スズミノコ、サル。木の上に棲むからトリという。老猿はよく人の不浄を嗅ぎわけるというので、これに帯刀させ、神前に不浄のまま出てくる連中を追っぱらわせたところからイソノタチハキというう。イソは神前をさす古名ではないか。タカというのは好んで高いところへ登るからであろう。マシラは梵語の摩頭羅から出たらしいが、この外来語がサルよりも多く使われたのは、サルが「去《さ》る」ときこえるのに反してマシラは「優《まさ》る」に通じるからだといった調子である。言葉のせんさくにすぎぬ、などというひとがあるかもしれない。しかしそういってしまうことは、古代中世の文献はすべて無用だということにつらなる。『今昔物語』の読解力においては、南方の右に出るものがなかったことを知らねばならない。『今昔物語』は無用だというわけにはいかぬのである。また、類音による言葉への好悪は世界のどこの国にもあることである。言葉を無視して文化の研究はありえないのだ。

南方の書くものによって、わたしたちは日本人の生活における文化的・感情的なるものの根源にさかのぼることができる。しかも、それがわたしたちが思いこんでいるほど、わが国独自のものばかりでなく、日本がどのように世界につらなっているかをも教えてくれるのである。

ウサギとカメの話を知らぬひとはない。イソップの物語から出たとされているが、これはもちろん後世の附会である。同じような形式の話は南洋のフィジー島にツルとチョウチョウがトンガ島まで競争するというのがあり、マダガスカル、セイロン、シャムなどにもあると知るのは、なんと楽しいことであろうか。田原藤太秀郷が三上山のムカデを退治して竜宮へ招かれる説話も周知のことだが、南方はこれが『太平記』に出るまえにすでに『今昔物語』に類話があり、中国、インドその他にその起源があることを考証する。

ギリシア神話に出てくるメデュサはだれしも知っているであろう。この妖怪の眼でにらまれた人間は、たちどころに石となる。賢いペルセウスが鏡の反映を利用してその首を斬るという話だ。このように特定の人間または怪物に見られただけで害をうけることを、英語ではイヴィル-アイ、東洋では悪眼、眼毒、見毒などともいうが、いま日本でふつう「邪視」というのは南方の造語である。メリメの小説『コロンバ』を読んだひとは、その女主人公が邪視とされたことをおぼえているであろう。蛇を論じたところで南方は、この民間信仰が世界いたるところにみられることを、豊富な文献によって明らかにしている。こんにちもなお田舎の家の入口にザルをかけたところがある。それは、ザルの目の複雑さによって悪鬼の目をとまどいさせようとする策略なのである。高天原《たかまがはら》でアメノウズメが女の隠すべきところを見せたのは、猿田彦の邪視をおさえるためで、古建築や大切なものを入れた箱などにワイセツな像や絵をそえておくのも、このためだという。

好事《こうず》趣味のひまつぶしと思われるかもしれないが、こうした知識なしには古い文化は説明できぬのであり、また歴史解釈にも大切な道具となりうる。たとえば『三国志』に出てくる魏《ぎ》の曹操が呂伯奢《りょはくしゃ》を殺したという事実は、この英雄の性格決定上重要なきめ手の一つだが、ここにも南方の知見は有用性を発揮する。曹操が敵に追われて逃げたとき、旧知の呂の家に一泊した。主人が酒を買いに出ていったあと、剣を磨《と》ぐ音がするので、耳をすますと、「しばって殺せ」というささやきが聞こえる。先んずれば人を制す。家人を皆殺しにしてみれば、台所に料理用の豚が一頭つないであった。おりから帰ってきた主人をも斬ったという話である。これを不仁と咎められたさい、曹操は「むしろ我をして天下の人にそむかしむとも、天下の人をして我にそむかしむるをやめよ」といったという。岡崎文夫博士は、この言葉をふまえて曹操の性格を決定しようとされたが、そのさい、一六世紀のナヴァールの女王マルグリットの『エプタメロン』第三四話に同型の話があり、またイタリアのカラブリアにもまったく同じ民話があり、日本では悪七兵衛景清にも、これは南方はふれていないが、明智光秀の重臣斎藤内蔵助にも同じような話がまつわっていることを知るならば、解釈はおのずと変わってくるであろう。

南方熊楠は、このようにあまねく世界にわたる知識をもっていたが、コスモポリタンではなく、日本古来の文化を尊重する愛国者であった。かれは好んで「国のため」という表現をつかう。ロンドン滞在中、孫文に会い、「願わくは、われわれ東洋人は一度《ひとたび》西洋人をあげてことごとく国境外へ放逐したし」といって中国の革命家を驚かせたことがある。これはもちろん、相手のどぎもをぬいてやろうというイタズラの気分もあるが、同時に明治の学者に共通な国家民族意識のあらわれでもあるだろう。

かれは、近代合理主義の立場から由緒正しい神社を合併整理しようとする時の政府に、猛烈な抵抗をこころみたが、けっして現在の僧侶や神官を尊重するようなことはなかった。「無学無頼」なかれらを人民の精神的指導者にしようなどというのは「娼妓に烈女伝を説かしめる」ようなものだとまでいっている。

実用の学をなにより尊重するかれは、もちろん迷信を尊重したりはしない。ただ古くからつづいた迷信には、いつもその存在を必然とした理由があるのであって、これを無視して一挙につぶそうというのは無意味でもあり得策でもないというのである。当時の日本人は西洋文明国には迷信などないものと思いこんでいたが、南方は、最近まで西洋がどのようにバカげた迷信に満ち満ちていたかをつねに指摘する。ローマにはキリストのヘソの緒《お》と割礼された前皮があり、カタロニアには聖母マリアの経水をふいたという布切れがあり、オーグスブールには聖バルテルミの男根が鎮座して、「おのおの随喜恭礼されたなど、こんな椿事は日本にまた有るかいな」などと書いている。かれは好んで男女愛欲のことを記し、それがかれの考証論文に一種のユトリをあたえているが、ここにもかれの反官学的庶民性があらわれているといえよう。

ともかく面白い本である。

津田左右吉『文学に現はれたる国民思想の研究』

つだ＝そうきち　一八七三年、岐阜県加茂郡下米田村に生まる。東京専門学校（早大）に学び、沢柳政太郎、白鳥庫《くら》吉らに師事した。卒業してから中学教員、南満洲鉄道調査員などをへて、一九一八年に早大の講師、ついで教授となる。『神代史の新しい研究』、『文学に現はれたる我が国民思想の研究』、『古事記及び日本書紀の新研究』、『道家の思想と其の展開』、『日本上代史研究』などの著作で、日本および中国の思想を合理的・実証的に研究した。一九四〇年、右翼思想家から、かれの著書は上代の天皇の存在を疑い皇室の尊厳を冒瀆するという理由で訴えられ、禁錮二ヵ月、執行猶予一ヵ年の刑をうけ、著書四冊は発禁となった。戦後、進歩派歴史学者に期待されたが、四六年四月号の『世界』に「建国の事情と万世一系の思想」を書き、皇室への尊敬は三〇年来の信念だといった。早大総長に推されたが、固辞して、『シナ仏教の研究』などの著述に専念、一九六一年に死去。さきの『文学に現はれたる我が国民思想の研究』を改題した本書四巻は、五一―五四年に刊行（岩波書店）。

津田左右吉は日本神話の否定者として最も有名であるが、神話否定の精神は、神代についてのみならず、かれの思想の基本精神であるかにみえる。

『文学に現はれたる国民思想の研究』は四巻からなる。第一巻は「貴族文学の時代」、第二巻は「武士文学の時代」、第三巻は「平民文学の時代・上」、第四巻は「平民文学の時代・中」にあてられ、第一巻で上古から平安時代末まで、第二巻で江戸時代のはじめまで、第三巻で元禄を中心に正徳まで、第四巻で享保から天保までを扱っているが、幕末から維新前後を扱う予定の「平民文学の時代・下」は、惜しくも未刊におわった。本書は、一九一六年から二一年までのあいだに出版された『文学に現はれたる我が国民思想の研究』を補訂して一九五一年から五四年にかけ改題出版されたものである。新版は旧版に比べて、事実が豊富にされるとともに多少右寄りに訂正されたという相違はあるが、基本精神はあまり変わっていない。

ここでいう「思想」の意味は、単なる思惟されたもののみではなく、生活気分や生活意欲をも含み、むしろそのほうに重点をおいた場合もある。文学にあらわれた思想を、ただそれだけで切り離さず、文化、政治、経済などの国民生活全体との相関関係のうえに取り扱ったところに、本書の特長がある。津田は、一時代の文学思想を論じるにあたって、まず文化の大勢を明らかにし、のちに文学の概観を、つぎに外来思想の伝来の仕方や、恋愛観や自然観や、その時代に特殊な思想などを論じている。こうしたひろい視野からのアプローチは、せまい専門主義におちいりがちなわが国の文学史学界でははなはだまれであり、本書はわが国には珍しい綜合的な文化史、主として文学を材料とした日本文化史であるといえる。

日本文学史には、過去にも、現在にも、さまざまな通説が、「神話」のような権威をもって支配している。たとえば、『万葉集』は素朴な民衆の生活感情の表現で、その精神が源実朝に継承されたとか、仏教は日本人の精神にふかい宗教的感化をあたえ、とくに禅は日本文化の精髄を形成し武士道精神を涵養したとか、わが国は昔から尚武の国、世界に誇るべき神国だとか、あるいは、わが国でも昔から階級対立がはげしく、徳川時代の農民一揆は革命的精神のあらわれだとか、そうした「神話」が存在していたが、津田左右吉は豊富な資料をあげて、神話をいちいちみごとに粉砕していくのである。

たとえば、『万葉集』は漢詩によって刺激され、影響された貴族の文学であり、実朝は当時の京風の新古今調を学ぼうとしたのだが、なお土くさい田舎詩人にすぎなかった。仏教も日本独特の宗教的心情を養ったのではなく、ただ祈禱と浄土願望にほかならず、禅宗はあくまでシナ独自の宗教のものまねである。禅が武士道に影響したといっても、禅をしないりっぱな武士もあり、禅をしたものが必ずしもりっぱな武士でもなかった。日本が太古から尚武の国だなどというのは、徳川時代の社会状態から日本歴史をみた偏見であり、日本は叙事詩一つもたない平和な国であった。また階級闘争は日本ではあまりはげしくなく、いつの時代でも支配者には残酷なものがあり、民衆には狡猾なものがあったが、一般に民衆は平穏無事に暮らすことを好んだ。農民一揆といっても、当面の支配者にたいする反抗にすぎず、政治体制そのものを変革しようとするのではなかった。というような調子である。はなはだ冷酷な眼で日本文化史を分析する津田にも、愛する二つの時期がある。かれは日本の文化のピークを、平安時代と徳川時代にみる。藤原道長のころの貴族文化と、元禄を中心とする、まだ戦国の剛健な気風が残っており、西鶴、芭蕉、近松によって代表される平民文化とが、日本文化の二つの頂点であるとみるわけだが、かれは前者より後者に同情的である。

かれの評価の仕方をいくつかの法則にしてみると、つぎのようになるであろう。㈠人生の真実をありのままに描いたものはよい、人生をことごとしく飾りたてたものはわるい。㈡貴族的な一部のひとにしか理解できないものより、庶民的な多くのひとに理解されるもののほうがよい。㈢軟弱なものより、剛健なものがよい。㈣実証的な科学精神はよく、抽象的な神秘主義はわるい。

かれが平安文化より江戸文化を好むのは㈡、㈢の理由からであり、近松より西鶴を好むのは㈠、㈢により、とくに馬琴が最も嫌いな作家で一茶が最も好きな詩人であったのは、主として㈠の理由からであろう。仏教、儒教が嫌いなのは㈠、㈣によって、蘭学や国学の実証的研究を評価したのは㈣の理由からであろう。

もしもこのような評価の法則が成立するとすれば、われわれは、かれの批判精神の基礎を知ることができる。つまり、かれは剛健で明朗で率直な実証的な精神をとうとぶが、このような実証精神とは、かれが青年期に体得した上昇期の資本主義下にあった明治の庶民精神であったのではないか。すべてを疑うデカルトの懐疑精神の背後には強靭な近代的市民精神がかくれていたといわれるが、すべてを批判するかにみえる津田左右吉の批判精神の背後にも、明治の強靭な庶民精神がかくれていたのである。

かれはこのような明治の庶民精神の立場から、天皇にたいする親愛感をもっていた。かれの理想とする天皇像は、けっして神としての尊厳なる天皇像ではなく、また政治上の強力な支配者としての天皇像でもなく、政治の外にありながら国民文化の中心としての国家統一の役をはたした天皇像である。あまり偉大でもないがあまり卑小でもなく、人間離れの善をも人間離れの悪をももたず、平和に暮らし、文化を愛した日本人の精神の象徴としての天皇がかれの理想であろう。もしかれの愛する一茶の句に擬して、かれの心境を表現させたなら、「これがまあつひの栖《すみか》か天皇制」ということにもなろうか。かれは神秘の雪ふかくおおわれている天皇制に批判の眼を向けもしたが、けっきょくは雪の下にあるかれの故郷＝天皇制を愛していたのである。

三木清は、津田の歴史観には構想力が欠けている、と批判したと聞くが、たしかにかれの立場は悟性の立場で、構想力の立場ではなかったといえるだろう。かれが矛盾律をつかって仏教や儒教などに含まれた理論の矛盾を摘発し、その理論の虚偽性を明らかにするとき、かれの筆は異様なほどの生彩を放つが、新しい日本文化のあり方や将来の日本の方向を語るとき、その言葉からは明白な未来像も浮かばず、つよい希望も生まれないのである。かれはやはり悟性のひとで、構想力のひとではなかったのであろう。

ともあれ、津田左右吉は、近代日本の多くの思想家――その多くは日本産の清酒や外国産の火酒に酔っぱらうことを愛したかにみえる近代日本の思想家のなかで、珍しく「醒《さ》めた人」であった。かれは西洋の実証科学によって養われた冷厳な眼で日本文化史を見、あらゆる形のウソにたいして徹底的な批判をくわだてた。この醒めた眼によって、日本の文化史はじつにひろい展望をもって見わたされ、そこに本書のような高いレベルの著書が生まれたのである。

たしかに本書は、醒めた精神によって書かれたすぐれた日本文化史であるけれども、人間の世界、歴史の世界のなかにはけっして醒めた精神のみによっては見ることのできない真実もまた存在していよう。熱中した精神こそ、むしろ歴史を動かすことが多いように見受けられるが、熱中した精神も、このように醒めた歴史学との対決によってのみ、はじめて自己の客観性と学問性を獲得できるはずである。

原　勝郎『東山時代に於ける一縉紳《しんしん》の生活』

はら＝かつろう　一八七一年、南部藩士の子として盛岡に生まる。一高、東大文科大学史学科を卒えて、ただちに大陸に渡る。このときの政治外交への関心は、やがて大戦前後の複雑なヨーロッパ政情にむけられ、死後（一九二五年）に刊行された『世界大戦史』はその成果である。一八九九年、一高教授、一九〇六年、最近世史研究のため、イギリス、アメリカ、フランスに留学。〇九年に帰国後、京大教授となる。一二年、ふたたび南支方面を、一九年、欧米を訪れた。二二年、京大文学部長となって才腕をふるったが、まもなく病にたおれ、一九二四年、死去。著書は『欧米最近世史十講』、『西洋中世史概説』、『宗教改革史』、『日本中世史研究』、"An Introduction to the History of Japan"（日本の史学者による最初の英文日本史）など、いずれも、日本の史学界へ西洋史学の方法と史風を導入した斬新な歴史叙述である。『東山時代に於ける一縉紳の生活』は大正初期に『芸文』に発表され、のち『日本中世史研究』に収録、四一年、日本文化名著選（創元社）に再録された。

歴史学は、歴史のなかでの個人というものを考えるとき、その個人の社会的な役割やかれの行為によってもたらされた社会的効果に力点をかける。ひとりの人間は、いいかえれば、その社会的機能という観点から歴史学のなかで意味をもつ。その人間についての、その他の側面は、歴史学にとってはあまり意味をもたぬ。たとえば、徳川家康は三〇〇年の幕藩体制の基礎をきずいたという点で歴史にくみこまれるが、かれが天ぷらを食べすぎて肝硬変で死んだということは歴史学上の問題ではない。

一方、伝記というジャンルがある。これは、歴史学がおとした個人史を微細にしらべる作業である。そこでは、特定の個人の生いたち、人柄、好ききらい、などが再構成され、いわば、社会史を背景においたひとりの人間の軌跡が浮きぼりにされる。そのかぎりで、伝記は歴史の補助的役割をうけもつ。だが、伝記もまた、その主人公について、しばしば基本的な生活の事実を見おとす。たとえば、その人間がどんな間取りの家に住んでいたのか、どんなものをどんなふうに調理して食べていたのかといった疑問に、伝記はこたえてくれない。

日本民俗学は、生活の基本的事実を明らかにしてきた。衣・食・住はもとより、さまざまの慣行や信仰について、民俗学は貴重な事実をたくさんわれわれに提供してくれる。しかし民俗学は、第一に、常民の生活に力点をかけた。伝記の主人公になるような、そして歴史の正面に登場するような人物の生活様式には、ほとんど手をのばしていない。第二に、民俗学は、文献的に過去をみるよりは、むしろ文字なき生きた材料を扱うために、歴史的な時代の推定が大ざっぱである。

原勝郎『東山時代に於ける一縉紳の生活』

原勝郎の『東山時代に於ける一縉紳の生活』は、ある意味で、史学と伝記と民俗学の限界領域を開拓した著作である。そこでは、日本のルネッサンスともいうべき室町時代の最盛期を生きた一人の貴族の生活が、あらゆる角度から再構成される。かれの生活様式、宮廷文化のなかでの活動、人柄など、すべてがかれとその時代とをみごとに語っていて余すところがない。単なる歴史の本でもなく、単なる伝記でもなく、また民俗学でもない。大へんに自由で、充実した、一つの知的実験とよばれてしかるべき書物なのである。

本書の主人公になるのは、三条西実隆である。実隆は一四五五〔康正元〕年に生まれ、一五三七〔天文六〕年に八三歳で死んだ。この八三年間のうち、二〇歳から八一歳にいたる六一年のあいだ、かれは日記をつけている。それを主材料にして、三条西実隆の生活が再構成できるのである。

当時のお公卿《くげ》さんの暮らしというのは、いまの基準からみると、ある点ではずいぶん貧弱なものであった。たとえば、お公卿さんの社会ではしばしば朝食をともにすることがあったが、中流以下の公卿では、招待した主人側は汁だけを用意する。肝心のメシは、みんな持ちよりである。飯米はふんだんにあったわけではないのである。二人以上息子のある家では、一人を残して一人を寺に入れたりしたが、これも口減らしのためである。暮らしむきは、らくではなかった。

三条西実隆の家柄は、公卿社会での中流の上といったところ。それほど貧窮しているわけではないが、そうかといって上層貴族でもけっしてない。平均的公卿とでもいうべきか。

かれの住宅の坪数がどのくらいあったか、正確にはわからない。わからないけれども、武者小路から今出川という南北の距離から、いちおうの大邸宅といえる。夫人と、子ども三人と、侍女、下女が一人ずつ、それに雑掌《ざっしょう》〔執事のごときもの〕に元盛という男がいた。これは、自宅から実隆の邸へ通勤していたらしい。住込みでは、青侍が一人。下男もひとりふたりいたかもしれぬ。つまり、合計一〇人ほどの人間を扶養しなければならなかったわけである。

その財源はどこかといえば、荘園である。西三条家は、桂から伏見あたりにかけて散在するほか、丹波や摂津にもあった。しかし、そこからの収入は、必ずしも安定していなかった。いちおうの年貢はきまっているのだが、遠隔操作だから、持って来なければそれまでだし、守護の証明書などがいっしょに来ると、もう一言もなかった。二重支配の進行にともなって、歩《ぶ》がわるくなってきたのである。だから、なかばあきらめていた年貢がとどいたりすると、実隆は大よろこびした。取立てがうまくいかないとブローカーに頼んだりした。武士の機嫌をそこねないように、プレゼントをしたりもした。公卿の処世術もらくではなかったのである。

ところで、実隆は、大へんに文字が上手であった。だから、宮中でのかれの主たる職務は、文字を書くことである。印刷術がなかったから、文書の書写をかれは命ぜられた。文書といっても、物語類や絵巻物の詞書のコピーつくりである。このコピーつくりは、いささか趣味でもあったらしく、かれは自家用に『源氏物語五十四帖』を書写して秘蔵した。もっとも、のちに金に困って、かれはこの『五十四帖』を泣く泣く手ばなしてしまったのだが。

だが実隆は、単に能筆のコピー屋であったのではない。歌人としてもかれは抜群であったから、天皇の御製の相談役になったり、皇室で買い上げられる図書の選択に立ちあったりもした。さらに、連歌師宗祇ともふかく交わった実隆は、当時の文学サロンの有力なメンバーでもあった。宗祇とのつきあいは特別なものであったらしく、実隆が眼をわるくすれば宗祇が目薬をおくり、実隆は宗祇のほしがっていた『神皇正統記』をおくったりという、こまやかな交遊がのこっている。実隆は、公卿の一員というよりは、むしろ上層文学インテリの一員なのであった。だから、宗祇にたのまれた書写を完成するために、仮病をつかって、宮中に出仕するのを断わった日さえあった。

とはいえ、この文学趣味を、単なる趣味と考えるのもまちがいである。実隆にとって筆をとることは、生計の道でもあったのだから。まえにのべたように、荘園からの収入というのは、ますますアテにならなくなってきている。それをたよりに生活することはできないので、実隆は、自分の書を売ったのである。自家用の『源氏物語』も、当世風にいえば、札束で頬をひっぱたかれて売ったものであるらしいし、所望によって将棋の駒の文字を書いたりもした。註文に応じて文字を売るこんにちの文筆家の生活とそれはむしろ似ている。

字を書くのが商売だから、実隆は筆をえらんだ。出来合いの筆ではなく、自分でタヌキの毛、ウサギの毛を用意して、筆屋に別註する。その筆先からうまれた色紙は、あらゆる方面からの需要にこたえた。皇室はもとより、武家もまた、実隆を珍重した。義尚将軍のごときは、しばしばかれを招待した。公武のあいだにぎくしゃくしたものがあっても、文人実隆は透明人間のごとくに両方の世界に出入して、宮中と幕府とのあいだの友好関係をつくるための政治的な情報将校としても何回か活躍したようである。五四歳のとき、内大臣に任ぜられたが、二ヵ月で辞職して、余生はもっぱら自由な文人としてすごした。逍遙院がその号である。

本書に描きだされた実隆の生活のなかには、室町の世相が生き生きと投影されているだけでなく、日本の知識人の原型もまた息づいているようである。

河上肇『貧乏物語』

かわかみ＝はじめ　一八七九年、山口県岩国に生まる。父は町長。祖母に溺愛され、かんしゃくもちの少年として育った。山口高等学校では、はじめ文学を志し、のち法科志望に転じ、東大法科に入学。卒業後、東大農科講師、学習院講師となったが、伊藤証信の無我愛運動に共鳴して参加。のちに離脱して、『日本経済雑誌』の創刊に加わった。一九〇八年、京大講師となり、一三年より二年間、ヨーロッパに留学。帰国後、同大学教授となり、経済学史・経済学を講じた。『貧乏物語』は、この時期に書かれた。一九年、『社会問題研究』を創刊し、マルクス主義に傾斜した。『資本論』および唯物史観の研究に力を注いだ。二八年、共産党弾圧事件（三・一五事件）に関連して大学を追われた。翌年、大山郁夫らとともに新労農党を結成したが、あやまりを認めて解消運動をおこし、三二年、日本共産党に入党。潜伏して一九三二年のコミンテルンのテーゼの訳業などに従事したが、翌年検挙され懲役五年。出獄後は隠退して読書と執筆の日を送り、一九四六年、老齢と栄養不良のため死去。主著はほかに『近世経済思想史論』、『資本主義経済学の史的発展』、『資本論入門』など。本書は岩波文庫版がある。

『貧乏物語』は、一九一六年の九月から一二月まで、断続しつつ『大阪朝日新聞』に掲載された。第一次世界大戦のさなかで、ひとびとは一方では明治時代の素朴な国家主義や立身出世主義にあき足らなく思うと同時に、他方ではようやく現われはじめた社会不安にたいして前途を気づかった。河上も、このなかで思いなやんでいた一人である。

河上は絶対的真理を熱心に、他をいっさい顧慮することなく追求することを自分の使命とした求道者であった。大学を出てのち、絶対的非利己主義を真理と認めて「無我苑」という宗教道場に参加し、ついで学究を志して京都大学の教授となり、さらに三転して社会主義の政治活動にとびこんだのは、ひたすら「道を求める」かれのおさえがたい熱情のゆえであった。

本書執筆中のかれは、人道主義からマルクス主義への転換点にあった。マルクス主義には、まだ到達していない。しかし、スミスにはじまる古典経済学の理論、とくにその利己心是認の立場には、賛同することができない。そういう問題意識を痛切にかれに感ぜしめたものは、いわゆる「豊富のなかの貧困」の問題、経済の発展につれて貧乏人が減るどころか逆に増加するのはなぜか、いかにしてこの問題を解決すべきか、というかれの時代の中心課題であった。

『貧乏物語』は、問題としては、当時の日本にきわめて適切であり、文章は平明で説得的であり、内容は欧米の最新の政策や学説から、儒学や仏教の東洋思想におよび、とくに河上独得の、しかも日本人の好む道徳主義が一本の太いスジとして全篇をつらぬいている。すべての点で全国の読書人をひきつけずにはおかないものであった。

「驚くべきは現時の文明国における多数人の貧乏である」

「英米独仏その他の諸邦、国は著しく富めるも、民は甚しく貧し。げに驚くべきは是等《これら》文明国における多数人の貧乏である」

開巻のはじめで、本書の問題があざやかに設定される。しかしかれは、この問題を単に外国のことがらとして説明するのではなくて、同時にそれを日本の、さらにかれ自身の立場の問題としてとりあつかおうとする。かれは「世界最富国の一たる」イギリスにおいて、貧乏人が人口の約三割に上ることを述べ、しかもその半数以上が「毎日規則正しく働いていながら、賃銀の少なきため」貧乏に苦しまざるをえないことこそ「二十世紀における社会の大病」であるといい、この問題は、清貧をよしとするこれまでの道徳とは別個の次元の問題であることをくりかえして説明する。興味があるのは、一九〇六年にはじまるイギリスの「食事公給条例」〔学校給食制度〕をくわしく紹介し、また養老年金条例をも引用して、いかに先進国が「貧乏神退治の大戦争」にのり出しているかを論じた点である。いうまでもなく、これらの社会政策は、わが国では、第二次大戦のあとではじめてやや本格的になったにすぎない。『貧乏物語』を読んで、問題の古さと同時に新しさをつよく感じさせられる。

貧乏の存在をたしかめてのち、河上は、つぎにその原理的な解明をこころみる。原理的といっても、文章や話の順序には周到な用意がこらされていて、「それ故私は出来うるかぎり、読者を釣って逃がさぬ工夫をしなければならぬ」と告白しているだけのことはある。ただし、かれが述べている理論だけをとり出してみると、それは大内兵衛《ひょうえ》氏が評しているように、「東洋的マルサス主義」であり、そのままではこんにちに通用しない。かれはつぎのようにいう。

「されば今日社会の多数の人々が、十分に生活の必要品を得ることができなくて困っているのは、沢山に品物はできているが、ただその分配の仕方が悪いというがためではなくて、実ははじめから生活の必要品は十分に生産されておらぬのである」

なぜ、生活必需品が生産されないかというと、それは現在の経済組織の結果である。

「今日の経済組織の特徴は、かくのごとき意味における需要〔有効需要のこと〕をのみ顧み、かかる需要ある物にかぎりこれを生産するという点にある。しからば、その需要なるものは、今日の社会でどうなっているかといえば、生活必要品にたいする需要よりも、奢侈贅沢品にたいする需要のほうが、いつでもはるかに強大優勢である。これ多くの生活必要品がまず後廻しにされて、無用の贅沢品のみがどし／＼生産されてくるゆえんである」

有効需要が生産を規制するという考え方は、間違いとはいえないにしても、河上が需要にのみ焦点をあわせて、生産の構造の重要性を見なかったことは、マルサス的といわれてもやむをえない。ここから出てくる河上の対策は、富者にむかって奢侈贅沢品にたいする需要を抑制することをすすめる道徳論である。この点に、当時のかれの立場がよく現われており、しかも根本的には、それはかれが生涯維持して手離さなかったものである。つまり、利己心をすてて利他心につくべしという主張である。貧乏論についていうと、それは富者の利己心を批判して、貧乏人のために自己抑制をする必要を説くことに帰着する。

だいたい、河上は利己心肯定のアダム＝スミスの経済学に深く通暁しており、経済学がスミスによってはじめて科学として成立したことも把握していた。

「けだしスミスは元来、倫理学者である。その倫理学者が倫理学者として経済問題の攻究に従事しているうちに、彼は経済上における利己心の活動を是認することにより、ある意味において、経済上における一切の人の行為を倫理問題の埒外《らちがい》におし出したものである。かくて彼は倫理学以外に存立しうる一箇独立の科学としてわが経済学を建立し、みずからその初祖となったものである」

しかし、利己心ではなく、利他心または「自己犠牲《ぎせい》の精神」のなかに、社会救済の道を求める河上は、けっきょく、スミスには満足しないで、経済問題のなかに道徳をふたたびとりこもうとする。文明国における貧乏人の増加は、まさに利己主義・個人主義の結果にほかならないから、この経済組織の改造は別の原理によらなければならない。

「思うに収穫の時期はすでに来たれり。アダム＝スミスによりて産まれたる個人主義の経済学はすでにその使命を終えて、今は正に新たなる経済学の産まれ出ずべき時である」

「経済組織の改造」という目標をひとたびはかかげるが、しかし道徳家河上肇は、組織や制度よりも「人心の改造」が先決であるという立場をとる。かれがマルクスについて述べるにあたって、まずマルクス夫人の手紙――病中の夫人が乳母を雇えないために、生まれたばかりの子どもに自分の乳をあたえ、子どももまた病気となって苦しんでいるところへ、執達吏がきてベッドも着物も、上の子の玩具も差し押えられたという一節――を引用して、夫人の婦徳をたたえることから始めているのは、いかにも河上らしい受けとり方がその背後にある。

　こうして、河上の説く対策は、道徳的な奢侈廃止論である。かれは金持に奢侈抑制を説きつつ、貧乏人の倹約についても、徳川光圀が反古《ほご》の裏に草稿を書いたとか、蓮如上人が廊下に落ちていた紙切れをおしいただいて供の者にさとしたとか、一滴の水をも大事にした滴水和尚の話とか、世間の好む話題をつけ加えることを忘れない。

「実業と倫理との調和」「経済と道徳との一致」を説く河上は、けっきょく、それを実現する主体として国家の力を認めることにかたむく。『貧乏物語』は、すでに国家社会主義的な傾向を示しているが、後年のかれのマルクス主義者としての理論や行動はその延長のうえになりたったものであり、同時にそのことがかれの独自性を形成したということができる。

長谷川如是閑『現代国家批判』

はせがわ＝にょぜかん　一八七五年東京深川の材木商の次男に生まる。本名万次郎。九歳のとき祖母の養子となり長谷川家をつぐ。坪内逍遙の家塾、中村敬宇の同人社、杉浦重剛の東京英語学校をへて一八九九年東京法学院（いまの中央大学）を卒業、陸羯南の新聞『日本』に寄稿、一九〇二年その記者となる。〇六年退社し、三宅雪嶺らと雑誌『日本及日本人』を出す。〇八年に大阪朝日に入社、このころより小説、評論、紀行によって急進的民主主義を鼓吹した。ことに「天声人語」欄の執筆者として、文才および気骨ある評論でならした。一八年、いわゆる〝白虹〟筆禍事件によって寺内内閣の圧をうけ、社会部長として引責辞任。翌年大山郁夫らと雑誌『我等』（のちに『批判』）を出し、これを拠点に大正デモクラシーの一面を代表する評論家として活躍した（三一年廃刊）。大正・昭和を通じ、一時マルクス主義の影響もうけた自由主義左派の文明批評家として特異な地歩をたもった。第二次世界大戦中も節をまげず不遇であったが、四八年、文化勲章を受章した。一九六九年、死去。主著はほかに『現代社会批判』、『ある心の自叙伝』。

現在のわが国において、いわゆる議会主義が重要問題の一つであることはいうまでもないが、これにとりくむにも、わが民族の過去の遺産をふりかえる必要がある。その点で、第一にとりあげられねばならぬのは大正デモクラシーであろう。この大正デモクラシーを生んだ国家論の一面を代表するものが、長谷川如是閑の『現代国家批判』である。

本書は、一九一九年から翌々年へかけて長谷川が雑誌『我等』『中央公論』などに発表した一五の論文をまとめたものである。刊行は一九二一年。リベラリスト長谷川が最もマルクス主義に近づいたとされる時期に書かれたものだが、ここで注目すべきものは、その理想主義と、あくまで失うことのない現実感覚とであろう。

かれの主張するところは、「国家の博物学」である。自由主義の基本的立場である社会と国家との峻別、そして前者の後者にたいする優位を立論の出発点として、「国家が社会という生活体の手段として存在」するものであり、「人類の社会機能の一形式」つまり「制度」の一つであるという多元的国家論をとりつつ、「現実の国家の機構的の進化の事実」に着目する。この「進化」をあとづけようとする国家の博物学は、「生物の進化には、互助と闘争とが並んで働いている」という認識にもとづき、この「社会的本能のアブノーマルの一面なる闘争の本能に立脚する制度」として「闘争本能の組織化」として国家を把握するのである。この組織化は、国内的にいえば「階級的闘争の抑圧機関」であり、国際的にいえば戦争のための諸制度にほかならぬ。ところで、国家は制度である以上、「我々個人の生活の進化に資するものとして始めて、その制度としての存在が認められている」。したがって――

「国家でも専制国家が無くなって、民主国家が建設されて行くのは、……各人が、その現に居る制度を、自己の生活目的の実現に適するように或は打ち壊し、或は作り変え又は新しく作り上げて行きつつあるのである。それは、人間の生活の有機的進化の唯一の途なのである」

この進化は二〇世紀にいたって大転回を示しつつある、と長谷川はいう。「現実の国家生活が、社会的傾向を帯び」、「互の闘争に立脚している国家を、互助に立脚する国家に改造しようとする運動」がはじまった。「それが全然成功したのは露国のみに止まっているが」、他の欧米諸国においても「支配」から「管理」へという同様の傾向がみてとられる。このさい、「原理的に説かれている国家の新制度」は四つ――無政府主義、サンジカリズム、国家社会主義、そしてギルド社会主義である。かれは国家を否定する前の二つよりも、国家を肯定する後の二つのほうをえらびとる。それは、国家というもの、さらには制度一般についての、かれのきわめて現実的な把握に由来するものであった。

「制度は、体制の生活様式なのであるから、体制の生活そのものの変化しない以上は、その制度だけを衣服を脱ぐように、捨て去るというようなことは出来る訳のものではない。制度が人間の努力で改変されるという意味は、生活の進化が制度を改廃せしめるということなのである」。こうして「生活の進化」ということが先決問題なのであるが、それはいうまでもなく、かれのいわゆる「資本制度」にたいする対決を意味していた。資本主義体制のつづくかぎり、国家をどんなにいじくりまわしてもムダである。いわゆる「社会政策」も、「民衆に対して、何程かの賄賂《わいろ》をつかう必要」から出たもの、「全く特権階級が民衆に脅かされて採用したところの自制的制度」にすぎぬ。「私有財産の絶対性」という「根を絶つ」ことをしないで、「その根を尊重して、無暗《むやみ》に枝や葉を剪《き》り取っている」にすぎぬ。ここから、つぎのような断定が出てくる。「全人民の昌栄を目的とする国家というようなものは、影のような、煙のような国家で、形のある国家は、如何なる時代においても、国家の実権を握っている階級の昌栄を目的としたのであった、というのが歴史的の事実である」

政党政治もその例外ではない。「如何に政党主義が民主化されたところで」、「支配階級間の主権争奪機関」であるという政党の「本質」は変わらない。この「支配欲」に立つ政党にたいしてたたかいをいどむものは、「生活欲を禁圧されたことに対して、生活権を恢復しようとする」「労働運動」でなければならない。それは、「特権階級の存在を否定する故に、それから必然的に生じた政党主義の制度を、事実上否定しないわけに行かないのである」。

長谷川は、このような基本的立場をとりつつも、その現実感覚を失うことはなかった。「政党主義との妥協によって、自由主義の政党と結びついて、政党主義の自壊作用を起さしめ、所期の目的に向って有機的に進もうとする、きわめて穏健な進行方法」をとる「英国流の組合主義」をよしとするのである。そしてそれは、反面、政党にたいする警告でもあった。

「しかも憂うべきことは、こういう行き詰りの期間に、民心が何等かの刺衝によって発動することである。それは有機的の発展が阻止された時に起りやすい。日本の政党主義の政党が、国家の安全に向って貢献しようとするならば、先ず有力なる労働団体の発生を助けるために全力を注いで、英国流の有機的進行を採《と》らしめることにせねばならない。それには、自由主義の政党が出現しなければならない。そういえば論者はいうであろう。それはすなわち政党主義の自己破壊ではないかと。そうである。しかし、政党主義は、そういう風に、有機的に自己破壊の経道を採ることによって、全社会的進展が安全に営まれるのである。これを厭《いと》うのは、政党主義が、落雷に打たれたように破壊されることを望むものである」

この警告を、長谷川はとくに「守旧主義者」、「日本の国家が東洋に特異なる、もしくは日本に特異なる社会的変化によって進行しつつある」という「幻像的」な立場に固執しているひとびとに投げつける。「日本国家の進化も、要するに、一般の世界の国家の進化と同一の経路を歩みつつある」。「西洋であろうが日本であろうが、等しくそういう経過を採るより外に途はないのである。それは物理的法則のように、あらゆる場所に行われる法則なのである」

もちろん、日本の特異性はある。「温室培養式」の「偏頗《へんぱ》な国内的の保護政策」、「政府者〔すなわち中流階級〕自身の行う商業」によって「中流階級の膨脹」がもたらされ、「中流階級が、痛切に自由解放の精神を味わ〔わ〕ないうちに、その特権的地位が確保された」のが日本の特異性であり、「各国共通の事情の下に」日本だけが備えている「特に悪い特点」であることを、かれも認める。こうした事情から中流階級は労働運動にたいしても、「国家の手による圧迫」をもって臨《のぞ》もうとする——「まるでどうしても進化しなければならない社会が、そうでもしたら進化せずに済むかのように」。

では、どうすればよいか。まず普通選挙の獲得が緊急なのだが、これを中流階級を代表する議会にのませることは、「ちょうど、雪塊を焼けた火箸で摘《つま》もうとするのと同じ困難に遭遇する。そこに奇蹟でも生じなければ、そんなことは六《むず》かしい。合理的の目的が奇蹟によるにあらざれば達し得られないというように仕組まれている制度は、決して好い制度ではない。そういう制度からどうしても脱し得ないとしたら、その不幸な人々が奇蹟を求めることをさえ咎めることも、笑うことも出来ない。——私は甚だ不思議な、寧ろ馬鹿らしい結論に到達した」。

長谷川が、この言葉で『現代国家批判』をとじてから四〇年、ファシズムと戦争とをへて私たちは〝民主主義〟のもとに生活しているのだが、「馬鹿らしい結論」に到達せざるをえないようなことは、まだまだあとを断《た》ってはいないのではあるまいか。

左右田喜一郎『文化価値と極限概念』

そうだ＝きいちろう　一八八一年、横浜で銀行家の子として生まる。東京高等商業学校（一橋大）専攻部を卒業後、一九〇四年から一三年にかけてヨーロッパに留学。ケンブリッジ大学、フライブルク大学、テュービンゲン大学に学んだ。ドイツ留学中に、フライブルク大学のリッケルトらの新カント学派の影響をつよく示す、経済哲学に関する二著『貨幣と価値』と『経済法則の論理的性質』をドイツ語で出版。帰国後、一九一五年に家業をついで左右田銀行の頭取になり、二五年には貴族院議員になった。二七年の金融恐慌で打撃をうけ、同年四七歳で死去。その間、東京商大や京大文学部などで講義をおこなったこともある。二六年、「西田哲学の方法に就いて」という論文を発表して、西田幾多郎の学説に正面から対決をせまったが、「西田哲学」という日本で最初の個人名を冠する名称は、この論文に由来する。知識のうえに意志を、意志のうえに直観をおく西田の方法を「学問上一個の思想逆転に過ぎぬ」と断定するかれの立脚点が、知識優位の合理主義にあったことはいうまでもない。『文化価値と極限概念』（岩波書店）は一九二二年に刊行された。

西周《にしあまね》以来、官僚哲学者に牛耳られてきた日本の哲学界において、銀行家左右田喜一郎の哲学は異彩を放っている。井上哲次郎や西田幾多郎といった官僚哲学者の思想が宗教的・非合理的色彩を濃厚に示すのにたいして、野に在った左右田の思想が、中江兆民や狩野亨吉らと軌を一にして、明瞭な科学的・合理的傾向を示しているのは興味ふかい。

だが科学的といっても、中江や狩野がもっぱら自然科学的方法に依存するのにたいして、左右田は社会科学の方法に着目する。この点はマルクス主義と一致するのであるが、マルクス主義の科学方法論がヘーゲル的な弁証法論理を採用するのにたいして、かれの方法論は新カント派に負うところが多く、カント的な先験論理を前提としている。

日本の哲学史における左右田喜一郎の独自性は、㈠官府の哲学の伝統をやぶる在野の偉才であった点、㈡科学的・合理的立場にたって宗教的・非合理的な官府の哲学に対抗した点、㈢社会科学の哲学的基礎づけをはじめて試みた点、などに求めることができよう。

井上や西田が、日本の独自性とか東洋の独自性ということにこだわって、やがては科学や論理の普遍性にさえ疑いを示すようになったのにたいして、左右田はコスモポリタンの立場から科学と論理の普遍性を擁護した。かれは約一〇年間にわたる長期のヨーロッパ留学の体験をとおして、西欧文化、とくにドイツ文化にたいするふかい畏敬の念をいだいていた。第一次大戦直後に書かれた『文化価値と極限概念』の序文には、つぎのような文章がある。「学問に国境なし、暴力をもって思想を圧すべからざるの一例をもし幸にして著者の微力によって提供する事を得ば、学問の自由のために思想の独立のために著者は望外の事業を成しとげ得たりとして限りなき喜びを内におさうるにたえ得ざるものである。カントを有しゴェーテを有し更にベートホーヴェンを有する民族の文化は軍力をもってしても経済力をもってもこれを圧迫し尽くすことを得ない」

著者は本書をドイツで師事したリッケルトに捧げ、尊敬するドイツ文化が敗戦によってなんらその価値を減じないことの一例証たらしめんとしたのである。

本書は、大正七年から一〇年にかけて書かれた九篇の論文を収めている。大正七年から一〇年といえば、大正デモクラシー運動の高揚期である。かれは吉野作造や福田徳三らの主宰する黎明会に属して、この運動に参加した。吉野作造の大正八年一月一八日付の日記には、「黎明会第一回講演会。五時青年会。第一席僕、開会の辞を述ぶ。第二席左右田君、第三席木村〔久一〕君、第四席今井〔嘉幸〕君、第五席福田〔徳三〕君、聴衆千五百、満場立錐《りっすい》の余地なし」とある。この日の講演の草稿が、「文化主義の論理」という題で本書に収められている。それは新カント派的な価値哲学に立脚する文化主義ないし人格主義の提唱である。

この論文のなかに、「限られたる一部の人生観をもって全部に強《し》いんとする官僚主義軍閥主義を蛇蝎《だかつ》の如く忌み嫌う文化主義は、また民衆一般の仮面の下にたとえ大多数なりとはいえ単に無特権階級をもって特権階級に代置せんと企つる社会民主主義を斥《しりぞ》けざるを得ない」という文章がある。文化主義のイデオロギー的性格が、端的に示されているといえよう。

左右田は、吉野や福田らとおなじく、官僚軍閥の独裁を排除すると同時に、プロレタリア独裁をも排除する立場をとった。これこそ、藩閥独裁に反対して普通選挙と政党政治の実現をめざした大正デモクラシー運動の主流をなす思想的立場にほかならなかった。かれは、このような立場を新カント派的な価値哲学によって基礎づけようとしたのである。つぎに、かれの政治的立場と価値哲学との関係を示す文章を引用したい。

「真正の民主主義は無特権階級のみならず、現在の制度が存続するならば常に見らるべき様の特権階級のすべて、すなわち換言すれば一切の人格が文化価値なる規範の実現過程において、その表面の上に各々その固有の位置を占め得べきものでなければならぬ。……しかしてこの場合において一切の人格が認承せらるることを要求するが故に、その規範実現の過程の表面の下に埋没せらるゝ如何なる人格も無きに至るというのが理想でなければならぬ。限られたる民主主義〔社会民主主義をさす〕の排すべきはなお官僚主義の排すべきと程度上の差こそあれその性質全く同じ」

この論旨を要約すれば、「文化主義はあらゆる人格が文化価値実現の過程において、それぞれ特殊の固有の意義を保持するを得、その意義においていずれかの文化所産の創造に参与するの事実を通じて、各個人々格の絶対的自由の主張を実現し得る事を求むるものである。この意義において文化主義は人格主義である」ということになる。こうした文化主義ないし人格主義こそ、大正デモクラシーの哲学的表現にほかならなかった。

左右田によれば、人類の生活は価値実現の過程であり、経済、政治、芸術、宗教などのもろもろの文化生活は、その理想としてそれぞれの文化価値をめざす。この場合、文化生活と文化価値とは存在《ザイン》と当為《ゾルレン》の関係をなし、当為は存在の極限概念と解される。文化価値は、プラトン以来、論理的、倫理的、美的、宗教的（または形而上学的）の四つに大別され、最後の宗教的・形而上学的価値を頂点に位置せしめるならわしになっているが、これらの価値は上下の関係ではなく並列の関係においてとらえられるべきであり、一般に無視されてきた経済的価値などもこの平等な価値体系の一部に加えられるべきである。

さきに引用した「真の民主主義」に関する主張は、価値論のレベルにひきなおすと、プラトン以来の観念論哲学者たちのように宗教的・形而上学的価値を頂点においたり、もしくはマルクスのように経済的価値を頂点においたりするのではなく、あらゆる文化価値を平等にあつかうべきだという主張に変形されるのである。さきに、文化生活と文化価値のあいだに存在と当為の関係が成り立つと述べたが、もろもろの文化価値と文化価値一般とのあいだにも同様な関係が想定される。そしてこの関係は極限の概念によって説明される。たとえば、円をそれに内接もしくは外接する多角形の極限と考える場合、円は多角形の到達すべき目標を示す。存在と当為の関係は、こうした関係にある多角形と円の関係に対応するものと考えられる。このようにして、文化を経とし極限概念を緯として、価値の体系が構築される。こうした価値体系の全貌は、「価値の体系」という論文に素描されている。

「価値の体系」には、ヘーゲルの客観的精神と絶対的精神の関係に言及する興味ふかい考察がふくまれている。左右田はヘーゲルの「精神」を「価値」に読みかえて、ヘーゲルが絶対的精神としての芸術・宗教・哲学などの文化価値を客観的精神としての法律・道徳・人倫などの文化価値よりも優位におくことには反対しながら、客観的精神の発展的・乖離《かいり》的・社会的な性格と、絶対的精神の自足完了的・統一的・個人的な性格に着目して、この対比から文化価値と創造者価値の対比を導き出した。

最後に、創価学会の思想が、本書に代表される左右田の価値哲学と日蓮宗信仰の結合の産物であることを指摘しておきたい。創価学会が左右田哲学から継承した基本的な着眼点は、㈠創造者価値を重視したこと、㈡経済的価値〔利〕を論理的価値〔真〕や倫理的価値〔善〕と対等に考えることの二点である。

美濃部達吉『憲法撮要』

みのべ＝たつきち　一八七三年、兵庫県高砂市に生まる。一八九七年、東大法学部政治学科を卒業、九九年、同助教授となる。同年、ヨーロッパに留学し、ドイツのイエリネックの影響をふかくうけた。帰国後の一九〇二年、教授、〇七年、学士院会員となる。『憲法講話』（一九一二）において天皇主権説にたたかいをいどみ、いわゆる天皇機関説を主張した。この美濃部理論は、二二年の『憲法撮要』（有斐閣）においてさらに整備された。二〇年から憲法講座を担当、快刀乱麻を断つ明快な講義と指導で多くの英才を世におくった。三二年、停年退職、名誉教授。また同年、貴族院議員に勅選された。三五年、天皇機関説事件がおこり、『憲法撮要』その他は発売禁止処分、自身も告訴され、議員を辞任。翌年には右翼の狙撃をうけた。戦後の四六年、枢密顧問官にむかえられたが、一九四八年、死去。この波瀾多い一生を、徹底した近代人としてとおしたすぐれた学者であった。主著はほかに『日本国法学』、『日本行政法』四巻、『議会政治の検討』、『日本国憲法原論』など。

『憲法撮要』は苦渋にみちた書である。いわゆる天皇機関説のゆえに国体に反すとされて発禁の非運にあい、著者の美濃部達吉も公生活を退くことを余儀なくされた、という事実の残照のゆえにこの印象をもつのであろうが、それだけでもない。苦渋にみちているといったのは、奇矯な比喩かもしれないが、拘禁服を着せられてもがいているさまをふと連想するからである。いうまでもなく、ここにいう拘禁服とは大日本帝国憲法であり、そのなかでもがいているのは議会制度、ことに議院内閣制度である。

筆者がはじめてこの書を手にしたのは戦後の改訂版〔一九四六〕であったが、まだ敗戦まもない解放感との対照のせいかつよく印象づけられたこの苦渋惑は、こんど初版〔一九二三〕を読んでもおなじである。いや、さらにふかめられたといっていい。そして、反体制とはいわぬまでも体制との違和感をもちながら、しかもあきらめず拘禁服を身にあったものにしようと苦闘している美濃部の誠実さにあらためてうたれざるをえなかった。

いわゆる天皇機関説の要点は、つぎのとおりである。

「国家ノ本質ニ関スル正当ナル見解ハ唯団体説」のみである。くわしくいえば、「国家ガ国民ノ全体ヲ以テ構成セラルル団体的単一体ナルコトヲ認メ、団体トシテ意思力ヲ有シ生活力ヲ有スルモノニシテ統治ノ権力ハ此ノ団体ニ帰属スルモノナリト為ス」のである。この「統治ノ権力」「統治権」、いわゆる主権が国家に属するとし、ことに天皇を国家の「機関」とする点で、天皇主権を主張する国体論者と真正面から対立することになった。もうすこし接近して美濃部の説くところをみよう。

国家の「機関トハ国家ノ意思力ヲ構成スル者トシテ認識セラルル人々ヲ其ノ地位ニ於テ指称スル観念」である。そして「直接ニ国家ノ組織法ニ基キ国家機関タル」「直接機関」を権限によって分類すると、「外国又ハ国民ニ対シ国家ヲ代表シテ統治権ヲ行使スル」「統治機関」〈天皇〉、「自ラ統治権ヲ行使スルノ権ナク、単ニ国家意見ノ決定ニ参与スル」「参与機関」〈議会〉、「何人ガ直接機関ノ地位ニ就クベキカヲ選定スル」「選定機関」〈国民〉の三つになる。

現在からみても、そして当時の学界からみても、けっして過激ではなく、むしろ穏当といえよう。天皇を「唯一ノ統治機関」とする美濃部説をなまぬるいとして、国民も天皇とともに「統治機関」であるとした北一輝と比較すれば、この点は明瞭であろう。北の書がただちに発禁になり、美濃部の場合は一〇年あまりの猶予期間があったのも、この差に由来するのかもしれない。ただ美濃部が「国民ハ自ラ国家統治権ヲ組織スルノ一員タリ、自ラ治者タルノ地位ニ在ルモノナリ。国民ガ被治者タリト同時ニ自ラ治者ノ一員タリ……立憲政体ノ本質ハココニ存ス」というとき、北にやや接近しているといえよう。これが美濃部のホンネとみなされて、ついには国体に反するものとされるにいたったわけであろう。美濃部のホンネは、一言でいえば議院内閣制度であった。このホンネと拘禁服たる明治憲法との格闘の跡をあとづけてみよう。

明治憲法は立憲制度を原則とする、というのが美濃部の終始一貫した立脚点だ。「唯君主主義ヲ認ムルコト強キ結果トシテ、議会ノ権限狭ク」という点はみとめないではないが、「其ノ他ノ点ニ於テハ近代ノ諸立憲国ニ共通ナル立憲制度ノ精神ハホボ我ガ憲法ノ等シク採ル所ナリ。其ノ精神ガ如何ナル程度ニ実現セラルルカハ主トシテ憲法ノ運用ノ問題ニシテ、憲法ノ規定ノ問題ニ非ズ」。憲法の「運用」を「規定」と対立させ、この「運用」の原則として「諸立憲国ニ共通ナル立憲制度ノ精神」をもちだす。ここにこそ、かれの憲法論のカギがある。

なぜそういえるか。かれによれば、「日本憲法ノ法源」、すなわち「憲法的規律ガ何ニ依リテ定マレルカ、何ヲ観察スルニ依リテ現在ノ憲法的規律ヲ明ニスルヲ得ルカ」を知るのに、憲法その他の「制定法」が「最モ主要ナル法源」であるのはいうまでもないが、これを「唯一ノ法源ト為シ制定法ノ条文ヲ解釈スルニ依リ以テ国法ヲ明ニスルヲ得ベシト為スハ甚シキ不当」である。かれは、「非制定法」の「法源」としての重要性を主張し、その一つとして「理法」をあげる。すなわち、「総テ現代ノ国法上必ズカクアラザルベカラズトスル思想」であって、「社会ノ人心ヲ支配スル力ヲ有スル」ゆえに「国法ノ淵源タル力ヲ有ス」るところの「理法」――これこそ美濃部憲法論をささえる土台にほかならない。なぜなら、「健全ナル社会状態」では法制定の基礎たるべきだという意味で制定法の「原動力」であり、かつ「制定法ノ正当ナル解釈ノ標準トシテノ法」なのだから。

「理法」のこの第二の性格が美濃部にとって、ことに死活的重要性をもつ。「何ガ法ナルカハコレラ〔憲法の「文字」および「起案者ノ意見」〕ノ外尚常ニ推理ヲ以テ其ノ標準トナサザルベカラズ。殊ニ制定法ノ制定後社会事情ノ変化アリ、一般国法ノ基礎精神ノ変遷アリ、社会ノ正義感情ノ進展アル場合」、要するに「理法」が変わった場合は、「制定法ノ文字ハ変更セラレズトスルモ尚其ノ解釈ノ変更セラルベキハ当然」ということになり、美濃部的解釈も正当性を獲得することになる。

しかしここに、「理法」は「制定法」よりも不明瞭という難点がある。そこでこれを「発見スルコトハ法学ノ主タル任務ノ一」であると主張される。この法学の〝自己主張〟は、たとえば有名な明治憲法第一条についてのつぎのような大胆な立言を生みだす。

「〔コノ条文ハ〕唯統治ノ権能ガ天皇ニ出ズルコトヲ定ムルノミ、其ノ権能ガ法学上ノ観念ニ於テ御一人ニ属スル権利トシテ認メラルベキヤ否ヤハ憲法ノ関スル所ニ非ズ。憲法ノ文字ニ依リテ国家ノ本質ニ関スル学問上ノ観念ヲ求メントスルガ如キハ憲法ノ本義ヲ解セザルモノナリ」

法学者美濃部の強烈な自我が、ここにはからずも顔を出しているというべきか。

さて、「法学」が「理法」を発見するための材料としては、「殊ニ類推、社会的正義及社会的利益ノ較量、日本古来ノ歴史」などが重要であるが、「就中《なかんずく》近代立憲制度ノ基礎精神ヲ知ルニハ外国憲法ノ比較ハ其ノ欠クベカラザル資料ナリ」と美濃部はいう。つまり「理法」はすなわち先進国の制度の比較から得られる「近代立憲制度ノ基礎精神」にほかならないわけである。本書のいたるところに「大多数ノ立憲国ニ共通ナル」とか「現代諸国ノ最モ普通ナル」という表現が発見されるが、これこそ美濃部法学の「理法」発見の努力の軌跡である。

さて、美濃部によれば、こうした「理法」にもとづいて、憲法の運用がなさるべきなのだが、この運用がつみかさなって「未ダ法トシテ認識セラルルニ至ラザルモ事実上殆ド法ノ如クニ行ワルル慣習」になり憲法の「効果ヲ制限」するまでになると「習俗的規律」とよばれる。そしてその例として、美濃部は「議院内閣制度」をあげる。それは、「憲法上ノ制度トシテハ我ガ憲法ノ採ル所ニ非ズ」とかれみずからも認めるところなのだが、「我ガ憲法ノ認ムル所ノ議会制度ガ欧州諸国ノ議会制度ト精神ヲ同ジュウスルモノナルコトハ疑ヲ容レザル所」だから、この「理法」に合致した「習俗的規律」として議院内閣制度に市民権をあたえるべきことを、美濃部は主張する。これこそかれのめざした究極の到達点であったといえよう。

美濃部憲法論は、明治憲法の曲解だとするひとも多い。しかし説の当否はしばらくおき、「君主主義ノ色彩ノ頗《すこぶ》ル強」いこの憲法のもとで、国民の自由と幸福のため「近代立憲制度」の市民権を確立すべく苦しみぬいたかれの誠実な苦闘の立派さに打たれることのないものに、未来への誠実な戦いを期待することはできないであろう。

大杉 栄『自叙伝』

おおすぎ＝さかえ　一八八五年、職業軍人大杉東《あずま》の長男として生まる。父の勤務にしたがって讃岐丸亀から上京、さらに越後新発田に変わる。一八九九年、名古屋幼年学校へ入学したが喧嘩をして放校され、上京。一九〇三年、東京外国語学校に入学。『平民新聞』が非戦論を唱えて創刊されるや、平民社に接近し、堺利彦、幸徳秋水に師事。〇六年、東京外語を卒業後、就職運動に奔走していたが、電車焼打事件にひっかかって投獄される。以後数回にわたって検挙されるが、そのたびに「一犯一語」を目標に外国語をものにした。一二年、荒畑寒村と『近代思想』を発刊。その失敗後もくりかえし雑誌を出しては運動を準備し、伊藤野枝、神近市子の三角関係をとりざたされてもひるまなかった。大正末年、労働運動の昂揚期には、アナーキズムの頭領として活動、上海に出かけてコミンテルンと連絡し、さらにパリの国際無政府主義大会に出席せんとし、捕えられて強制送還。帰国後、一九二三年九月、関東大震災の混乱時に、妻、甥とともに憲兵大尉甘粕正彦に虐殺された。本書は、一一月、遺著として改造社から刊行された。『クロポトキン研究』のほかに、雑誌論文、翻訳多数。

革命家の自叙伝に、性の問題が、これほどあからさまに書かれたことがあったろうか。子供のときの初恋、「光子さん」とのまなざしの交換から生活の破局であり本書の結末となる「葉山事件」〔神近市子と伊藤野枝をめぐる三角、四角の関係〕にいたるまで、残酷なほど露骨に、しかし美しく書かれている。大杉栄をとりまく恋愛事件は、葉山の宿での刃傷沙汰《にんじょうざた》にいたり、革命家本来の目的だったはずの社会主義運動をも一時期ぶちこわしてしまうのであったから、かれの革命家としての資格はいままでずいぶん疑問視され、「アナーキスト」と苦笑され、軽蔑されていた期間も長かったのである。

大杉栄は自分の感情のままに生きた。もちろん革命は理論なくしてありえないが、かれにとって革命とは、自分の肉体的・精神的束縛を解放するためのものである。自分の感情の起伏をとおしてしか、それは語れないものだったといえる。『自叙伝』最初のエピソードも、かれの面目をかいまみせる。一九〇八年、「無政府共産」と大書した赤旗をふりまわして投獄されたかれは、看守部長の前にひきだされた。部長は不審そうに繰り返したずねる。

「おまえは大杉東《あずま》というのの何かかね。……東という人を知らんのかね。あの軍人の大杉東だ」

「知らないどこの話じゃない。それは大杉君のおやじさんですよ」堺が横合から答えてくれた。

「ふうん、やっぱりそうか……あの人が大隊長で、ぼくはその部下にいたことがあるんだが……あの精神家の息子かね。……その東という人は第二師団で有名な精神家だったんだ。その人の息子がどうしてまたこんなところへはいるようになったんだか……」

かれは大隊長の息子なればこそ、革命家に、それもいわゆる正統派のマルクス主義者ではなく、無政府主義者になったのだった。中学では不良少年としてならし、軍人になるために入った幼年学校では、煙草を盗み、反抗し、ナイフをひっぱりだして喧嘩をし、放校された。学校へ入るため上京した孤独な予備校生活は、はじめてかれに自由を与えてくれた。

「フランス語学校のほうでは、生徒がぼくのほかはみな大人だったので、先生と生徒はまるで友達づき合いだった。一時間のあいだ膝にちゃんと手を置いて不動の姿勢のまま瞬《またたき》一つせずに、先生の顔をにらめている幼年学校と較べればまるで違った世界だった。ぼくはたゞぼく自身にだけ責任を持てばよかったのだ。そしてぼくはこの自由を楽しみながら、ぼく自身への責任である勉強にだけたゞ夢中になっていた」

学生生活もつゞかない。日光の古河銅山が毒をふくむ処理水を放流し、沿岸の谷中村農民が大挙抗議運動に上京しようとしてけちらされた事件は、かれの反抗的気分をゆさぶり、やがて社会正義の反抗に導いてゆくのである。

『自叙伝』の特徴は、社会主義者大杉の誕生が理論としてはほとんど書かれず、鉱毒事件から幸徳秋水の影響下に入る過程も、人間的結びつきにしぼられ、あっさり説明される点である。「たった一つ癪にさわったのは、ぼくが水のしたゝるような刀を好きなところからひそかにみずから秋水と号していたのを、こんど別に秋水という有名な男のあることを知って、自分のその号をほうむってしまわなければならないことだった」

しかしかれは、しょせん「秋水」というがらではない。かれは衝動的な行動にとびこんでばかりいた。一九〇八年の赤旗事件もその一つだった。理論的に整理すれば、合法的議会政策派とゼネスト一本槍の直接行動派の対立が爆発したことになるが、大杉にとっては無政府共産の赤旗をとにかくふりまわすということが、一つのいやがらせとして必要だったわけだ。運動としての評価はどうなるのか。『自叙伝』はほとんど語らずにすましてしまう。

思いだすのは無頼な話にすぎない。独房には格子がはまっていて、退屈でしかたがない。堺利彦らは、自分たちを「とにかく女郎に見たてて、そして怪《けし》からんことには看守をひやかし客にみたてて『もしもしめがねの旦那、ちょいとお寄りなさいな』というような悪ふざけをして遊」ぶことを思いついたりするのである。

本書は意識的にユーモアをかりたてる。かれがこの赤旗事件にひっかかったおかげで、その直後の大逆事件のデッチアゲから偶然のがれられたことも、軽くふれるにとどめてある。弾圧を憤《いきどお》ってはいないのか。そうではない。大逆事件で社会主義者が全滅したあと、最初に行動を開始し、『近代思想』を発刊してとむらい合戦に出たのは、大杉そのひとなのだが、その大義名分あるたたかいを書かないところに、『自叙伝』のふてぶてしいユニークな精神がある。検閲は無視して、敵の気づかない点のみを強調する。読者は人間的反抗に気づけばよろしい。歴史的意味づけとか評価より、ここでは反逆者のイメージが心に焼きつけばよろしい。革命家大杉が『自叙伝』を四角関係の破局、「葉山事件」でしめくくるのもそこにあるのだった。

妻をほったらかして神近市子を恋人にしていたかれは、平気で伊藤野枝と恋愛し同棲する。神近はいちおう「ねえさんぶって」理解ありげな態度をし、金を貸し、しかしやっぱりやきもちをやいていた。かれの仕事部屋、葉山の宿で、大杉、神近、伊藤の三人は顔をあわせてしまう。一日目は三人でとまる。つぎの日、伊藤がかえり、大杉は神近と二人きり。神近は夜、痴話喧嘩ののち、かれのふとんにすべりこみ、突きかえされてにらみあった。殺されそうだ——「どんなことがあっても、こんどはけっして眠ってはならない」と思っていても、「ふとぼくは、のどのあたりに、熱い玉のようなものを感じた。『やられたな』と思ってぼくは目をさました。いつのまにか、自分で自分の催眠術にかゝって、眠ってしまっていたのだ」。

大スキャンダルだった。神近市子は殺人未遂で入獄し、同志たちは神近に同情して大杉から遠ざかり、運動はしばらくストップしてしまう。大杉はこの葉山事件を性的にへんにリアルに描いて『自叙伝』を中断した。大杉らしい筆ぐせだったのである。革命家大杉は、むしろそれ以後に真価を発揮したのであるから。感情はかれの一面にすぎないが、他のひとにはなかった一面だった。

大杉は、その後、はげしい弾圧のもとで、たたかえるだけたたかった。ロシア革命の成功が日本の運動をふたたび目ざめさせたとき、正統マルクス主義の領袖たち、堺利彦、山川均は、レーニンのロシアと連絡をつけたがらず、尻ごみしている時期がある。しかし、主義を異にしたはずの無政府主義者大杉は、意気に感じて上海に出むき、コミンテルンと初の交渉をおこなう。ばれれば命とりだが、平気だった。そして、堺たちが理論の枠内にとどまっていたとき、かれは裸で労働者のなかに入り、せっせとオルグしてまわっていた。

理論と実践の役割・関係は、日本近代では微妙である。大杉はわざと理論を隠し、あばれまわり、その行動性をてらっていた。堺利彦らは冷静に時期を見た。堺はのちに客観的な『日本社会主義運動史』を書くが、大杉は個人的・肉体的な『自叙伝』をのこす。

理屈をこねまわすのに熱中した昭和の共産主義者は、アナーキスト大杉を軽蔑し、くそみそにやっつけたが、警察は、行動する大杉をこそ怖れていたのであろう。関東大震災のごたごたのなかで大杉を虐殺した憲兵大尉は、カンがするどかったのだ。法律を超越した憲兵隊の権力は、行動者をこそねらっていた。

『自叙伝』の強みは、感覚と肉体のするどさにある。身体をはって生きる人間は数少ない。

内藤虎次郎『日本文化史研究』

ないとう＝とらじろう　一八六六（慶応二）年、秋田の毛馬内《けまない》に生まる。湖南という号のほうが一般によく知られている。県立師範学校を卒業して、東京に出てジャーナリストとなり、三宅雪嶺、志賀重昂のもとではたらきつつ勉学した。のち大阪朝日新聞に入り、その主筆として論陣をはった。一八九七年、『近世文学史論』を著わして認められたが、一九〇七年、京都大学に東洋史学の講座が創設されると、その講師となり、やがて教授となった。西園寺公望、富岡鉄斎と親交があった。博覧強記と洞察に富む史眼によってあらわれ、『支那史学史』、『支那上古史』、『支那絵画史』、『東洋文化史研究』など著書が多い。狩野直喜らとともに京都学派の中心となり、世界の東洋学の三大中心は北京・パリ・京都であるといわしめるにいたった。漢文、書道にもすぐれていた。学士院会員。一九三四年、死去。『日本文化史研究』は一九二四年に初版、三〇年に増訂版が、ともに弘文堂から出ている。普及版は角川文庫に収められている。

自分のことは自分がいちばんよく知っており、自国のことは自国民がいちばんよく知っている、というのは当然の常識である。しかし、それだけでは自己中心主義の主観的判断におちいりやすい。他人または他国との比較、それらとの相互作用を考慮に入れて、はじめて正しい認識が生まれる。日本文化についてもまた同じであろう。

内藤湖南は、そのひろくふかい中国についての知見をふまえて、日本文化を検討しようとする。徳川時代の国学の余弊がなお国文学界、国史学界につよかった大正期において、かれは、比較研究という「きわどい研究法」を理解せず、これを危険視する「多数の低能な国学者」たちの本国中心主義と対決しようとしたのである。「私は日本歴史の専攻者でありませんので、素人でありますから、私の話は余興だと思っていただきたい」などというマクラを、かれは講演などでよくつかうが、これはいつも逆説的なレトリックである。『近世文学史論』をもってデビューした湖南は、日本文化について、じつは大方の国文・国史学者以上の知識をもっていたのである。

『日本文化史研究』は、「日本文化とは何ぞや」、「近畿地方における神社」、「平安朝時代の漢文学」、「日本の肖像画と鎌倉時代」、「日本風景観」など、各方面にわたる日本文化論二〇篇を集めたものである。その洞察のふかさにおいて、同時代の類書中最高のものと思われるが、当時一般にひろく注目されることはなかった。

湖南の独創的見解の一つは、日本文化形成論において示される。文字の使用が中国・朝鮮から伝わったことはいうまでもなく、中国文化の影響を無視して日本文化は考えられない。しかし日本には、それ以前から文化の芽ばえはあったのであり、中国文化はいわばそのコヤシとなって、それの成長をたすけた、というのが一般の解釈だが、著者からみれば、これまた一つの本国中心主義にすぎない。日本文化は、中国文化の導入によってはじめて形成された、と著者は考える。すなわち、「たとえば豆腐をつくるようなもので、豆をすった液の中に豆腐になる素質をもってはいたが、これを凝集させるべきほかの力が加わらずにいたので、中国文化は、それを凝集させたニガリのようなものであると考えるのである」。しかし、文化形成の起源をそのようにみることは、日本人の文化的素質を低くみることではけっしてない。湖南はむしろそれを高く評価している。その素質は、奈良朝とか徳川時代とかのように外国〔中国〕文化の影響力のつよかった時代よりも、むしろそれの少なかった時代、すなわち鎌倉時代・室町時代などに注目して検討すべきであるという。これまた一見識といえよう。

そして現代については、「西洋民族はどちらかというと、自分の文化に食傷し、自分の文化に自負自尊心をもちすぎて、他の文化を吸収するところの能力をよほど減じておりはしないかと思うのでありますが、東洋民族はその点において、いかなる難解な、いかなる高尚な文化でも、どこまでも進んでそれを吸収して、そうして自分の文化とこれをいっしょにしてやっていこうという大きな希望と決心とを持っているようであります」といっている。著者の希望であると同時に日本の真実であった。

それぞれふかい知識によって充実している各論文の内容を紹介することは、不可能である。わたし自身が、年少のころふかい感銘をうけた数点を、断片的に紹介するにとどめたい。

湖南の東洋画についての見解は、名著『支那絵画史』を見るべきだが、かれは風景画〔山水画〕においては、西洋はついに東洋におよばぬが、肖像画においてはその逆であるという説をもっていた。しかし、その乏しい東洋の肖像画中最高の傑作は、藤原隆信の『源頼朝像』と『平重盛像』の二作だとしている。これらの作品は、数年前、アンドレ＝マルローが最高傑作として激賞して以来、一般文化人のにわかに注目するところとなったが、大正九年の昔に湖南のいった言葉を知るひとは少ないのである。

現代の日本を知るためには、日本の過去の歴史を知らねばならぬ。しかしそのさい、「古代の歴史を研究する必要はほとんどありません。応仁の乱以後の歴史を知っておったら、それでたくさんです。それ以前のことは外国の歴史と同じくらいにしか感ぜられませんが、応仁の乱以後はわれわれの真の身体骨肉に直接触れた歴史であって、これをほんとうに知っておれば、それで日本歴史は十分だといっていいのであります」。これまた大胆不敵な提言である。しかし、とっくり考えてみれば、そのとおりだということがわかる。わたしたちは古代からのすぐれた遺物をもっている。しかし、それらはばらばらの貴い品々であって、美的鑑賞という以外にわたしたちの身体骨肉的生活史にはつながってこないのである。卓説とは、一見大胆不敵で、しかも考えてみればそのとおり、というものをいう。湖南の文化論は卓説に満ちている。

湖南は、学問、文化をふかく尊重した。だから応仁の乱の時代の最高インテリであった一条兼良の学識を高く評価するが、同時にその歴史的限界ははっきりと見きわめている。そして先例だけによる古い知識だけをもったある大臣にむかって山名宗全が、今後は「例」という言葉をすべて「時」というふうに読みかえられるがよろしかろう、という意味の言葉を投げつけたことを特記している。文化は貴いが、その時の文化をいちおう否定するがごとくにあらわれる「危険な」動乱の意義を、湖南はつかみえた歴史家であった。

大正八年におこなった講演で、湖南は平野神社の祭神の問題にふれて、今木神とは新神、つまり今来た神という意味であること、またこれは桓武天皇の母方から伝わった神だが、その母方の家とは、朝鮮の王家の末流だから、この神様は朝鮮の神様だというふうなことを伴信友の説にふれて述べている。戦争中、わたしはこの箇所を読みかえしては喜び、また救われる思いがした。日本の皇室には、朝鮮人の血液が混入しているのである。そして異民族の神様の前に、日本国民が戦勝祈願の参拝をしていたのである。

文化における進歩発展の問題について、湖南は、それぞれの種類の文化は特定の時代に発達し、その頂点にまで達する、そしてそれ以後の時代には、もはやそれ以上に発達しえない、それ以後の時代に発達する文化は、種類が変わってきているのである、という独特の見方を出している。著者は、これを社会経済史とくに結びつけて考えていないが、なお追究に値する見解ではなかろうか。こうした独創的見解が、いたるところにさりげなく置かれている。

自然科学の研究においてはしらず、人文社会に関する研究は、対象についてのゆたかな知識の蓄積を前提とする。歴史研究においてはとくにそうである。基礎知識なしにたてられる理論は、いかに尖鋭でも、観念論にすぎない。しかしまた、知識の豊富な蓄積がすなわち学問でないことは、いうまでもない。前提であるべき知識の蓄積に疲れはてて、方向を見失うひとが多いが、それは不幸な物知りにすぎず、学者ではない。豊富な知識は、ややともすると、すると い論理の生産をさまたげやすいものだが、その困難にうちかって、史観を示しえた稀有の歴史家の一人が内藤湖南であろう。

かれは大正デモクラシー運動に直接関係はしなかったが、その思想は、運動の穏健派に近い立場にあったと考えられる。自由主義的な合理実証主義が、かれの立論の底にはいつもあった。西田哲学門下のいわゆる「京都学派」の弱点は、同じ大学の隣りの建物に住んでいた湖南以下の京都歴史学派の知見を摂取することを怠ったところからくるとみていいのではなかろうか。

狩野亨吉『狩野亨吉遺文集』

かのう＝こうきち　一八六五（慶応元）年、秋田の大館に、藩校教授の次男として生まる。四歳で維新をむかえ、一二歳のとき東京へ移住。番町小学校、一中、東大予備門をへて東大理学部数学科を卒業後、一八九一年、さらに文学部哲学科を卒業。翌年、四高教授に就任。五高の教頭、一高の校長をへて、一九〇六年、京大教授。倫理学の講座を担当して、神の存在、魂の不滅、意志の自由を妄想とする唯物論的倫理思想を説く。この間、「志筑忠雄の星気説」、「記憶すべき関流の数学者」などを発表し、一八九九年に安藤昌益の『自然真営道』の筆書本を発見した。一九〇八年、四四歳で官職を辞し、以後いっさい仕官しなかった。官歴は恩給年限に達しなかったので生計は楽でなく、しかも退職後に出資者として関係した知人の鑢《やすり》会社が不振となったために債務をおい、生涯それに苦しめられた。しかし皇太子の教育係、東北帝大総長などへの推薦は固辞した。一九年以降、自宅に明鑑社の看板をかかげて書画鑑定を業とする。二八年、安藤昌益に関する多年の研究成果を岩波講座『世界思潮』に発表、三六年、神代文字の無稽を論証する「天《あま》津《つ》教《きょう》古文書の批判」を『思想』に発表。晩年は身辺の世話を姉久子にまかせ、生涯独身をつらぬく。一九四二年、七八歳で死去。『狩野亨吉遺文集』（岩波書店）は一九五八年に刊行された。

狩野亨吉は、異色ある唯物論哲学者である。すこぶる寡作で、生前一冊の著書ものこさなかったが、その数少ない論文が、この『狩野亨吉遺文集』にほとんどあまさず収められている。収録論文は六篇、テーマは「志筑忠雄の星気説」、「安藤昌益」、「天津《あまつ》教《きょう》古文書の批判」、「歴史の概念」、「記憶すべき関流の数学者」、「科学的方法に拠《よ》る書画の鑑定と登録」などであり、一見哲学論文らしいものはない。しかし、史実、書画などの動かしがたい事実ととりくむ著者の思索態度に、その哲学思想がにじみ出ている。

本書の編者安倍能成の回想によれば、狩野は漱石と親しかったが、漱石の創作を贈られても、講談のほうが面白いといって、ほとんど読まなかったという。このエピソードについて、安倍は「講談の方が漱石に比べて、先生のいわゆる事実に加えることが少なかったせいかも知れぬ」という推測を加えている。「新聞を揃えて保存したり、知人からの来信を悉《ことごと》く貯えて置いたり、骨董の精確な記録を残そうとしたり、古い記録である書物をあらゆる方面にわたって集めたり」といった事実の蒐集にたいする狩野の異常な関心や、高遠な思弁よりも動かしがたい客観的事実を尊重する狩野の学風が、安倍の念頭にあったのだろう。

狩野は西田幾多郎よりも五歳年長であり、東大哲学科卒、旧制高校教師の歴任、京大文学部哲学科教授というコースをほとんど西田とひとしくしながら、西田が停年まで京大に奉職してアカデミー哲学の中心人物となったのにたいして、狩野は京大在職二年で職を辞し、終生巷間に埋もれて書画鑑定を業とし、アカデミー哲学と縁を切ってしまった。かれらが、四〇歳ころまでの人生コースをほぼ同じくしながら、それ以後のコースをまったく異にしたのは、思想の相異によるところが多かったからではないかと思われる。

西田は、一九四一年の正月、宮中恒例の御講書初めの御進講を命じられたおりに、「歴史哲学について」というテーマで、自由主義の個人本位の思想とファシズムの全体本位の思想を排して「個人と全体とが互に相否定して、皇室を中心として生々発展」する「肇国《はっくに》の精神」に帰るべきことを説いた。かれの思想は、皇室を中心とする国家権力のあり方にたいする否定的な見方をほとんど含まず、書簡などには、立憲君主制にたいする積極的擁護の態度が明瞭にみとめられる。この点、狩野は見解を異にしていたようである。

狩野の京大退職後、東大総長をつとめたことのある浜尾新と山川健次郎が、かれを皇太子〔いまの天皇〕の教育担当者として推挙したおりに、「自分が危険思想の持主であることは両先生ともご存じのはずである。自分を偽ることができない以上、自分は王者の師傅《しふ》になるごとき人物では全然ない」といって固辞したという。「危険思想」とは何をさすのかはっきりしないが、かれによって「農本共産主義」と規定されている安藤昌益の思想にふかい共感を示したということ事実だけでも、ほぼ推測はつく。

狩野が京大を退職したのは、幸徳秋水の大逆事件の二年前であるが、秋水が処刑に先立って獄中で書いた『基督抹殺論』が、かれの師中江兆民の遺著『無神無霊魂論』〔別名『続一年有半』〕の精神をまっすぐに継承するものであり、中江の遺著が「神の存在」と「霊魂の不滅」の否定を眼目とする徹底した唯物論であったという事実をふまえて、狩野が在職二ヵ年のあいだに京大でおこなった倫理学の講義内容を検討すれば、かれが自分の思想を「危険思想」と呼んだ理由がはっきりするだろう。狩野は、兆民や秋水と同じく、観念論哲学の根本前提とされてきた「神の存在」と「霊魂の不滅」にたいして猛烈な否定の矢を放ったのである。この講義に関する資料は本書に収録されていないが、共通の思想が、「科学的方法に拠る書画の鑑定と登録」という論文にその片鱗をあらわしている。

「昔から、悪い事を防止したり抑圧したりする為に用いらるゝ方法は先ず三つある。すなわち第一に道徳によるもの、第二に宗教によるもの、第三に法律によるもの、およそこの三つによる方法以外には考え付かなかったものである。……しからばその期するところの結果を得らるゝかどうか。これははなはだ心細い次第である。そう気付いて見ればそこに恐るべき事実が現わるゝのであるから用心すべきであるが、事実であるから仕方がない。しからばすなわちその事実は何であるかと云うに、悪は今までこれを退治しようと務めていたかの三方法によって減滅出来ないと云う事実である。この事実はこれを純理に質《ただ》すも、これを人類既往の経験に鑑《かんが》み、現在目撃するところの実際に徴するも、如何ともすることの出来ない事実である」

では社会悪の防止もしくは減滅の方法を何に求めたらよいのか。右にあげた三つの方法以外に、はたしてよい方法があるのか。狩野は「ある」と答える。それは、「世間の経済組織等を改善する」ことである。つまり、かれは社会悪の根本的療法として、社会革命の道を選ぶのである。この方法について、「衣食足って礼節を知るの意味を拡充せしむる」ものにすぎぬといいながら、他方では、「近頃この考えをもって最も勢力を張ったものはマルクスである。彼の主張は唯物史観に基づくと云うところに、科学的の方法を取入れたと見るべきものがあり、反対者もまた他山の石として研究すべきであると思う」といい、さらに、「私も科学的方法に拠ると云うからにはやはり唯物史観に立つものであり、また現在に満足せず、不合理なるところを改善しようとする心を持っている」といっている。狩野は、すくなくとも、科学的な唯物論の見地に立つ点、経済制度の変革を条件とする社会改革の必要を認める点において、マルクスと一致する見解に到達していたのである。

しかし、狩野はマルクス主義の全面的な支持者ではなかったし、本書には随所にマルクス主義への違和感がみとめられる。㈠かれは闘争否定の立場からマルクス主義者の闘争的言動を批判した。㈡また、相対主義の立場からマルクス主義者の頑固な絶対主義的思考法をしりぞけた。この二点は、安藤昌益の「互性活真」の思想にたいするふかい共感に裏づけられている。

㈢　しかし、いっそう注目に値するのは、マルクス主義の哲学思想の最も本質的な部分をなす弁証法を、かれがまったく受けいれなかった点だろう。かれは、科学的方法を分析的方法としてとらえ、後者と弁証法的方法の相異を前者と弁証法的方法の相異として理解し、あくまでも科学的方法をまもろうとする立場から弁証法をしりぞけたのである。

狩野の分析的方法は、長年にわたる修練をとおして身につけたものである。まず、かれが哲学科に入るまえに数学科を卒業しており、「数学のメソドロジー」を研究テーマとしていた点に注目せねばなるまい。他方、哲学科在学中にはじめた日本思想史研究と、退職以後の生業となった書画の鑑定をとおして、みずから「鑑定法」と名づける検証《テスト》の理論を習得した点も重要である。こうして、かれは、数学の方法をとおして演繹的方法を、「鑑定法」の形で帰納的方法を身につけ、二つの方法に基礎をおく分析的方法に習熟したのである。

本書収録の六篇中、「科学的方法に拠る書画の鑑定と登録」〔とくに第三節〕と「歴史の概念」〔とくに第六節〕の二篇には、物理主義に立脚する狩野の分析哲学の方法が要約されており、他の四篇はその方法論の具体的適用と見ることができる。四篇中、とくに安藤昌益と志筑忠雄の発掘は、日本思想史研究の分野における類を絶した偉大な貢献であり、狩野哲学の方法の優秀性を遺憾なく実証するものということができる。

中野重治『芸術に関する走り書的覚え書』

なかの＝しげはる　一九〇二年、福井県坂井郡高椋《たかぼこ》村（いまの丸岡町）で自作兼小地主藤作の次男として生まる。一七歳で四高文乙に入り、卒業にちかく金沢で室生犀星を知った。一九二四年、東大独文に入学。翌年、新人会に入る。二六年、『驢馬』を創刊し、日本プロレタリア芸術連盟（『文芸戦線』）に加入。二七年六月、同連盟分裂にあたって、久板、鹿地らとともにプロ芸にとどまり、『プロレタリア芸術』を発刊。分裂脱退派は労農芸術家同盟（『文芸戦線』）と称したが、一一月さらに分裂して前衛芸術家同盟（『前衛』）ができた。二八年、日本共産党の大量検挙（三・一五）があり、「プロ芸」派と「前衛」派とが合同、全日本無産者芸術連盟（ナップ）が結成され、常任委員となり、『戦旗』の編集に参加。二九年、日本共産党ははじめて公然と日常闘争のなかに登場したが、四月、壊滅的な検挙。唯一の合法的大衆雑誌『戦旗』の中核的メンバーとして活躍。九月、『芸術に関する走り書的覚え書』出版。三〇年、原泉と結婚。その後投獄をかさねる。戦後、日本共産党より参議院議員に当選。五一年、新日本文学会書記長。七九年、死去。本書は『中野重治全集』第六巻（筑摩書房）に収録。

スポーツで、ある選手が、その時期の記録を一人で更新しつづけるということがある。それと同じことが、精神の世界でもある。一九二七年から二九年まで、中野重治は、文学を介してマルクス主義に開眼しはじめた青年たちにとって、時代のトップ・ランナーであった。

文学を介してマルクス主義に入っていくものは、日本の既成の人間のすべてに絶望していた。一九二七年の芥川龍之介の死は、日本の文学の死と感じられた。いまや、新しい人間によって新しい文学がつくられなければならない——わたしたちは、そう考えていた。

『プロレタリア芸術』という、表紙にまっ赤な旗の印刷された雑誌が店頭でひとびとの目をとらえたのは、一九二七年の七月であった。聞いたこともない名の筆者がずらっとならんでいるこの雑誌の記事のなかで、ただ一つひどく印象にのこる論争体の文章を書くひとがいた。それは、こういう調子である——

「わが親愛な小堀甚二君は、八月十日、プロ芸と労芸との分裂につき、『当事者以外の人には未だ充分徹底していないウラミがある』ことを憂えて、これらの諸君に『分裂の真相……を告げて置きたいと思』い、さて書き並べた。

我々は分裂するつもりはなかった。

中野重治が『秘かに』小堀甚二を呼んで、労芸排撃の策を授けた。彼はそれを、すなわち労芸をかきまわせという命令を承服して帰ったことを、けれども『当時同志に発表しなかった。』中野の言葉を同志に発表したのは『其のずっと後のこと』であった。そしていま小堀は『それのおそかったことを悔んでいる。』『これが分裂の真相である。』

さらに彼は書いた。

『こんなことがあったではないか?』『あんなことも言ったではないか?』『それは事実ではないか?』

そしてそれが事実であることを彼は、『古往今来の裁判官の尻の穴（多分それが甚二君の口の穴であるのだろう。）にかけて』神さまに誓った……」

『プロレタリア芸術』や『前衛』にのる「論争」というのは、どれもこれも頭がいたくなるほど、なやましかった。それでいて、「論争」だけが主要記事であった。わたしたちは、読んでいてたのしくなる論争の筆者が中野重治というひとだということを、すぐおぼえてしまった。そして、もっぱら、このひとの書くほうだけを読むことにしてしまった。

日本プロレタリア芸術連盟の分裂の原因は、元気のいい学生たちが芸術をプロレタリアのなかにもちこむことを主張したのにたいして、作家としてある程度有名だった連中が、それでは芸術家の芸術家たるゆえんが無視されると反撥したことにある。元気のいい学生たちのリーダーとして、中野重治、鹿地亘、久板栄二郎らがいた。

『文芸戦線』を出していた労芸には、蔵原惟人、林房雄、村山知義らのグループと葉山嘉樹、前田河広一郎、平林たい子、黒島伝治らのグループが入っていた。ところが、一一月にコミンテルンの「二七年テーゼ」がつたわってきて、この二つのグループが分裂した。前者のグループは日本共産党を支持し、後者は「労農派」を支持した。日本共産党を支持する蔵原らのグループは、前衛芸術家同盟をつくって『前衛』を出した。中野の芸術に関する論争は、この『前衛』による蔵原とのあいだにさかんにかわされた。

一九二八年の三・一五事件で共産党が大弾圧をうけたのがきっかけになって、『プロ芸』と『前衛』とは合同し、『戦旗』を出すことになった。それでも、プロレタリア芸術とは何か、これをどうして大衆化するかという論争は、中野と蔵原とのあいだにつづいた。しかし、一九二九年のはじめ、共産党がみずから大衆政党となるべく公然と地下から姿をあらわし、党の各団体指導の方向がはっきり出てきた。ここでいちおう論争が打ち切られて、中野も「芸術の役目は労働者農民に対する党の思想的・政治的影響の確保・拡大にある。すなわち、労働者農民に党の思想を近づけ、党のスローガンを大衆のスローガンとするための広汎な煽動・宣伝にある」という結論を「我々は前進しよう」(『戦旗』一九二九)に書いた。だが、この『戦旗』が出た四月一六日に、共産党はふたたび大量検挙にあって、ほとんど壊滅的な打撃をうけた。

『芸術に関する走り書的覚え書』が改造社から出たのは、同年の九月である。いちばん最後に書かれた「我々は前進しよう」を巻頭にかかげた本書は、二七年から二八年に『プロ芸』に書かれたかれの論文を主にしている。ほかの『新潮』とか『文芸公論』に出た、論争でないものは、付録としてのせられている。

論争の経過にあかるくないひとが読めば、中野がひとりごとをいっているような「芥川氏のことなど」だとか「素樸《そぼく》ということ」などのほうがおもしろいにちがいない。だが、あの二七、八年の時代においては、「本文」になっている論争部分は、それにおとらず、わたしたちをうった。論争の「文学史的」意味というのは、それほど明瞭でない。それは論争が組織の内面で進行した部分が読者にかくされていて、連続性を欠いているからである。だが、そんなことにはおかまいなしに、中野の文章はわたしたちをとらえてはなさなかった。

わたしたちは、日本ではじめて何ものにも頭をさげない誇り高い精神をそこにみた。芥川があれほど侮蔑した退屈でくだらない人生は、それが人生であるがゆえにそうなのでなく、小市民的人生であるがゆえに退屈で愚劣なのであることを、中野はじつにほがらかにいってくれた。

日本の文学にあらわれたいろいろの叛逆、みじめな敗北が、ニヒリズムにおわったのは、それが叛逆にとどまって世界の革命につらならなかったからである。われわれは芸術（わたしはそれを学問と読んだ）の形態について思いわずらうことはない。われわれ自身の生活さえ充実していれば、おのずから芸術の形態はきまってくる。

「彼が歌いそして歌い止む前に、詩人は生きて居なくてはならない」。「誰が発展し無限に発展する生活を営むか？　おのおの歴史的社会の革命的階級がそれを営む。今それを営むものは、それら過去社会のいっさいの革命的階級の最後の継承者プロレタリアートである」（「演劇について」）

「芸術はだから彼女の真実の批判者をプロレタリアートの最も戦闘的な部分に求めなくてはならない」（「断片的予想」）

「我々の大衆の求めているものは、もしそれをしもおもしろさといえるなら、あらゆる人間の上皮とあま皮とを剝《む》いて剝き出しにした生活の露《あら》わな姿にほかならない。ウィットや地口でさえもただここに近づく時にだけ人の足を止める。時空の如何にかかわらず、大衆の求めるところのものは芸術のヒマラヤなのだ」（「いわゆる芸術の大衆化論の誤りについて」）

この誇りがなかったなら、インテリゲンチアは、プロレタリアートの小使いでしかない。

「従って芸術家は、彼の作品が永遠に残ることなぞを目当てるべきでなく、彼の作品なぞを必要としないような美しい生活が人間の世界に来ることを、そしてそのことのために彼の作品がその絶頂の力で役立つことを願うべきであろう」（「素朴ということ」）

『芸術に関する走り書的覚え書』は、日本のプロレタリアートにたいする先進的インテリゲンチアの献身の記念塔であり、それを目撃した同時代者の青春のアルバムである。

折口信夫『古代研究』

おりくち＝しのぶ　一八八七年、大阪市浪速区鷗町で、医師折口秀太郎の子として生まる。天王寺中学時代には、岩橋小弥太、西田直二郎、武田祐吉らが同級にいた。一九一〇年、国学院大を卒業。一三年、『郷土研究』に「三郷巷談」以下を投稿して柳田国男に知られ、終生師礼をとった。一六年、『口訳万葉集』上を刊行。一八年、『土俗と伝説』を創刊。二二年、国学院大教授。のちに慶大教授を兼ねる。二七、八年、『民族』に「水の女」その他を寄稿したが、『民俗学』に寄せた論考などとともに、その主著『古代研究』三巻に収録された。一六年、国学院大に郷土研究会を設立。学生の指導にあたりながら、毎年各地に調査採訪旅行をした。とくに琉球には三たび渡航し、『琉球の宗教』以下の労作がある。信濃、三河境の山村に伝承された雪祭、花祭をはじめ各地の民間芸能の研究に先鞭をつけた。三二年、文博。短歌界においても、釈迢空《しゃくちょうくう》の名で推重され、『海やまのあひだ』、『春のことぶれ』などがある。四八年、詩集『古代感愛集』で芸術院賞を受けた。生涯娶らず、五三年、胃を病んで死去。『古代研究』は『折口信夫全集』第一―三巻（中央公論社刊、芸術院恩賜賞受賞）に収められている。

国文学者として令名があり、すぐれた歌人でもあった折口信夫は、また日本民俗学の創始にあたって柳田国男に協力し、独自の学風をひらいた先覚の一人に数えられる。日本民族信仰について、とくに神の降臨の問題を説いた一連のするどい論考、古代信仰や古代宮廷儀礼を解明しようとする雄大な労作、琉球文化の考察とその日本文化における位置づけを試みた諸篇などのほかに、民間芸能や口承文芸の分野にも関心を示しつづけた。なかには柳田の所論をあとづけし、これを展開させる意図をもって書かれた場合もあり、みずからそのことを文末に記すことがあったが、かれのこのような謙虚な姿勢はただ師説のうえに足ぶみするものではなかった。

一九一三年以来、雑誌『郷土研究』、『土俗と伝説』、『民族』、『民俗学』、『国学院雑誌』、『民俗芸術』などに、意欲的に発表してきた主要論文数十篇をまとめて、一九二九年に出版したとき、この集成を『古代研究』と題したことは、著者の学問的態度をなによりも明らかに示し、民俗学にたいする関心のあり方を端的に表わしたものといえよう。こんにちまでわが国の民俗学がへてきた学問的な試錬のうちで、その性格が問われることがしばしばあった。柳田国男は、これにたいして民俗学を文化史の基盤に根ざさせようと努力したのであるが、折口は必ずしもこれに同調するものでなかったようである。後者にあっては、民間伝承〔伝承文化〕によって究明するところはその現実的な機能にあるのでもなく、歴史的な展開を背負った現実の理解にあるのでもなかった。古い時代から伝承されたこの種の民族文化をもっぱらその古さにおいて再現させ、意味づけることにむけられたのである。その発展の場でとらえるよりも、いわばその起源にさかのぼって求めることが主たる目標であったとみてよかろう。このような一種の文化復元事業は、それ自身に存在理由がある。その思索態度は、かつて本居宣長が『古事記伝』を著述したさいに試みた古典的な方法にも一脈通ずるものがあった。田舎にいにしえのみやび言《ごと》や習俗が残るという認識が、民間伝承を前の時代の形態と見、さらにそこから古代様式への還元をたやすく許すことになる。ただし折口信夫においては、この一見類似の方法によったとしても、古代文化にたいするゆたかな知識とするどい直観力とを駆使し、すぐれた発想を縦横に展開させたことは、やはり前人未踏の地歩を占めるもので、宣長がひたすら古代を讃美したのとはおのずから類を異にする。

さて、『古代研究』のなかでも、著者の学風をよく示したと考えられる論文の一つとして、「水の女」を選びたい。もとより一斑をもって全豹をはかることの困難さはわきまえている。「水の女」一篇の趣旨は、つぎのように述べられている。

「私は古代皇妃の出自が、水界に在って水神の女である事、ならびにその聖職が天子即位甦生を意味する禊《みそ》ぎの奉仕にあった事を中心として、この長論を完了しようとしているのである」

しかしながらその着想は、すでに余人のうかがい及ばぬものであったこともまた否めない。

論旨をすすめるにあたって、まず冒頭に、出雲国造神賀詞《かむよごと》にみる「若水沼間《わかみぬま》」という語の解釈がおこなわれる。みぬまは国学者の古代研究はじまって以来難解とした語であった。それを、『日本書紀』の神功紀住吉神出現の条にある「水葉稚之出居神《みつはもわかにいでいるかみ》」という語と結びつけて、ただちにみそぎに関係があることを示唆する。古代のみそぎの方式には重大な条件であった、しかもはやく忘れられ、おこなわれなくなった部分があるとの解説がこれにつづき、それはこの行為によって若がえることが期待されていたと指摘する。こうして、みつは・みぬまはともに若やぐ霊力をさす語であろうと述べられると、大きな説得力をもって迫ってくる。

ここには古文献解釈における重大な仮説が介入していた。口頭伝承による古代詞章の語句や表現には文字記録以前にすでに時代時代の言語情調や合理観が加わっているから、古代の文章をそのままの形でそこから事実を導こうとすると誤りを犯しやすい、という見解がそれである。このような解釈の前提は、一般には危ぶまれるであろう。しかしかれの推理と洞察力とは、あえてこの危険を踏破しつづけた。論旨展開のうえで精粗強弱の破調を感じさせないばかりか、むしろ一種の安定感さえ覚えさせる。

ついで「宮廷の大祓式はあまりにも水との縁が離れ過ぎていた。祝詞の効果を拡張し過ぎて、空文を唱えた傾きが多い。一方また、神祇官の卜部を媒にして、陰陽道は、知らず悟らぬ中に、古式を翻案して行って居た」と論断する。これに較べて、出雲国造が奏寿のために上京するさいのみそぎは、わりに古い型をまもっていたものとみる。ここにいう古式か否かは、宮廷の行事および咒詞《じゅし》にはみぬまの伝承はないが、『出雲風土記』には弥努波《みぬは》社の名がみえ、みぬまの伝承によって当時なお国造がみそぎをおこなっていたことによった。

みぬま・みつはの類語を求めて水の神の信仰伝承を説いたところにも、独得の論法がある。筑後三潴《みつま》郡の水沼《みぬま》氏と宗像《むなかた》三女神との縁故を探り、この女神とみぬま神との習合を想定するのである。また、みぬま神と水の神丹生《にう》神との類似する性格を認容して、みつはのめに連結させる。みつはのめは罔象女と書かれた水の女神である。これは男神おかみ〔龗〕と対応される。阿波美馬郡の美都波迺売《みつはのめ》神社に注意し、『丹後風土記逸文』の比治山の真井《まない》で天女八人が水を浴びて天羽衣を失った伝承にも言及する。比治はもと比沼であろう、これもみぬまの一類であったと推定された。明察による解釈には賛同しても、論証になお多くの史料が提出されることを望むのは凡愚の癖であろうか。

ともかくこうして、貴種の子の養育に奉仕した壬生部《みぶべ》についても論点があわされてゆく。みぶは、にうの転化であるとして、丹生の水の女神との関係が提示され、壬生部はまず貴種の子の出現のはじめにみそぎの水を灌《そそ》ぐ役を奉仕していたらしい、この部民の中心が氏の長の近親の女であったこともたしかである、こうして出現した貴種の若子はのちにその女と婚することになったのが古い形らしい、と推察して、主題の核心に接近する。書紀のたじひのみずはわけ天皇〔反正天皇〕生誕の旧事がその論拠にある。また垂仁天皇と狭穂《さほ》姫皇后との問答を通じて、貴種出生のとき産湯に奉仕するもの、成人ののち美豆能小佩《みずのおひも》を解く役目につくものに、水の神の女が召されたことを察知する。ここに丹波道主の女たちの名がみえるのは、さきの八人の天女の沐浴の伝説に照合された。紐を解くといえば性生活が連想されるが、それよりも以前にこのことは神の身に近づく聖職、最高の巫女の任務となっていた。よって、その巫女は神の嫁の資格をもたねばならぬ。ここで、古く神とみられた宮廷の主が大嘗会をはじめ祭のときにおこなったみそぎや、つねの沐浴に、身から解き放つ物忌みの布の神秘な結び方に奉仕する女性の存在が大きく前面に現出する。この聖職に平安朝以前から中臣女が関与していたかと考えると、のちのち藤原氏の氏女が皇妃に備わった源流が求めえられる。その推論のあいだにも種々の見解が出された。たとえば藤原の名称が水の神に関係があると述べる。さらに神を祭る少女が水辺にたな〔祭場〕を設けて神服を織る習俗の伝承をひき、ここに七夕祭の古式、中国伝説の習合以前の形態を求めたり、これと田植の祭式に早処女《さおとめ》が長く神女の資格を伝えた信仰にも論及される。

公理ともいうべきいくつかの仮説の前提を設けて、少ない資料を組みあわせ明快に解釈するその論法にひかれるものもあろう。しかしこの論理は折口信夫にのみ許されたもので、だれでも追随してよいというものではなかった。

九鬼周造『「いき」の構造』

くき＝しゅうぞう　一八八八年、男爵九鬼隆一の四男として、東京に生まる。幼にして母を失った。一高をへて、一九一二年、東大文科を卒業。二二年、ヨーロッパに留学し、ハイデルベルクでリッケルトに、ソルボンヌでベルグソンに、そしてフライブルクでハイデッガーに学んだ。二九年に帰国し、天野貞祐の招きで京大教授となったが、学問追究と並行して、祇園で派手に遊んだ。三九年、山科に土地一〇〇〇坪を買い、好きな植物をたんねんに集め、数寄な屋敷をつくったが、落成後まもない一九四一年、腹膜炎となり、中西きくえにみとられながら死去。おもな著作には、実存哲学的な立場から、『偶然性の問題』や『人間と実存』があり、また芸術、とくに文芸の哲学的解明としては『「いき」の構造』(岩波書店)がのちの『文芸論』とともに代表的著作である。戦後、かれの講義草稿が『西洋近世哲学史稿・上、下』、『現代フランス哲学講義』として出版され、その学問的水準の高さをあらためて示した。

日本の文化、もしくは日本人の精神構造を理解しようとするとき、いくつかの言葉にたいする理解がそのカギとなるであろう。もののあわれ、幽玄、わび、さび、などという言葉とならんで、「いき」〔粋〕という言葉も日本語独特の言葉であり、したがって「いき」のなかに「大和民族の特殊の存在様態の顕著な自己表明の一つ」を見ることができよう。九鬼周造は、『「いき」の構造』を解きあかすことを通じて、日本民族の独得な美的趣味の様式を探ろうと試みた。かれは、まず意識現象としての「いき」の構造を、その内包的構造〔その意味をそれ自身として明らかにする〕とその外延的構造〔その意味を類似の他の言葉との違いにより明らかにする〕との二面から解明したのちに、「いき」の表現を身ぶりなどによる自然的表現と芸術的表現の二面に分かって究明する。

「いき」は、まず異性にたいする媚態《びたい》である。媚態とは、「一元的の自己が自己に対して異性を措定し、自己と異性との間に可能的関係を構成する二元的態度である」。それゆえ、異性との関係がないところに「いき」は成立しないが、また異性と完全なる合同をとげて緊張性を失う場合も「いき」は消失する。自己と異性とのあいだにつかずはなれぬ緊張関係が成立し、しかもこの関係がそのまま絶対化されたとき、「いき」の基礎をなす媚びが生じる。「いき」の第二の特徴は意気である。「いき」な女とは、「慮外《りょがい》ながら揚巻でござんす。暗がりでも助六さんとお前、取違えてもよいものか」という気概のある女である。しかも第三に、「いき」は諦めであり、あっさり、すっきり、瀟洒《しょうしゃ》たる気持である。「いき」は「糸より細き縁じゃもの、つい切れ易く綻《ほころ》びて」という諦めを必要とする。

「いき」とは、つまり垢《あか》抜けして〔諦め〕、張《はり》のある〔意気〕、色っぽさ〔媚態〕、ということになるが、九鬼が日本人の美的精神としての「いき」を、媚び〔色情〕＋意気〔武士道精神〕＋諦め〔仏教思想〕でとらえていることは、注目すべきであろう。

「意気」の反対は「野暮」であるが、このほかに意気や野暮と関係をもつ言葉に「上品」、「下品」、「派手」、「地味」、「渋味」、「甘味」などがある。このうち上品―下品、派手―地味は、特殊な異性間のみでなく、公共社会一般に成立する「人生的一般存在」であるが、上品―下品が価値判断にもとづいた対自性の区別、つまり物自体の品質上の区別であるにたいし、派手―地味は、価値判断をともなわない対他性の区別、つまり他にたいする自己主張の強度、または有無の差である。このような社会的な趣味にたいし、異性間には意気―野暮、甘味―渋味の趣味が成立する。意気―野暮は異性的特殊存在における価値判断にもとづく対自的対立概念であり、渋味―甘味は異性との交渉における積極性・消極性をあらわす対他的対立概念であることになる。この関係を、九鬼はつぎのように図示する。この図において、上下の両面は趣味様態の成立規定たる両公共圏であり、意気―上品―下品―野暮で形成される平面は、価値的対立をあら

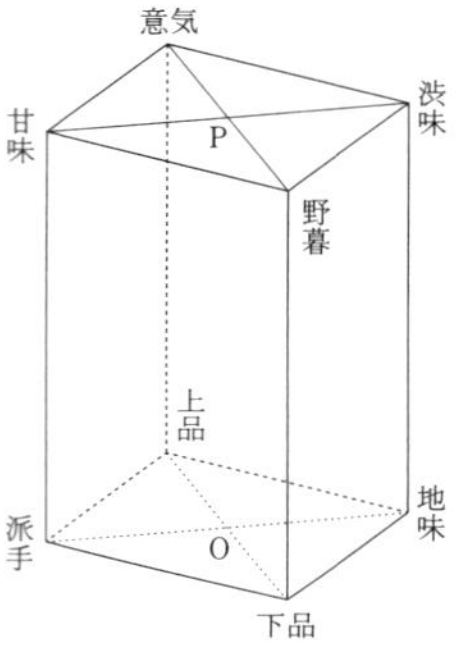

わす平面で、渋味―地味―派手―甘味で形成される平面は、他にたいする積極性・消極性をあらわす平面だと説明される。またかれは「さび」とは、O、上品、地味、のつくる三角形と、P、意気、渋味、のつくる三角形とを両端面にもつ三角壔《とう》の名称で、「雅」とは、地味と渋味と上品のつくる三角形を底面とし、Oを頂点とする四角体のうちに求めるべきであるというふうに、日本の美的趣味を説明している。

図式的説明は、かれがしばしば用いた方法であるが、かれはこのような方法を、本来感性的にしか理解されない「いき」なるものを概念的に把握するためのやむをえない方法であり、しかも現実のふかさと微妙さが概念によってとらえられないことを知りつつ、なお現実に肉迫するために必要にして欠くべからざる方法であると考えていたようである。

こうして「いき」の意味構造を明らかにしたのちに、かれは、「いき」の身ぶりおよび芸術表現の分析に移るが、ここにいたってその叙述は、「いき」の趣味の理解者であるばかりか底の底まで「いきなお人」でなければとうてい書けない、微妙な味を伝えるのである。「いき」な身ぶりとは何か。それは、一語を普通よりやや長く引いて発音し、しかるのち、急に抑揚をつけていい切る言葉づかいであり、姿勢をかるく崩すことであり、細っそりした姿であり、細おもての顔であり、眼と口と頬とに弛緩《しかん》と緊張を要することであり、抜《ぬ》き衣紋《えもん》であり、左褄《ひだりづま》であり、素足であり、なによりも「うすものを身に纏《まと》った」女姿の「明石からほのぼのとすく緋《ひ》縮緬《じりめん》」といった風情である。このようにほのぼのとした日本的色情を讃美する九鬼は、西洋の画にあるまったくの裸体はすこしも「いき」ではないという。

「いき」は「いきな身ぶり」としてあらわれるばかりか、芸術としてもあらわれる。かれは「いき」の芸術的表現を究明する場合、「いき」の精神の自由な表現である主観的芸術、主として模様、色、建築、音楽などを通じて考察している。かれは「いき」な模様を縦縞にみる。さきにいうように、「いき」が二元的対立を意味するとすれば、平行線は最も純粋な二元的対立の視覚的表現であるが、縦縞は横縞より「いき」である。なぜなら、両眼の位置は水平に並んでいるから、垂直に走る縦縞のほうが横縞よりも容易に平行線として知覚されるからである。こうして縦縞と横縞の比較から、碁盤縞、格子縞、絣《かすり》、枡目結、雷《いなずま》、籠目、麻の葉、亀甲模様、花菱模様、唐草模様、唐花模様などの微妙な美的効果をたんねんに分析する。色についても、「いき」な色として、ねずみ、茶、青をあげ、その理由を説明する。

以上が九鬼周造の『「いき」の構造』の大要であるが、われわれはそこに、江戸趣味を基底とし、フランス的なエスプリによって加工された、かれがハイデッガーに学んだ解釈学的・現象学的な人間論を見るのである。ハイデッガーの哲学は、いまも日本に流行しているけれど、多くの哲学者は、その解釈に終始して、ハイデッガーの方法をつかって人間の解釈を試みようとはしなかった。九鬼は、和辻哲郎とともに、ハイデッガー哲学をつかって人間を研究した数少ない日本の哲学者の一人であるが、ドイツ哲学が活かされたのは、日本的な「いき」という趣味の分析だったということは、われわれが今後日本の哲学のあり方を考えるにあたって無視できないことのように思われる。九鬼は、日本の哲学者には珍らしい明晰にものを見る精神をもっていたが、西田幾多郎、田辺元を哲学の模範とした大正・昭和の日本哲学界の状況では、明晰さはかえって底の浅いもののようにみられ、九鬼の仕事は殿様のお座敷芸のように思われたのは、九鬼のみか日本の哲学界そのものにとっても不幸な運命であったであろう。

ハイデッガーは、九鬼周造を日本の哲学者として最も高く評価した。たしかに九鬼は、西洋的教養と日本的趣味を兼ねそなえた独創的な哲学者であったし、『「いき」の構造』こそは、まさにかれでなければ書けないユニークな哲学書であった。それは一面、解釈学的・現象学的人間学であるとともに、他面、日本文化論でもあるが、かれは日本文化を文化文政の徳川末期の文化からみて、主として遊里に成立する「いき」のなかに日本美の精髄をみたわけである。その点、日本文化論としてあまりに狭すぎ、また日本文化の将来への問いが欠けているように思われるが、このような疑問をもしも地下に眠る九鬼が聞いたとしたら、きっといきな微笑を浮かべて、やぼな男のやぼな問いを上品に黙殺することはほぼ間違いのないところであろう。

中井正一『美と集団の論理』

なかい＝まさかず　一九〇〇年、広島県賀茂郡竹原町で肥料代理店と塩の回漕問屋の一人息子として、日本で最初の帝王切開で生まる。一九一八年、三高入学、人生について思い悩み、仏教系の寮に住んだ。三高では応援団長となり、大学時代はボートのコックスをつとめ、つとにオルガナイザーとしての資質をしめした。深田康算の美学にふかく学び、一年先輩の戸坂潤とは「逢えば必ず闘う論敵」であった。卒業後、道《みち》と結婚、一男三女が育った。三〇年、友人とともに『美・批評』を創刊、同時に『十分間の思索』という実験映画をつくった。三三年、滝川事件後、新しい左翼学生を組織し、『美・批評』の性格をかえた。新同人に武谷三男、近藤洋逸、久野収らがいた。三五年、『世界文化』に発展、翌年、新聞『土曜日』となってファッショに抵抗。戦後は郷里広島で啓蒙文化活動に献身、農民に感銘を与えた。四七年、羽仁五郎の要請によって国会図書館副館長。民衆のための巨大な記憶組織をめざして調査資料の整備発展に努力。劇務のため胃と肝臓をおかされ、一九五二年、死去。論集に『美学的空間』、『美学入門』『美と集団の論理』（中央公論社）がある。

集団というものの重要性がほとんど気づかれていなかった昭和のはじめ、中井正一は集団性という考えを軸に独創的かつ先駆的な思想を展開していた。階級社会という一点において集団をとらえていた他のマルクス主義者は、そののちも、論理、美学の領域においてはふかい考察を示していない。中井正一は、閃光のようにふかい闇をよこぎった昭和のユニークな思想家である。

『美と集団の論理』には、近代主義的な美学者として出発し「京都のアカデミックな左翼グループの隠然たる大先輩」となるまでの、かれのおもな業績が収められている。最もはやいのは一九三一年の「芸術の人間学的考察」で、最もおそいのが三六年の「委員会の論理」である。巻末には、人民戦線の最後の場所であった小新聞『土曜日』に毎号書かれた文章が収められている。それは詩のように陽気で、口笛のようにするどい抵抗のエッセイだが、これは三七年一〇月五日号で終わっている。中井は、同年一一月八日、京都府警によって検挙されたのである。

まず美学の領域では「思想的危機に於ける芸術並びにその動向」に注目したい。芸術と思想の危機の声を西欧に聞いて久しく、「すでに絶望も影をひそめた」とデュヴォはいった。こうした危機感は、「機械化」と「大衆化」にむけられている。しかしかれは、機械化のほんとうの危険性は「精神的機械化」だという。そして「精神的機械化の最も大きな構造は、精神文化の専門化、並びにその職業化である」。専門化、分業化は、おのおのの領域において「専門家」を生みだし、その専門家は同時に他の領域において専門外、すなわち「俗衆」となるのだ。

「すべての専門家はすべての他の機能に於いて俗衆である」

「換言すればすべてお互に俗衆であるという奇妙な構造をもって来る」

すでに哲学者も、一人の専門家であるにすぎぬ。かつて個人主義が封建的権威にたいして挑戦したとき、抽象化、純粋化は真理の姿であった。しかしそれは、「堕落したる量化に会っては、単一性あるいは単純性の意味をもつ」。すなわち、「孤立せる単純化」でしかないのだ。

「今や哲学者はベエーメの様に靴工でもなく、スピノザの様に眼鏡磨工でもない」

思索はひとつの金儲けだ。そこではげしい分業的競争がおこなわれ、同じ学問領域でも研究対象をしだいに局限する。

「アリストテレス専門、ライプニッツ専門、ディルタイ専門となって、一種の特許的優先をもとうとする」

真の思想的危機は、かかる状況のなかにこそある。思索機能がこのように商品化し、精神的専門化がただちに精神的大衆化を意味するという奇妙な現象——。それは、「利潤経済に本質的に結びついているが故に、制動なき車輪のそれの様に加速度的に深刻を加え」る。文学、芸術もまた利潤経済によって「天才主義より集団主義へと自己解体の過程を辿っている」。作家は手工業的製作からようやく自己企業的ブロックをもとうとする。これは、すでに、ひとつの集団的組織だ。「集団を背景とした売込運動、ある場合は集団的ボイコット等の現象の根柢に、その基礎となって現象せしめるものは正に利潤なのである」。すべてが分業化し、専門化し、孤立化し、しかも利潤にうごかされて集団化せざるをえない現象を、かれはただ嘆いているのではない。みごとに分析し、さらにそこから前進する。

「演劇および映画のきわめて明白な株式会社制度は天才をスターと呼び監督と呼び共に会社のIngenieur〔技師〕である。レンズを眼とし、委員会を決意とし、企劃をその夢想とし、統計をその反省とするところの一つの利潤的集団的機関である」

つまり中井は、新集団と個人との類比をもとめることで、集団そのものの基本的性格をつかもうとするのである。個人主義と集団主義との大きな差異は、こうである。

「個人に於いてGeworfen〔被投〕の機能として記憶がある様に集団では記録ともいうべき機構が対立する。そして個人にEntwurf〔設計〕機能として構想がある様に、集団では企劃が対立している。そして技術は個人で心身の関係にあれば、集団では機械あるいは組織と統制である。個人で個性であるものは、集団では性格である。個人で決意なるものは集団では決議であり、したがって個人で思弁なるものは集団では委員会的討議である」

これは、五年後の認識論の雄作「委員会の論理」の原型である。

かれは集団主義の芸術が美そのものの構造にむかい、影響を与えずにおくまいと予言する。理論はこうした集団主義の出現にメマイをおこすのではなく、「それに追いつき、それを追い抜」かねばならない。それを走りこし、その前衛構成を見透すべきだ。個人主義美学での快感は、「心身の関係に於ける統制的調和」をさした。集団的機構では、それは「組織的感覚」となる。「新たなる存在、新しい内の感覚」の出現である。それが「集団の変化を貫いて導くところの前衛構成の指導規範である」。

さらにかれは、大衆技術家による報告《ルポルタージュ》の重大性を説き、それの「正しき委員会的責任編集」ということをいう。これは三〇年後のこんにちもなお、するどい予言として生きている。集団は「利潤機構を脱落すること、さらに己れ自らの批評によって」組織感をふかめるものである。その「組織感」とは、「加わりつつある速度の圧力の触角の如き、何ものかを追い抜き、乗越え、自らの速度に向って、より加重を加えて自分自らを抜き行く鋭いスパートの感覚がそれにも似るであろう」といい、中井の論理はここにおいて予言者的な詩を思わしめるのである。

認識論の領域では「委員会の論理」が最も高い達成である。上山春平氏は、毛沢東の『実践論』とのおどろくべき一致を指摘した。毛は一九三七年七月に、中井は三六年一月から三月にこれを書いた。毛は抗日統一戦線の理論的基礎として、中井は反ファッショ抵抗の最後の拠点として——。そして両者ともに、認識主体を個人のワクにとどめず、集団的認識の理論を考えたのである。中井の委員会の論理はときに「実践の論理」ともいいかえられているが、これは「審議性」と「代表性」という二つのモメントをふくみ、それは、展開すると提案・計画・報告・批判という四段階になる。提案から計画へ、報告へ、さらに批判へとすすむにしたがい、客観的条件はより正しく、ふかくとらえられる。そこにまた主体性の確認もある。そして最後の批判からふたたび提案へとむかうこの「委員会の論理は一つの回帰的でありながら無限進展の過程として自らを図式化するのではあるまいか」。

「思想的危機に於ける芸術並びにその動向」においても、「委員会の論理」においても、個人と集団との関係、その類比にはアイマイさと飛躍とがつきまとっている。にもかかわらず、集団の新しい姿をもとめ、見つめ、さらに実践にうつしたこの思想家の透見のするどさとスケールの大きさには、眼をみはらざるをえない。

かれの触角は、すべての現象にひらかれていた。たとえば「探偵小説の芸術性」という一篇が本書にあるが、「帰納の情趣のアメリカ」と「罪の情趣のロシア」の結合を探偵小説に発見している。かれはロシアの「罪の情趣」のほうを重大視し、探偵小説の愛読者は「傷つける野獣がその傷口を舌をもってなめるように」罪をなめているという。

中井正一は社会とコミュニケーションの場で発想する思想家であったが、同時に人心のふかいうめきを感じて口笛をふく詩人でもあった。

野呂栄太郎『日本資本主義発達史』

のろ＝えいたろう　一九〇〇年、北海道夕張郡長沼村に生まる。小学生のとき骨膜炎のため右足を切断し、義足を用いる。そのため札幌一中の入学を拒否され、北海中学をへて慶応義塾予科に入り、一九二六年、経済学部を卒業。予科在学中、英国から帰って「世界の社会問題」という講座を担当した野坂参三と親交。一九二三年以降、学連の委員や社研のリーダーとして学生運動に没頭するかたわら、産業労働調査所のメンバーとして日本資本主義の現状調査に従事し、日本労働学校の講師として労働者の啓蒙運動にも参加。唯一の著作『日本資本主義発達史』は、労働学校での労働者の質疑に答えるために用意した日本の社会史および経済史の研究ノートと、産業労働調査所の現状調査に歴史的考察を与える目的で整理した明治以降の資本主義発達史に関する資料とをもとにした数篇の論文をまとめたもの。三一年、羽仁五郎、平野義太郎、山田盛太郎らと『日本資本主義発達史講座』の出版を計画し、そのための共同研究の理論的指導にあたったが、日本共産党中央部のメンバーとしての多忙な政治活動と結核のために、講座には執筆できなかった。三二年、全面的な非合法生活に入ったが、翌年逮捕され、一九三四年、品川警察署で死去。

野呂栄太郎は、日本近代史研究の発展にいちじるしい貢献のあった『日本資本主義発達史講座』の理論的指導者である。『日本資本主義発達史』〔鉄塔書院版〕は、この講座の二年前、一九三〇年に出版された論文集であり、講座の設計図の役目をはたしている。〔岩波文庫版では、第二、第四論文がはぶかれていて、残りの第一、第三、第五論文が収録されている。〕

第一論文は、古代から現代にいたる日本史概説である。史的唯物論の方法を日本近代史に適用した例としては、堺利彦の「明治維新の新解釈」（一九二一年、『解放』所収）のような先駆的業績があるが、それを日本史の全過程に適用したのは本書がおそらくはじめてだろう。野呂によれば、日本史の全過程は、明治維新を境にして、資本主義前史と資本主義発達史に二分され、さらに、㈠大化改新以前の氏族制の段階、㈡大化改新から鎌倉開幕までの奴隷制的中央集権国家の段階、㈢鎌倉開幕から明治維新までの封建制の段階、㈣明治維新以降の資本主義の段階の四段階に区分される。

段階区分の原理は、生産力と生産関係の矛盾を媒介とする弁証法的な社会発展の論理である。それによれば、新たな段階は前の段階の矛盾の解決の結果として成立するが、そこにふたたび新たな矛盾が発生し、それの解決をとおしてさらに新たな段階があらわれる。

かれによれば、氏族制の末期には、生産力増大の結果、農業経営の単位は氏《うじ》から戸《こ》に転化した。しかし土地は、氏の名において氏上《うじのかみ》が私有していた。そこに、経営と所有の矛盾が生じる。大化改新はこの矛盾を解決する。土地公有制によって氏上の所有権が否定され、口分田《くぶんでん》制によって戸の経営権が法認されたからである。しかし、大化改新の土地制度には、重大な矛盾が内在していた。それは、「公的所有と私的経営の機械的結合」のなかに見いだされる。つまり、土地は国有とされながら、農地の経営は戸に放任され、生産物の私有が認められたのである。しかも土地公有の原則は、生産物私有の原則と矛盾を生じたばかりでなく、奴隷の私有、私有田の例外規定などによっておびやかされた。封建制の成立は、こうした矛盾の解決を意味した。解決の方向は土地公有の否定にむけられ、土地国有の基礎のうえにたつ中央集権的支配体制が、土地私有の基礎のうえにたつ地方分権的支配体制にきりかえられた。

しかし、封建制にはつぎのような矛盾が内在する。

㈠ 土地の所有権が直接の占有者に移行する傾向

㈡ 封建的搾取関係そのもの

㈢ 商工業の地方化、すなわち普遍化

そして、㈠からは武士階級間の下剋上の思想が生じ、㈡からは農民の一揆や逃散《ちょうさん》などの反逆が生じ、㈢によって実力を強化した町人は貨幣の力によって封建制の鉄鎖を侵蝕した。このように、封建制に内在する三つの矛盾は、それぞれ武士・農民・町人の意識に反映して、封建制の基礎を掘りくずす力となった。しかし「封建制度そのものの政治的変革の不可避性と必要とを明確に認識し」たのは武士であり、なかんずく下級武士であった。こうして、下級武士を指導勢力とする明治維新が遂行された。

野呂は、明治維新を絶対主義の成立とみる「講座派」理論の創始者であるが、講座派的立場が明瞭になるのは岩波文庫版の第二論文においてであり、いま検討の対象としている第一論文では、維新ブルジョア革命説をとっている。たとえば、つぎの文章をみていただきたい。

「明治維新は、明らかに政治革命であると共に、また広汎にして徹底せる社会革命であった。それは、決して一般に理解せられるが如く、単なる王政復古ではなくして、資本家と資本家的地主とを支配者たる地位につかしむるための強力的社会変革であった」（傍点は引用者）

傍点の部分は、明瞭にブルジョア革命を意味している。しかし、これには、「明治維新が、反動的なる公家と、同様に本質的には封建意識を脱却し得ない武家との意識的協力によって遂行せられたと云うことは、後述すべき他のもう一つの理由と相俟《あいま》って、我が政治的組織が永く今日に至るまで反動的専制的絶対的性質を揚棄《ようき》し得ない所以《ゆえん》である」という留保がつく。

「もう一つの理由」とは、急速な産業革命のために政府の保護政策が必要とされたこと、さらに、産業革命の結果あらわになった国際資本主義的競争の緊張と国内無産階級の擡頭に対処するために、地主と商工資本家の妥協が成立し、政府が両者の勢力均衡のうえに安定を得ることができたことをさす。ここでとくに指摘しておきたいのは、明治政府の「専制的絶対的性質」が、一方ではその主要な担《にな》い手である武家や公家の意識形態の封建性にもとめられ、他方ではわが国の産業革命の特質にもとめられている点である。この点が第二論文では根本的に修正され、明治絶対主義権力の物質的基礎が、地主制の封建的搾取関係にもとめられている。

この論点の変化が、コミンテルンの「二七年テーゼ」の発表におうところが大きいことは、第二論文の「まえがき」に明記されている。このテーゼは、天皇制と地主制の封建的性格を強調し、当面の政治目標としてまずブルジョア民主主義革命による封建的要素の清掃を主張した。この主張は、維新の変革によってブルジョア革命の課題は解決されたとみる説とは両立しがたい。こうして、第一論文のブルジョア革命説は撤回され、維新によって成立した権力の封建的性格が強調され、その物質的基礎が地主制にもとめられたのである。

第二論文は、第一論文の後半をなす明治以降の日本資本主義発達史と叙述のうえで重複する点も少なくないが、明治維新について、それが「直ちにブルジョア革命を意味するものではなかった」とはっきりことわっている点、「専制的政治形態が、永く今日に至るまで廃除せられなかったのは何故であるか」という設問の究明に一章〔第四章〕をあてて、そこで、天皇制と地主制の封建的性格の物質的基礎を詳論している点などに、明瞭な相異がみとめられる。

かれによれば、地主が小作農からとりたてる小作料は封建的物納地代であり、国家が自作農や地主から徴収する地租は封建的金納地代である。したがって、地主と国家権力は封建地代を物質的基礎とする封建的勢力である。この論点は、天皇制と地主制の封建的性格を強調し、それらの清掃のためにブルジョア民主主義革命の必要を説く「二七年テーゼ」の論旨を補強するものといえよう。

しかし、野呂栄太郎の小作料封建地代説と地租封建地代説は、「封建的土地所有の廃除」によって解放された耕作農民〔直接生産者〕を前提としながら、直接生産者の非自由な隷属状態を前提とするマルクスの経済外強制説や国家最高地主説〔『資本論』第三巻第四七章〕を論拠としている点で、重大な自己矛盾をはらんでいた。こうした矛盾を解消するために、平野義太郎や山田盛太郎は、維新における封建的土地所有の廃除をみとめる説や自作農を自由な分割地農とみとめる説を否定し、維新以降における耕作農民の封建的隷属状態の存続を強調した。

こうして、こんにち「講座派」理論として通用している学説が完成されたのである。

羽仁五郎『東洋における資本主義の形成』

はに＝ごろう　一九〇一年、森宗作の子として群馬県桐生に生まる。一九一八年、一高に入って村山知義らと交わる。二一年、東大法学部に入学、まもなく中退。この間、自由学園創立運動中の羽仁吉一に会う。同年、ヨーロッパに行き、翌年からハイデルベルク大学でリッケルトに師事して歴史哲学を学び、M＝ウェーバー家に下宿し、遊学中の大内兵衛、三木清らと交友する。このころからマルクス主義に傾倒し、二四年に帰国、東大国史科に入学。翌年、説子と結婚して羽仁姓となる。東大卒業後、自由学園教授となり、野呂栄太郎を読んで感動する。二九年、日大教授となり、旺盛な執筆活動をはじめ、三二年から『日本資本主義発達史講座』の編集・執筆に参加して、近代日本の構造とその特殊性を分析、批判した。『史学雑誌』に「東洋における資本主義の形成」を発表した翌三三年、治安維持法で検挙さる。四四年、中国に行き、北京でふたたび逮捕された。戦後、日教組の組織化、歴研の再建に努力し、四九年、参議院議員に選ばれた。八三年、死去。著書は戦時中『中央公論』連載の「明治維新」や本書を収めた『明治維新史研究』（岩波書店）、『白石・諭吉』、『都市の論理』、『ミケルアンヂェロ』など。

一九二九年にはじまる世界恐慌は、日本の社会にも大きな衝撃をあたえた。第一次世界大戦によって躍進をとげた日本の資本主義は、このとき、大きくつまずいた。生産過剰、失業者の増大、農村の窮乏などがあらわれる一方、独占資本の制覇がすすみ、大地主の利益は温存された。こういう情勢のなかで政治は混迷をつづけ、恐慌を打開し国民生活の安定・向上をはかる方途は見いだしうべくもなかった。これは、明治以来、強引にまた急速に発展してきた日本資本主義が、はじめて経験した「体制的危機」であったといえる。

この危機的情勢のなかから、いち早く、そして性こりもなく擡頭して主導権をにぎったものが、軍部を中心とする侵略的・ファッショ的勢力である。これは危機の解決ではなくして、単により大きな危機をつくり出すことで当面の危機をごまかすものでしかなかった。対外危機を唱え、戦争を叫ぶことによって、社会改革や資本主義批判を圧殺しさろうとした。満洲侵略から中日戦争へ、さらに太平洋戦争へとつづく戦争の一五年間は、こうして必然的となった。

日本の政治の極端な右翼化傾向にたいして、労働運動や社会主義政党の反撃力は、あまりに小さいものであった。したがって、ファシズムに反対し、資本主義を社会主義に転化させることによって、社会の進歩と大衆の幸福をかちとろうとする運動は、哲学や社会科学を学んだ少数のインテリたちの思想運動として展開されざるをえなかった。この点に、戦前のマルクス主義者の栄光と、同時にその悲惨があるといえる。

　マルクス主義者は、当然、当面する日本資本主義の性質と構造を解明することに関心をよせた。そのためには、さかのぼって、明治維新において日本の近代社会が形成された経過、理由、特質を究明する必要があった。多くの頭脳がこの問題ととりくみ、『日本資本主義発達史講座』、およびそれにたいする批判論文や論争が生まれたことは、周知のことに属する。ところで、この分野での仕事は、野呂栄太郎の『日本資本主義発達史』を先駆的業績として、その後は経済史的な研究、とくに日本資本主義は明治以前におけるどの程度の経済発展を土台として形成されたものであるか、その経済段階は「マニュファクチュア段階」と呼びうるかどうか、西ヨーロッパの資本主義とのちがいは単に量的なものか、それとも質的なものか、といった方向に発展していった。このような問題提起は、もちろん重要なものであり、かなりの成果もおさめた。しかし歴史学の固有の問題意識からすると、日本の資本主義をアジアや世界との連関からきりはなして、いわば孤立現象としてとりあつかい、そしてそれを一七世紀や一八世紀のヨーロッパ資本主義と平面的に対比するというやり方は、不十分であり危険をはらむものであった。明治維新は、アジアのなかの日本が、一七、八世紀の西洋ではなくて、一九世紀後半の欧米資本主義との接触を契機としておこなわれた変革だからである。そこで登場したのが「歴史家」羽仁五郎であり、その『東洋における資本主義の形成』である。

この論文は、最初、一九三二年の二月から八月にかけて『史学雑誌』に発表され、戦後になって単行本にまとめられた。一般に、当時の社会科学文献は表現が難解で、高度に抽象的であるが、この書物も例外でない。それは、政府の検閲がきびしく、弾圧の危険が多かったことにもとづく。羽仁五郎も、この論文が出た翌年、治安維持法違反で逮捕されている。そういう情況のなかでの著作であることを、まず考慮しなければならない。

こうした事情は認めるとしても、それにしても本書のなかみは相当に難解である。アジアと欧米資本主義との出会いのなかに明治維新のカギを見いだすという羽仁のみごとな問題設定は、それがこんにちもなお生きているだけに、当時としては解決の困難な諸要素をふくまざるをえなかった。その一つが、「アジア的生産様式」の問題である。羽仁は、欧米資本主義がつぎつぎに侵略と支配の手をのばしてきた国として、インド、中国、日本を問題にし、その内部構造を見定めようとしているが、そうなるとマルクスが予言的にスケッチした「アジア的生産様式」という概念をどう取り扱うかを問題とせざるをえない。この問題には、当時、国際的に多くの意見が出されており、治水・灌漑に基礎をおく官僚制国家をさすとか、古代国家の特殊なあり方をさすものであって現在とは関係のないものだとか、そうではなくアジアの全歴史をつらぬいているものだとか、議論はまちまちであった。この問題についての羽仁の意見は、戦後版の序文でこう要約されている。

「アジア的生産様式の問題は、1、原始古代における氏族制の崩壊の不徹底、2、それがその後の奴隷制また農奴制また資本主義の形成のさいに専制主義によって利用されたこと、したがって、3、近代においては、東洋社会の近代化の困難の問題において、われわれの問題となっているのである」

この短い引用だけで読者の同意を得ることはむつかしいと思うが、羽仁のこの見解は、きわめてすぐれたものということができる。けっきょくのところ、羽仁は、奴隷制や封建制とならぶ独自の「生産様式」としての「アジア的生産様式」を否定し、この問題を、アジアの全歴史をつらぬくアジア的特殊性の問題におきかえようとしているからである。これは大まかにいって、こんにちの研究動向と合致するといえる。しかし、羽仁がそれにもかかわらず、他方で「アジア的生産様式」の存在を前提し、それをインドその他の史実と結びつけようとした点に困難が生まれたものと思われる。ともかく、インド・中国の歴史的・社会的構造の解明に、当時これほどふかく迫った仕事は他に類を見なかったといってよい。「アジア－アフリカ」が、なにかといえば問題となるこんにちにおいてすら、インド史の社会科学的な分析は皆無に近い。不十分な史料によってではあるが、そこにクワを入れたのが羽仁である。また、当時の中国の情勢について、「中国ブルジョアジイは、帝国主義の影響下に発達し、これに依存すること大であるために、おのずから経済的に困難であり、政治的に弱く、かつ中国農民およびプロレタリアトの革命化に対抗しては、帝国主義したがって中国旧権力と妥協せしめられざるをえなかったし、かくて中国における古き封建的生産関係にたいする新しき生産関係の代置の全面的主張およびそのための徹底的闘争の主要な代表者あるいは社会的支柱ないし遂行者たりうるものは、ただひとり中国農民・被収奪大衆したがってプロレタリアトであることとなった」と指摘した眼識はするどい。周知のように、中国革命はまさにこの路線にそって展開された。

日本史について、日本の古代を「共同体奴隷所有制」として特色づけ、その指標に「部制」をあげたことは、戦後の歴史学に、大きな影響をあたえた。しかし、さらに注目すべきことは、幕末の経済段階を、「アジア的生産様式の形態下の封建制的生産様式の発展、そこにおけるブルジョア的発展の萌芽ないし絶対王政への転化の萌芽形成、かかる状態をもって近代日本社会は、いわゆる幕末の時期にのぞんでいた」と、とらえたことである。つまり、ここで日本の自立的なブルジョア的発展が確認されており、「農業革命的動向」や「マニュファクチュア的発展」が、「端初」あるいは「局部的」という限定をもちながらも認められていることである。だからこそ羽仁は、明治維新を「自由への第一歩」、「わが日本人民の国民的誇り」(『明治維新』)としてとらえた。この点での貢献は、なによりも大きい。「歴史について独立の自由な学問的研究をおこない、その結果を社会に提供すること、そこに筆者は三十年来すべての力をそそいできた」(『明治維新史研究』)といいうるかれの自信は、そこから生まれる。

戸坂潤『日本イデオロギー論』

とさか＝じゅん　一九〇〇年、東京に生まる。開成中学、一高（理科）をへて、一九二一年、京大文学部哲学科に入学。二四年に卒業、最初の研究論文「物理空間の成立まで――カントの空間論」を発表。京都工芸、同志社女専などに教鞭をとりつつ研究生活を続けた。二六年、結婚。二九年、大谷大学教授、同年、処女出版『科学方法論』。このころからマルクス主義の読書会をもち、シンパとして日本共産党と接触。三〇年、逃走中の共産党幹部を自宅に泊め、検挙さる。同年、妻充子歿。翌年、法政大講師となり上京、再婚。三二年、岡邦雄、三枝博音らと唯物論研究会を創設。三五年、思想不穏の理由で法政大の職を失い、「唯研」の研究活動組織と著述活動に没頭。三七年末、岡邦雄とともに執筆禁止。三八年初頭、「唯研」解散、やがてその中心メンバーとして検挙された。四〇年、保釈出所。禁筆令下にかかわらず文筆活動をつづけた。四四年、大審院において上告棄却。四五年、空襲のため東京拘置所より長野刑務所に移され、栄養失調と疥癬のための急性肝臓炎にて、八月九日、獄死。主要な著作は『戸坂潤選集』全八巻（伊藤書店）に収録されている。

「空疎な興奮でもなく、平板な執務でもなくして、生活は一つの計画ある営みである」

対象と方法の循環に方法概念の優越を見いだし、学問と生活の統一に学問性の根拠を求め、まもなく論理と歴史の統一を可能にする立場を把握するや、冷静闊達なマルクス主義者としてファシズムの嵐のさなかまで真理の炬火をまもりぬき、やがて獄中にたおれた戸坂潤の生涯、あるいは思想を、この一節〔『科学方法論』の書き出しの言葉〕は予言的に語っている。

『日本イデオロギー論』は、処女作『科学方法論』につづく二つの労作『イデオロギーの論理学』と『イデオロギー概論』とで残されたイデオロギー批判の課題を、当時の日本の支配階級のイデオロギーであった哲学的観念論とそのあらゆる社会的・文化的適用にたいして実行した二〇の論文〔一九三三―一九三五〕を集録している。力点は、この種の科学的批判を弁証法的唯物論の立場から技術的におこなうのに実地に役立つ諸原則を求めることにある。

ところでイデオロギーというものは、客観的現実による被制約者、対応物、因果的所産であるだけでなく客観的現実の反映物、模写物でもある〔イデオロギーの発生〕。その反映、模写され方における制限と歪曲性〔鏡でいえば鏡の面積、対物距離、曲率など〕が、イデオロギーの批判されるべきイデオロギー性にほかならない。このような一定のイデオロギーの発生、制約、対応の関係が、そのままイデオロギーの論理的な「イデオロギー性」すなわち真理対虚偽の編成になる。この段階で、誤謬の発生と誤謬である理由が説明される。これは因果的な説明ではなく論理的な説明になっている。しかしまだ、論理的な論証にはなっていない〔イデオロギー性の発生の説明〕。被制約者で反映物であるイデオロギーは、客観的現実とは一応独立な、自身の発展法則をはらむ。この独自な運動法則をあらわす論理的な歴史社会的必然性〔いわばその系譜〕によって、現代のイデオロギーの誤謬または真実は古典的な誤謬または真実にまでさかのぼってたどられ、この系譜的説明によって間接にその真偽の判定、つまりイデオロギー性が論証されることになる〔イデオロギー性の系譜的論証〕。つまりイデオロギーの客観的条件による制約・対応の「説明」をすすめていくと、それはおのずからイデオロギーの論理的真偽の問題にたいする「批判」に入っていくわけである。実地での批判の技術としては、そのような三つの段階に対応した三つの相がある。㈠現実の事実と主張された事実との対決、㈡現実とそれに対応する論理体系との対比による範疇体系の批判、㈢範疇使用方法の批判。このような一般的な手続きによって一定のイデオロギー性・真偽関係が第三者にたいして論理的に説得される。特定のイデオロギーにたいしてはこの手続きの一部が重要性を帯びる。たとえば古代主義的な範疇による日本主義にたいする第二の相、および範疇の無原則的な使用で特徴づけられる文献学主義に対する第二の相のように。その場合、手続きの他の部分は「常識」でかなりの程度カバーできる。「社会科学においては、日常性のある述語が自然科学における実験・観察にかわる現実との通路であることが期待されてよい」という言葉は注目すべきである。

つぎに批判の対象を日本主義および自由主義に移すさい、準備として二つの系統の問題の重要性が指摘される。一つは常識・日常性・啓蒙・ジャーナリズムの問題、もう一つは解釈哲学ないしその変種としての文学主義的哲学にたいする問題である。

常識の独自性は「常識水準としての常識」に求められる――内容としてでなく水準として。それは多数の平均値線ではなくて平均値を高めるべき目標、方眼紙上に姿のない理想線である。このような常識性からみれば、科学の大衆化は事物を多数者の側に近づけるのではなく、多数になるべきものに事物をひきよせることになる。「今日の啓蒙」の一つの形態がここに示される。水準としての常識の性格から、常識独自の原理は日常性の原理に帰着させられる。この種の原理こそ大衆の思想を観念論から防衛する原理にほかならないという意味で、日常性の原理に注目することは「今日の唯物論の基石の一つを据えることになる」と評価される。

ジャーナリズムの機能は、この日常性の原理の意味の手近な例である。文化形態としてのイデオロギーは、資本制下でジャーナリズムとアカデミズムに分極・対立する。この状態でジャーナリズムのもつ批評性は行動性の一面である。こんにちのアカデミズムの性格としての実証性は、またより高次な原理性の一面である。この原理性と行動性を機能的に統一したもの、いわば世界観的に統一されたジャーナリズムの像は、こんにち、弁証法的唯物論の範疇体系を骨組としてあらゆる文化形態の連帯性を実現したもの、あらゆる文化形態における批評の「論理」としての常識水準を示すものとして可能である。つまり、それは百科全書《エンサイクロペジア》または百科全書家《エンサイクロペジスト》となる。「弁証法的唯物論者と百科全書家《エンサイクロペジスト》とは今日一つである」。フランス啓蒙期が間接例証を与える。この例は、行動性が究極において社会変革を含むこと、また政治観念は市民的観念として日常性を通じなくては成立しがたいという社会学的な事実と対応し、ファシズムの条件がととのいつつある「今日」〔一九三〇年代の日本〕に必要な啓蒙の問題と結びつく。

ところで「今日」の必要な啓蒙がうち払うべき妖雲は、封建的基礎条件の残渣から自然発生的なもの——歴史上の啓蒙期の妖雲の系列に属するものだけではけっしてない。それは、封建的基礎条件を目的的に利用して意識的に導入されようとしている闇である。したがって「今日」の啓蒙は、封建制からの諸観念とともに、かつて歴史上の啓蒙期の母体であった資本制からの諸観念を相手にすることになる。ところで歴史上の啓蒙の性格は合理性と自由で規定されるのだから、真に自由かつ合理的な意味合いを現代的に描きだすならば、その内容は弁証法的唯物論の意味するものにほかならない。

したがって「今日」の啓蒙は、弁証法的唯物論のジャーナリズム形態での展開のほかに、資本制の健康な母体であった合理性と自由を唯物論に吸収されてかろうじて生きのこった諸観念、封建的残渣に寄食する日本主義等々の問題になる。とくに、隠微に偽装された近代的観念論、すなわち解釈哲学・文学主義などの問題は重大である。解釈哲学の主流が文献学主義として復古主義を通じて日本主義へ指向することは、胎盤を失った自由主義の分身、宗教的自由主義・文学主義のあるものが絶対主義をへて日本主義へ転化するのと同断である。この転化を情緒的に反撥するものは、小市民的中間層の精神主義と相俟って、復古主義との同盟の下にファシズム的政治権力の意志表示としての日本皇道主義を窮極の終着点とする途を準備するものである。その意味で、日本主義・自由主義・唯物論という配置において唯物論の同伴者または中間地帯の役割を自由主義に期待することは幻想であるとして、日本主義・自由主義の具体的批判が展開されている。

本書を頂点とするイデオロギー批判は、『科学論』を中心とした弁証法的唯物論の科学性の追求、『唯物論全書』の企劃・刊行によるアンシクロペジストとしての活動とともに、多産な著者の活動の主要部を形成している。同時にそれは「生活は一つの計画ある営みである」とした近代精神の残した「歴史の陰画」でもある。

山田盛太郎『日本資本主義分析』

やまだ＝もりたろう　一八九七年、愛知県に生まる。東大経済学部に入学し、農政学、経済原論を専攻した。卒業後ヨーロッパに留学。一九三〇年、東大助教授在任中、共産党シンパ事件に連座して検挙され、辞職した。三二年、野呂栄太郎、平野義太郎、羽仁五郎らと『日本資本主義発達史講座』の編集・執筆に参加し、当時、講座派最大の理論的指導者として、学生や知識人に大きな影響をあたえた。『日本資本主義分析』（岩波書店）は、『講座』に発表した諸論文を再編統一し、「日本資本主義における再生産過程把握」と副題されたものだが、向坂逸郎、土屋喬雄、大内兵衛らの労農派からの批判をうけ、いわゆる日本資本主義論争がジャーナリズムにおいてもさかんにおこなわれた。戦後、四五年、東大に復職して経済学部教授となり、人文科学委員会の委員長、農地改革記録委員会の委員長などを兼ねた。五〇年、経済学部長に就任、学士院会員に選出され、五九年、停年で東大退職後は専修大学教授。一九八〇年、死去。主な編著書は、ほかに、『再生産過程表式分析序論』、『日本農業生産力構造』などがある。

明治維新に原型を定められた日本資本主義の構造を分析した山田盛太郎の『日本資本主義分析』は、戦前、社会科学に関心をよせる多くのひとびとによって熟読され、若干のひとびとにはバイブルのように尊敬された。本書の刊行された一九三四年ごろには、日本資本主義を総体的に——山田の言葉をつかうと「全機構的に」——分析する仕事は、実践のうえでも理論のうえでも、大きな意味をもっていた。

まず実践的な意味でいうと、本書は日本の社会主義運動の当面する課題に答えるものであった。資本主義からの解放をめざすために、日本の革命運動は何を闘争目標とし、いかなる課題をになない、そのための戦術と展望はいかなるものであるか、等々の問題に直面していた。すでに一九三二年のコミンテルンの「三二年テーゼ」は、日本の革命の目標を天皇制の打倒、半封建的地主制の廃棄におき、そうしたブルジョワ民主主義革命をとおしてつぎの社会主義革命に強行的に移行するという二段革命論を主張し、大きな影響をあたえた。こうした実践的な課題にたいして、はたして日本資本主義は半封建的な特質をもっているのか、もっているとすれば、いかにしてそれが形成されたのかを追究することが社会科学者の任務として自覚された。

このことは理論上の進歩をも意味した。すなわち、この時期までの日本のマルクス主義は『資本論』その他の文献を輸入して解釈するか、または哲学的な論議が主であって、マルクスの方法を日本の現実分析のなかでつらぬくことに乏しかった。したがって現実問題の取り扱いは、たいていは単なる現象記述であるか常識論であり、まれに『資本論』が用いられるにしても、日本の問題は単に資本主義一般の具体例としての地位しかあたえられなかった。こういう状況のなかで、野呂栄太郎を先駆者とする「講座派」が形成され、マルクス主義による日本資本主義の究明に力を注いだことは、日本経済の構造的特質、資本主義の「日本型」を確定するうえで大きな寄与をなすものであった。本書は、そのような実践的・理論的課題をはたすうえでの最高水準の労作であった。

「本書は、日本資本主義の基礎の分析を企図する。その基礎分析によって、日本資本主義の基本構造＝対抗・展望を示すことは、本書の主たる課題とする所である。本書は、これを、日本資本主義における再生産過程把握の問題として、いわば再生産論の日本資本主義への具体化の問題として、果すことを期している」

再生産論の具体化とは、日本における軍事工業、重工業、衣料・食糧生産などの諸部門の編成過程と、その有機的な連関をとらえることである。そのためには、日本における産業資本の確立過程をおさえなければならない。すなわち、「本書においては、産業資本確立の過程を規定することに、ひとつの重要なる力点がおかれている。この過程はほぼ明治三十年ないし四十年を劃期とする所の、即ち、正に日清日露両戦争の時期を貫串する所の、過程であって、これによって、日本資本主義の軍事的半農奴制的型制は終局的に決定せられる」。

日本資本主義の「軍事的半農奴制的型制」は、諸外国と対比すると、「英国資本主義は自由競争の祖国として現われ、独米資本主義は集中独占の本場として現われ、露日資本主義は軍事的農奴制的＝半農奴制的の典型国として現われ、いずれもそれぞれ、世界史的意義を劃している」。ここで、日本をロシアと同型のものとしている点に注目すべきである。ツァーリズムと日本の天皇制の類似性を説き、ロシア革命のなかに日本の前途をみる考え方が、ここに定着されている。これは、当時の解放運動がいだいたイメージでもあった。

本書の論理はきわめて厳密であるが、文章はおそろしく難解である。執筆当時の状況では、検閲や弾圧を考慮して、あえて象徴的な表現をとったという理由もあろうが、このことが難解さのなかにかえって深遠さを感じとるインテリ趣味を生んだことも事実である。秘文を解読するよろこびといったらよいかもしれぬ。しかし、そのために一般人の理解をとざすというマイナスも免かれず、社会科学を事情通のせまいサークルのなかにとじこめることにもなった。

本書の構成は三篇からなる。第一篇は「生産旋回＝編成替。マニュファクチュア・家内工業の諸形態」、第二篇は「旋回基軸。軍事機構＝鍵鑰《キイ》産業の構成」、第三篇は「基柢。半封建的土地所有制＝半農奴制的零細農耕」である。つまり、第一篇では維新の変革を起点として綿織業、製糸業の生産様式がどのように資本主義への推転をとげたかを分析し、第二篇ではそうした生産様式の転回中軸が軍事機構およびその土台としてのキイ産業、すなわち鉄道、鉱山、工作機械、軍事工業を強力につくり出すことにあったという観点から重工業の発展過程を扱い、第三篇ではこれらの産業体制の基礎あるいは地盤として農村における土地所有制度と農業経営が役立っているという見方にたって、「半封建的土地所有制＝半農奴制的零細農耕」が分析され、こうして「軍事的半農奴制的」日本資本主義の基本構造がつかまれる。

要するに『日本資本主義分析』が明らかにしたことは、日本資本主義は本来の資本主義ではないということ、それは軍事的な性質と半封建制によって根本的に制約された「顚倒的《てんとう》」、「畸《き》型的《けい》」、もしくは「野蛮的」性格をもつ資本主義だということである。「軍事的半農奴制的」という規定を社会層におきかえてみれば、軍閥と大地主が支配する資本主義ということである。これはさきにあげた「三二年テーゼ」の政治的結論と合致するし、またそれが資本主義の「純粋日本型」だということにもなる。念のために、本書の総括の一部を掲げよう。

「日本資本主義の根本的特徴は、厖大なる半農奴制的零細耕作の地盤の上に、広汎なる半隷農的零細耕作農民および半隷奴的賃銀労働者の労役土壌の上に、巨大なる軍事機構＝鍵鑰《キイ》産業の体制を強作用的に構築するに至っている必然性に基く基本矛盾。すなわち巨大なる軍事機構＝鍵鑰《キイ》産業体制の構築必至に基因する所の軍事的半農奴制的官府下での半隷農主的寄生地主と軍事的地主的資本家との相関ならびに半農奴制的零細耕作基調での半隷農制的年貢徴取と半隷奴制的労役との相関、それがための狭隘なる再生産軌道対応としての植民圏劃保、逆に、該労役維持と該劃保遂行とのための特徴的な装備の整備必至、その早期以来の帝国主義的設備の必然性、それらの相互規定。それに基く基本矛盾（機構の脆弱性ならびに海陸装備の制約性とプロレタリアートの必至性ならびにその基本線と半隷農的零細耕作農民での基本線との統合の必然性）。これである」

本書の分析が透徹した、水準の高いものであることはいうまでもない。それは戦後の学界にも大きな影響をあたえ、とくに戦後の農地改革の必然性を予見した点で山田の正しさが立証されたと説く見解もある。しかし、かれは、日本資本主義を不動の寝台にしばりつけることに熱中しすぎた観がある。生命ある現実の資本主義はいつのまにかこの寝台からぬけ出てしまったのではないか。軍事的半農奴制的性質を帯びながらも、日本資本主義はかなりの近代化と高度化をなしとげたからである。おそらくそれは、かれの分析が日本農村を「半農奴制」一本で塗りつぶした点と、内外の市場問題を捨象した点にもとづくものであろう。

本書にたいしては、戦前すでに労農派の側からの批判があり、「資本主義論争」あるいは「封建論争」が活潑に展開された。論争は戦後にもひきつがれたが、しかし本書をしのぐ労作はまだ現われていない。賛否は別として、本書はわれわれのもつすぐれた遺産である。

小林秀雄『私小説論』

こばやし＝ひでお　一九〇二年、東京の神田区猿楽町に生まる。一九〇九年、白金小学校に入学。このころ、東京高等工業学校教授の父は職を辞して御木本真珠工場長となる。一五年、府立一中に入学。一級上に富永太郎、蔵原惟人《これひと》らがいた。二〇年、中学を卒えて一高入学。翌年、父が死去したので、一家の中心となり、生活問題に苦しむ。二四年、同人雑誌『青銅時代』に小説「一ツの脳髄」を発表。二五年、東大仏文科に入学、ランボーを発見し、詩に専心しようときめる。富永を通じて中原中也を知り、中原とその愛人をめぐる奇妙な関係によって苦しむ。二八年に大学を卒え、同時にこの事件から逃れて奈良へ行く。二九年、「様々なる意匠」が『改造』懸賞論文二席に当選（一席は宮本顕治）。三〇年、『文藝春秋』に「アシルと亀の子」以下の評論を連載。三一年、『文芸評論』を出版。三四年、森喜代美と結婚。翌年、『文学界』の編集責任者となり、「ドストエフスキイの生活」を連載。三八年、文藝春秋社特派従軍記者として中国へ行く。四二年、「無常といふ事」を発表。戦後、それを中心にかれの代表作『無常といふ事』を出版。四八年、創元社取締役となる。五〇年、『小林秀雄全集』（創元社）を刊行し、これによって五一年、芸術院賞を受けた。八三年、死去。本書は五一年加筆修正版（新潮文庫）である。

近代ヨーロッパ文学を手本にして日本の近代文学の大半がすすんできたことはいうまでもないが、ヨーロッパの個々の文学者の内面にまでたち入ることは少なかった。その内面をふかくくぐることで〝西洋体験〟を自分の血肉とし、その結果、西洋文学のみごとな見取図をつくったのが小林秀雄であり、一九三五年の『私小説論』がそれである。

これは、だから、いわゆる「近代主義」の圧縮代表論文といえる。しかも、近代的意識の頂点にたった小林秀雄は、同時に、ここに「伝統」と「大衆」の問題に接触し、以後、伝統のほうにふかくのめりこむ。

近代と伝統との微妙なバランス――近代対伝統のヤジロベエを指先のかすかな感覚でささえる、そのような芸を、かれはこの論文で見せた。かれのいう「真の近代」とはむろん現代であり、伝統の重みとは過去である。つまり、「過去」と「現在」との、濃縮されたエッセンスが提示されるのである。だが、未来の像、あるいは未来への洞察はまったくない。かれは個性のよわさを押しのつよさでおおい、そのため、反マルクス主義文学の強力な指導者と目されていた。いや、未来への予言者とさえみなされていたのである。しかし、実際に小林の口から聞かれたのは予言者のするどい叫びではなく、「健全」なる常識人の苦悩にみちた妥協論であった。

小林のつかんだヨーロッパ近代文学とは、一体どういうものであったか。

一言でいえば、ヨーロッパ文学の「私」は「社会化された私」なのである。「私」の最初の、最も熱烈な主張者ルソオについて、かれはこういう。

「ルソオは『懺悔録』でたゞ己れの実生活を描こうと思ったのでもなければ、ましてこれを巧みに表現しようと苦しんだのでもないのであって、彼を駆り立てたものは、社会に於ける個人というものの持つ意味であり、引いては自然に於ける人間の位置に関する熱烈な思想である」。ルソオ、セナンクウル、コンスタンなど、フランス - ロマン派の文学者の「頭には個人と自然や社会との確然たる対決が存したのである」。

自然と社会という異質のものが「や」というアイマイなつなぎ言葉で一括されていることは、ここでは問うまい。かれのいいたかったのは、西洋での「私」は一九世紀ブルジョワ社会と決然と対立していたという一点だ。

「フランスのブルジョアジイが夢みた、あらゆるものを科学によって計量し、利用しようとする貪婪な夢は、既にフロオベルに人生への絶望を教え、実生活に袂別する決心をさせていた。モオパッサンの作品も、背後にあるこの非情な思想に殺された人間の手に成ったものだ。彼等の『私』は作品になるまえに一ぺん死んだ事のある『私』である」

小林秀雄のいう「死」の思想とはブルジョワ社会との対決、あるいはもっと正確には、嫌悪のことであり、マルクス主義をもふくめて実証主義一般への拒否である。ヨーロッパの、そして小林のいう「死」の思想には、したがって、なんらかのかたちでの「社会化された私」がある。西洋作家たちの「私」対社会の悪戦苦闘は、日本では最も理解し難いものであったという。「わが国の作家達は、西洋作家等の技法に現れている限りの、個別化された思想を、成る程ことごとく受け入れたには違いなかったが、これらの思想は、作家めいめいの夢を育てたに過ぎなかった。外来思想は作家達に技法的にのみ受け入れられ、技法的にのみ生きざるを得なかった。受け取ったものは、思想というよりむしろ感想であった」

実生活とタモトをわかち、「私」を殺したモオパッサンの作品は、田山花袋には「実生活の指針を与え、喜びを与えた」のだ。花袋などは「自分の文学活動を否定する様に或は激励する様に強く働きかけて来る時代の思想の力を眺める事が出来なかった」。こうして花袋は「天上の星」を眺めることを禁止され、以来、作者は実生活にかがみこみ、ただ「人物の配置に、性格のニュアンスに、驚くべき技法の発達をみせた」。すなわち、「私小説」の伝統である。

ところでこういう状況へもちこまれたのが、マルクス主義文学である。「マルクシズム文学が輸入されるに至って、作家等の日常生活に対する反抗ははじめて決定的なものとなった」。マルクス主義は技法ではなく、思想であった。そして「思想の力による純化がマルクシズム文学全般の仕事の上に現れている事を誰が否定し得ようか」。

反マルクス主義の「闘士」として知られた小林が、ここで急にマルクス主義に、少なくともおだやかな見解を示していることに注目しよう。一九三五年という年は、プロレタリア文学が壊滅に瀕し、ぞくぞくと「転向文学者」のあらわれていた年であった。マルクス主義の陣営はもはや「敵」ではないと、かれは敏感に感じていた。かれは転向者の心の傷のふかさを、よく見ぬいていた。かれの当面の敵はマルクス主義ではなく、封建的残滓であった。

「わが国の私小説家達が、私を信じ私生活を信じて何の不安も感じなかったのは、私の世界がそのまゝ社会の姿だったのであって、私の封建的残滓と社会の封建的残滓の微妙な一致の上に私小説は爛熟して行ったのである」

この一節は、この論文で最も光っている個所であろう。私生活のおだやかな連続性、それはそのまま、当時の日本社会の心理的要求にかなうものであったのだ。

こういう日本の「私」にたいし、かれの手本とするのはジッドである。「過去にルソオを持ち、ゾラを持った彼には、誇張された告白によって社会と対決する仕事にも、『私』を度外視して社会を描く仕事にも不満だった」。ジッドにとっては「個人の位置、個性の問題」が大事であって、「言わば個人性と社会性との各々に相対的な量を規定する変換式の如きもの」を求めていた、と小林はいう。

やや奇をてらった表現だが、これはまさに小林秀雄自身の立場をいいつくしている。死と絶対のなかにとじこもっていたかれは、このとき、ちょうど「時流」の真中にいる自分を発見し、社会に心をひらこう、あるいはひらかざるをえないと感じていたのである。個人性と社会性のヤジロベエを指先であやつる芸をここで見せたゆえんである。しかし小林の「社会性」はすぐ隣りに国家主義をひかえており、伝統の重みをうちにふくんだものであった。したがって個人性と社会性のヤジロベエは、そのまま個人主義と伝統主義あるいは大衆とのヤジロベエとなる。「社会的伝統というものは奇怪なものだ、これがないところに文学的リアリティというものも亦《また》考えられないとは一層奇怪なことである。伝統主義がいゝか悪いか問題ではない、伝統というものが、実際に僕等に働いている力の分析が、僕等の能力を超えている事が、言いたいのだ」

この言葉はそのまま、戦争中のかれの姿勢へ「発展」する。

映画にマゲ物が多いのは「現代人のなかに封建的感情の残滓がいかに多いかという証拠だが、又この感情の働くところには、長い文化によって育てられた自由な精錬された審美感覚が働いている」ともいう。かれは大衆のなかに「秩序ある感情行為」を見てもいるのだ。

小林は、最後に、「真の個人主義文学」を求めているが、そのじつは、個人と社会（国家または大衆とかさなりあう）との「各々に相対的な量を規定する変換式の如きもの」をさぐっていたのである。

かれは鋭敏な時代の子であり、未来を拒絶した常識的生活人であった。

和辻哲郎『風土』

わつじ＝てつろう 一八八九年、兵庫県神崎郡仁豊村の医師の次男として生まる。一九〇六年、一高入学、一二年、東大哲学科卒業。その翌年には早くも処女作『ニイチェ研究』を出版。以後、法政、慶応などに教鞭をとりつつ、『古寺巡礼』、『日本古代文化』など詩人的直観と学問的熱情にあふれた独自の著書をつぎつぎに刊行。中学卒業までは詩人志望であったが、高校入学以後、しだいに哲学への傾倒を深めていった。二五年、京大哲学科助教授として京都へ移る。かれを拾いあげたのは一高時代の恩師原勝郎と、西田幾多郎であった。やがて三四年、東大文学部教授に転じ、四九年、停年退職。五五年、文化勲章。かれの文化にたいするセンスと関心とはするどく広く、「その敏感な触角で研究の核心にさわり、それから執拗に又楽しんでその血脈をひろくたどっていくという根気がある」（安倍能成氏の評）。そして、強靭な意志力で学問追究を妨げるおそれのあるいっさいを拒否しとおした。一九六〇年、心筋梗塞で死去。その他の主な著書は『原始仏教の実践哲学』、『倫理学』、『鎖国』、『自叙伝の試み』など。

『風土』についてすぐに想い出す二つのエピソードがある。アメリカ移民の里帰り組が汽車のなかでさかんにアメリカを讃え、日本をけなしていた――「なにしろ、日本の家屋は貧弱だから」。それを聞きとがめたわたしの友人は、日米の風土の違いを指摘して、アメリカの高層建築と日本の家屋とのあいだに優劣はないとつよく反駁した。かれは『風土』を読んだばかりであった。もう一つは敗戦直後の講演会――有名な「進歩的」学者は、日本農業の将来の方向はソ連のようなコルホーズ化にあると主張した。聴衆の一人が彼我の風土の違いを指摘すると、講演者はそれは自然決定論だといって、とくに『風土』の書名をあげ、その内容をはげしく非難した。この二つのエピソードは、『風土』の受けとり方のいわば両極を示している。

本書は、和辻哲郎の欧州留学から生まれた。

「自分が風土性の問題を考えはじめたのは、一九二七年の初夏、伯林《ベルリン》に於てハイデッガーの『有と時間』を読んだ時である。人の存在の構造を時間性として把捉する試みは、自分にとって非常に興味深いものであった。然し時間性がかく主体的存在構造として活かされたときに、何故同時に空間性が、同じく根源的な存在構造として、活かされて来ないのか、それが自分には問題であった。……このような問題が自分に現われて来たのは、……丁度さまざまの風土の印象に心を充たされていたためであったかも知れぬ」

かれは序言にこう記しながら、しかし本書は人間存在の構造契機としての風土性を明らかにすることを目的とするものであって、自然環境がいかに人間生活を規定するかは問題にしない、とも断わっている。

われわれは風土においてわれわれ自身を見、その自己了解においてわれわれ自身の自由な形成にむかう。だから、具体的な風土は単なる自然科学的対象ではなくて、人間存在または歴史と離れがたくからみあっている。歴史性と風土性の合一において、いわば歴史は肉体を獲得する。人間は単に一般的な「過去」を背負うのではなく、特殊な「風土的過去」を背負う。歴史は風土的歴史であり、風土は歴史的風土である。風土の型は、やがて人間の自己了解の型とならざるをえない。こうしてかれは、風土の型から人間存在の型へ迫ろうとするのである。

そこで、三つの風土の類型があげられる——モンスーン、沙漠、および牧場。

モンスーン域は東アジアの沿岸一帯をふくみ、暑熱と湿気との結合をその風土的特性とする。湿気は最もたえがたく、また最も防ぎがたいものである。人間の内に「自然への対抗」を呼びさまさない。その理由の第一は、陸に住む人間にとって、湿潤が自然の恵みを意味するからである。理由の第二は、湿潤が自然の暴威をも意味することである。暑熱と結合した湿潤は、しばしば大雨、暴風、洪水、旱魃となってあらあらしく人間に襲いかかる。それは、人間をして対抗を断念させるほどに巨大な力であり、人間をただ忍従的たらしめる。こうして、一般にモンスーン域の人間の構造は、受容的・忍従的として把捉することができる。

つぎに沙漠（アラビア、アフリカ、蒙古など）は、乾燥をその風土的特性とする。外なる自然は死の脅威をもってひとに迫るのみであり、ただ待つだけのものに水の恵みを与えない。ひとは自然の脅威とたたかいつつ、同時に他の人間の脅威ともたたかいつつ、沙漠の宝玉なる草地や泉をもとめて歩かねばならぬ。ひとと世界との統一的な関係は、ここでは、あくまでも対抗的・戦闘的関係として存する。そのたたかいにおいて、ひとはまた団結せざるをえない。したがって、沙漠的人間はその共同態への服従をつよく要求される。一般に、沙漠域の人間の構造を服従的・戦闘的として、あるいはまた実際的・意欲的として把捉することができる。

最後に牧場は、ヨーロッパを指す。ここは湿潤でもなければ乾燥でもない。いや、湿潤と乾燥の綜合として規定される。夏は乾燥期、冬は雨期である。夏の乾燥は雑草を生育せしめない。草は主として冬草であり牧草である。ヨーロッパの夏の野をおおうものは、柔かい冬草である。ただし地中海地方では、冬草すら夏の野に見ることができぬ。このように、夏の乾燥と冬の湿潤は雑草を駆逐して、ヨーロッパ全土を牧場たらしめる。そして、このことは、農業労働の性格を規定せずにはいない。日本の農業労働の核心をなすものは草取りである。これをおこたれば、耕地はたちまち荒廃する。しかしヨーロッパでは、この雑草とのたたかいが不必要なのである。農業労働には防禦《ぼうぎょ》の契機はなく、ただ攻勢的な耕作、播種、収穫のみがあるといってよい。自然は人間にたいして従順である。このことをいっそう露骨に示すものは、地上の草よりもむしろ気象である。暑熱と結合した湿気は大雨、洪水、暴風というような「自然の暴威」としておのれを現わすが、湿気が暑熱とはなれたところでは、このような現象はきわめて稀である。自然は合理的な姿においておのれを現わしてくる。ひとは自然のなかから容易に規則を見いだすことができる。そうして、この規則にしたがって自然にのぞむと、自然はますます従順になる。このことが、人間をして、さらに自然のなかに規則を探求せしめるのである。もちろん、西欧の陰鬱は南欧の晴朗と異なる。しかし、合理性をたっとび人工をよろこぶところの古代人の遺産をとおして、西欧人はその陰鬱の底にある牧場的性格を自覚した。そうして、この自覚によってのみ、とくに西欧的なる文化の創造がなしとげられたのである。

以上は、三つの風土にたいする和辻の考察の概略であるが、しかし、本書の真の面白さは、このような概略では、とうていわからない。それは、明確に規定された風土の類型から、それぞれの地域の宗教、哲学、科学、芸術一般の特性を分析していく手腕の冴えにある。和辻の詩人的直観と強靭な分析力とは、ここにみごとな融合を示している。

だが、詩人的直観は、往々にしてかれの強靭な分析力を誤った方向に導くことがないとはいえぬ。たとえば、ヨーロッパ的風土の特性をつかむ端緒となった「ヨーロッパには雑草がない」という観察なども、それは、日本からの往路、「初めてイタリア南端の陸地を瞥見し得るに至った朝」、同船の農学者大槻正男博士から指摘され、その後、さらにかれ自身の南欧の旅によって確認されていたものである。そして、夏は乾燥期で冬は雨期といぅ南欧の気候的特性が、「南と北との著しい相違にも拘らず、ヨーロッパを通じての特性」として敷衍《ふえん》された。なるほど、地中海地方は、かれのいぅように、顕著な冬雨型気候で「雑草がない」。すくなくとも雑草がきわめて少ない。だが、西欧の気候はそれとはまったく異なり、降雨の季節的分布は日本と同一で、ただ、年降雨量が日本の約半分なのである。だから、もちろん、雑草は生える。中世以来、長くおこなわれた三年に一度の休閑も、まさに除草の必要によるものなのである。一方、地中海農業の二年に一度の休閑は、まさに保水のためにおこなわれるのである。

だが、さらに重要な問題は、和辻の風土論がほとんど静態的な考察に終始して、新しい発展ないし変化の可能性の方向をすこしも示していない点である。これでは、自然決定論、宿命論といわれても、いたしかたないであろう。冒頭にかかげた二つのエピソードは、『風土』の長所と短所とを端的に示している。かれもいうように、今まで、歴史の側からの考察に比して風土の側からの考察はいちじるしく閑却されてきた。それは、この問題が学的把捉にとってきわめて困難だからでもあった。この困難な問題にあえてとりくんで、しかも相当の成果をあげたことは、和辻哲郎の大きな功績である。この長所をますます積極的にいかしつつ、自然決定論をいかにして克服するか、そこに今後の風土論の発展方向がある。

タカクラ＝テル『新文学入門』

高倉輝豊というのが本名。一八九一年、高知県幡多郡七《なな》郷《さと》村に一人子として生まる。一九〇三年、宇和島市の叔父の家に寄宿し、宇和島中学に通学。三高、京大英文科に入学してロシア文学、言語学などを勉強した。卒業後、大学の嘱託となり、あしかけ六年間勤めるうち、戯曲「砂丘」、「孔雀城」を『改造』に発表。二一年、土田杏村とともに長野県での「自由大学」の世話役となる。二二年、安田徳太郎の妹津宇と結婚。『蒼空』、『我等いかに生くべきか』などを出版。長篇『高瀬川』を『都新聞』に連載。三〇年、山本宣治の暗殺とともに農民運動に入る。三二年、上田署に検挙され、一年半で保釈。三五年ごろより国語国字問題を研究発表。三九年、国語国字運動事件で高輪署に検挙。執行猶予五年の判決。四〇年、『大原幽学』を出版。四四年、八王子の農場指導の疑いで警視庁に検挙。翌年、警視庁の正門から脱走し、三木清などにかくまわれる（三木はこのため検挙され死んだ）。敗戦とともに長野県選出共産党代議士。四八年、演説中にアメリカ軍に捕えられ、ハンストで抵抗、無罪となる。五〇年、参議院議員に当選。翌日、マッカーサー書簡によるレッド・パージで追放さる。一九八六年、死去。代表作は『ハコネ用水』。本書は、一九五一年に刊行された（理論社）。

タカクラ＝テルは一九三六年、『思想』八、九月号に「ニッポン国民文学のかくりつ」という論文を書いた。これは真に独創の名に価する発想をふくんでいた。しかし、かれ自身のいうとおり、「専門的な文学者・文壇人わ、これらの論文お、見むきもせずに、通りすぎた」。タカクラの出した問題は、かれら「専門家」には不可解であり、あるいはあまりに素朴と見えたのであろう。かれらは四半世紀後のこんにち、タカクラの洞察どおりに感じ、考えている。そしてタカクラ＝テルの名と、その仕事は、ほとんど忘れさられている。（この論文は、戦後、『新文学入門』に収録。）

タカクラの基本的な立場は、文学は全読者大衆がつくるものだという考えにある。なるほど作家が作品を書く。しかしその作家のうしろに全大衆がいて、その期待と共感のうちに仕事をするのである。

「だから、大衆化ということが、文学のこんぽんのもんだいで、これおはなれて、文学のもんだいお取りあげれば、かならず、本質から、それてしまう。これまで、文学のもんだいわ、おもに、作品と作家お中心にして、取りあげられた。これわ、さか立ちした文学論で、文学論わ、すべて読者のもんだいから、出発しなければならないものだと、わたしわ、二十年ほど前から、考えるよーになった」

その「二十年ほど前」というのが「ニッポン国民文学のかくりつ」を書いたころのことだ。そのまえ、かれが京大を出て創作家を志したころ、こういう事件があった。『女人焚殺《ふんさつ》』、『蒼空』、『海峡の秋』といった作品を書いて、あやうくふつうの文壇人になりかけた。ところが何かの理由で文壇からボイコットされ、かれは創作発表をふつうのかたちでは断念せざるをえなかった。かれは、雑誌に創作を発表することで文壇人となるというふつうのコースをあっさりあきらめ、書くものはすべてすぐ単行本にして、「ちょくせつ、読者に結びつこうと決心した。そうするよりほかに、しかたがなかった」。つまり文壇人という名の友人や、出版社という名の機構をとおさないで、じかに読者と肌を接したのである。かれはそのことで「読者の問題」という独創的な角度を見つけることができたといえる。

「ニッポン国民文学のかくりつ」はふとい、あらい線でまっすぐ書かれた近代日本文学史だ。読者層の編成がえという一点で、文学の変貌をとらえた論文である。読者層の編成がえとは何か。どういう読者層がどういう文学を呼びおこしたのか。

一八九八年、日清戦争の後始末がかたづき、経済界が活気づいてきたころ、二つの新聞小説があらわれた。一つは『読売新聞』の『金色夜叉』であり、一つが『国民新聞』の『不如帰《ほととぎす》』であった。当時のひとびとは『金色夜叉』を芸術品として扱い、『不如帰』のほうは低級な通俗小説とみていた。いまから思うとじつにへんなことだが、なぜそういう差別がされたかというと、それは二つの作品の内容からくるのではなく、二つの作品のそれぞれの読者層の差からきたものである。タカクラはこう説明する。

「『金色夜叉』の読者わ、エド末期の文学から、ずっと、系統お引いた、主として、都市の伝統的な読者が中心だった。『ほととぎす』の読者わ、それらとわ、まったくべつに、当時の社会情勢から、新しく進出してきた、新興の読者層だった」

『不如帰』が最もひろく読まれたのは、女工のあいだだった。紡績女工がつまりタカクラのいう「新興の読者層」である。戦前まで製糸工業は日本資本主義の中心だったが、そのような発展の最大の契機は日清戦争である。紡績業は、一八九五年から六年にかけて、製品の輸出は一挙に七倍にもなった。必然的に女工は年々おどろくべく増加した。

彼女らはほとんど例外なく農村出身者だ。農村の女はそれまで文学とはまるで縁がなかった。金はもとより暇もない。それが工場労働者となることではじめて「文学読者層」としてあらわれたのである。そしてそれにこたえたのが『不如帰』だというのだ。「生まれて、はじめて、彼女たちわ、かくも文学の作品から心を打たれ動かされるものだという、ふしぎな事実をけいけんした」。浪子の悲劇に彼女らはすっかり同化した。『不如帰』の悲劇の原因は二つある。一つは相愛の夫から無慈悲に彼女をひきさく封建的な家族制度で、他の一つは浪子の命をうばう肺病だ。

女工が封建制の根ぶかい農村で育ち、苦しんできたことはいうまでもない。紡績工場はその封建的要素を最もつよくもちこんでいた。彼女らの苦しみのうえに日本資本主義は発展したし、彼女らはつぎつぎと肺病でたおれていった。「それまで、ほとんど肺病の名さえ聞いたことのなかった、へんぴな農漁村にまで、工場から、いまわしい胸の病お抱いて、かえって、血おはいて倒れる工女が、つぎつぎと、あらわれだした」。

『不如帰』の悲劇の要素は、すぐそのまま読者である女工の悲劇であった。しかも、彼女らとは天と地ほどちがう貴族の、絶世の美人だ。彼女らは『不如帰』に夢のレベルでの現実の悲劇を見いだし、感動し、泣いたのだ。『不如帰』は徳冨蘆花という「個性」がつくったのか。それとも、かつて日本資本主義の発展のいけにえとなり、いまは墓の下にねむる「新興読者層」たる女工が呼びよせたものであるか。「日清戦争お一大転機とする、ニッポン資本主義のひやく的な発展が、それまでの伝統的な『士族的』な読者層のほかに、新興の『平民的』な読者層お生みだし、それお最初に吸収した重要な作品が『ほととぎす』で」あったわけだ。

つぎの編成がえは日露戦争をきっかけとしておこなわれる。この戦争の結果プチ－ブル層が大きくふくれあがり、そのひとびとが夏目漱石という「文壇外」の作家を呼びよせたのである。「ソーセキの人物が、教師であるか、学生であるか、あるいわ、卒業生であるか」ということは「彼の作品が、おもに、そーいう新興プチブル層のあいだで、読まれたという事実お、何より雄弁に、語っている」。

文壇が文学史をつきうごかすことはけっしてない。文壇外のいわばシロウトが、新読者層にこたえたとき、文学の発展があったというのがタカクラの考えだ。そしてそのモメントがいつも大戦争になっているのが注目をひく。ヨーロッパ大戦は、文学読者層の編成がえをかつてない規模でおこなった。文学は「嵐のよーな勢で」一般勤労者、農民のなかに入っていった。これがいわゆる大衆文学だ。この読者層がいかに強大なものであったことか。

「ときどきの新興読者層わ、しだいに、文学的な訓練お受けるにつれて、いつか、伝統的な読者層に吸いとられて行く傾きお持っていた。ところが、こんどの場合わ、ぎゃくに、この新興読者層が、伝統的な文学者じたいお、じぶんたちの層え、吸いとるという奇現象お示した」

菊池寛、久米正雄はその最初の例だ。こうして「中間文学」というべきものがあらわれだした、とタカクラは一九三六年の時点でするどく指摘した。文壇人が「純粋小説」などといってさわいでいたころだ。この中間文学は否でも応でも大衆文学のなかに埋もれるだろうとタカクラは予言する。なぜなら「文学の発展は、文学の大衆化と、まったく同意義だ」からだ。解放された「大衆」のなかからしか今後の「文学」は生まれえない……。

読者層の創出を社会経済史からわりだし、そこに文学発展の最大のモメントを見いだしたこの論文は、世界の「反映論」の陣営中で、最も高くそびえる峰である。

尾高朝雄『国家構造論』

おだか＝ともお　一八九九年、埼玉県に生まる。一九二二年に東大、二五年に京大文学部を卒業。三五年法学博士。京城帝国大学教授をへて四四年東大法学部教授となる。この間『国家構造論』、『実定法秩序論』によって、新カント派的傾向と現象学的傾向を統合して、独自の法哲学体系を樹立し、戦後ただちに『法の窮極に在るもの』を発表、わが国の法哲学界に大きな刺激をあたえ、それまでの法理学または法律哲学にたいし、法哲学という名称を提唱し、これを一般化させ、四八年、日本法哲学会の創立に貢献した。また憲法哲学、民法哲学などいわゆる〝法哲学各論〟開拓の必要も強調している。日本ユネスコ協会連盟理事でもあり、五〇年、ユネスコ総会に代表として出席した。五三年、東大法学部長となったが、一九五六年、ペニシリンによるショックで急死。主要著書は、前記のほかに『法哲学』、『法と事実』。

この二〇世紀の後半において、さらにいえば二一世紀への展望をもふまえて、国家はいったいどんな意味をもつのか。国家というものの意味を再検討する手がかりとして、二〇世紀の前半、ことに国家がなお究極的な基本単位とみなされていた両大戦間の時期をかえりみれば、わが日本はこの時期の〝国家〟の一つの記念碑ともいうべきものを生み出していた。尾高朝雄の『国家構造論』がそれである。

尾高は、二・二六事件と蘆溝橋事件のちょうど中間の日付(一九三六年一一月)をもつ序において書いている――「国家の問題が今日ほど切実に人々の関心に肉迫しつつある時代は稀《まれ》」である、と。しかもこの現実のうごきにたいして、ひとびとは「受動的消極的」な態度しかもっていない。こうした「跛行《はこう》は、華々しき再建設の途上に於ける現代国家に伴う一つの病理現象」であると考える尾高は、つぎのように語るのである。

「進んで国家現象の全貌を究明し、実在国家の生命を把握することは、言議を越えた科学者の第一線的活動でなければならぬ。本書は、この科学者の第一線的活動に一兵卒として参加しようとする著者の念願から生れた」

ここには、時代を反映し時局便乗ともいえる権力への顧慮がにじみ出ているかにみえる。けれども本書の内容そのものは十中八、九まで、しかく便乗的なものではけっしてない。

「目的は、国家一般の構造に関する純粋の理論考察に在る」のだが、「ここにいう国家一般とは、個別国家を超越する普遍ではなく、個別国家に内在する普遍、個別国家を通じて見られた一般的国家機構である」。そして「国家は、多数の個別国家として実在すると同時に、また、国家制度一般としての実在性を保」つというのが、尾高の基本的立場であった。

このような「国家一般」の認識はいかにして可能か。それは「実在国家の概念的把握」による。くわしくいえば、「国家に関する各種の概念を構成し、これらの概念を互に連関せしめて、実在国家の相貌を出来得る限り正確に描き出そうとする」。要するに、「分析」と「綜合」によるわけである。「概念を用いず、実在する国家現象を端的に直観し体験することは、よしんば可能であるとしても、科学としての国家学の採るべき態度ではない」として、「如何に合理主義の旧套を墨守するものとの非難を受けようとも」「概念的把握」に固執することを、尾高は言明するのである。ここには、合理主義のバックボーンが一本とおっている。

ところで、「概念的分析」をおこなおうとすると、まず注目されるのは社会団体・法・政治の三概念である。なぜなら、「社会団体たることを存在性の基体とし、これを築くに法の骨骼を以《もっ》てし、これに盛るに政治の内容を以てしたものが、すなわち国家に他ならない」のだから。そして社会団体・法・政治という「三部分内容は、実在国家に於ては常に緊密な有機的連関を成《な》して居る」。この「有機的連関」は、ディルタイのいう「構造連関」にほかならず、「実在国家の認識もまた、これ等の三概念を構造的に連関せしめることによって成立する」。すなわち、「綜合」である。そこで、「譬《たと》えて云えば、社会学と法学と政治学とは各中心を異にした三つの円の如く、その三円周の互に相交った複合共通領域として国家学が成立する、と見做《みな》さるべきであろう」という方法論的立場がうちだされるのだ。この方法論は経済学の無視ないしは経済学を社会学のうちに埋没させるという大きい欠陥をもっているが、この点を是正するならば、こんにちなおとるべきところがあるであろう。『国家構造論』はこの方法論に立って、きわめて精緻な分析を展開してゆくが、ここでは社会学的分析に紹介をとどめる。尾高みずからもいうように、これが「中核」だからである。

「極めて大まかな云い方をすれば、国家は単なる多数個人の集合ではなく、多数個人を部分としてこれを構造的に統一する全体である」。「世代と共に転変する多数の個人が国家の統一を形成するのは、彼等の意志の関係が恒常の目的によって相互に結合されて居るがために他ならない。故に……多数個人の間の目的の統一は、共同の目的の実現に任ずる人々の組織を必要とする。かくの如くにして組織された、多数個人から成るところの目的単一体は、人間の『団体的単一体』と名付けられる」

国家を「団体的単一体」として把握することは、イエリネックから学んだところであり、その点からいえば、かれは美濃部達吉と兄弟弟子の関係にあるといえよう。ただ、明治憲法のもとで議院内閣制度を確立しようとする美濃部の意図はかれ尾高のものではなく、むしろ国家の重要性の裏づけこそ尾高のめざしたところであることは忘れてはなるまい。尾高によれば、「目的の統一」は「意味の統一」にほかならぬ。そして、「意味が事実を制約し、事実が意味を底礎する（基礎づける）」という現象学的な「底礎の連関」が成立してはじめて、「実在」も存在しうる。この「底礎の連関」は、行論のいたるところで重要な位置をあたえられている。「人と人との間の事実関係」である「社会関係」に「底礎」されて、「人と人とを意味的に統一して成ったもの」としての「社会団体としての国家」は、「実在」する。そしてこの「社会団体」には、「三つの基本形態」がある。「全体中心」の「家族」、「部分中心」の「市民社会」、「全体と部分との調和」した「国家」というヘーゲルの哲学に学びつつ、「その思弁哲学的色彩を取り除き、これに実在科学の立場からの再構成を加える」ことによって、共同社会団体《ゲマインシャフト》、利益社会団体《ゲゼルシャフト》、協成社会団体《ケルパーシャフト》の三つがとり出される。前二者はいうまでもなくテンニースからとったものだが、最後の「協成社会団体」なる尾高の創出した概念も、あるいは国家の「法概念」を団体人《ケルパーシャフト》とよんだイエリネックに学んだものかもしれない。ヘーゲルの三基本形態とおなじく、この三基本形態も「歴史的継起交替」の必然性をもつとされ、したがって協成社会団体はヘーゲルの「国家」とおなじく「最高の形態」とされるらしい（尾高はそうは明言はしていないが）。他の二つがすでに過去のものとなったか、なりつつあるのにたいして、協成社会団体は「今日成りつつあるところの社会形態」である。

ここまではよいとして、このあたりから、尾高の時局便乗性があらわになってくる。すなわち、協成社会団体の「成立過程には大別して二つの経路」がある。第一は「共同社会団体がその自己発展と自己拡大とにより、利益社会的契機を取り入れつつ協成社会団体に接近」してゆくもので「立憲君主国家」のコース、第二は「利益社会団体の利益社会化がその極点に達して、かえって協成社会団体の構造に逆転」する「独裁制〔ファシズム〕」または「指導者国家」のコース。やがて枢軸を結成すべき日独伊のあり方に、歴史の必然による正当化をおこなうものといえようか。尾高の「基盤社会」論によって、この疑いはさらに強化される。「基盤社会」とは国家を「底礎」するとされ、これとの連関の度が「国家の実在性の強度」とされるところの共同社会関係なのだが、その「根本的な契機」は「土と血」とされる。それは、あまりにもナチズムを連想させる。

「特定の個別国家、例えば我が大日本帝国の特殊国家構造をば、その実践的意義において顕彰《けんしょう》しようとする」ものではない、と序は述べているが、看板にいつわりありといえよう。しかし、かれの「協成社会団体」論はとるべき点がないとはいえまい。誇張をあえてすれば、かれを〝二〇世紀日本のヘーゲル〟ともよべよう。一九世紀のマルクスがヘーゲルにたいしてしたように、この書を読みぬくことの必要性がいまなおあるからである。

矢内原忠雄『帝国主義下の台湾』

やないはら＝ただお　一八九三年、愛媛県に生まる。一九一七年に東大経済学部を卒え、二〇年、同助教授となり欧米に留学。二三年に帰国して教授となり、植民政策の講義を担当。内村鑑三の教えをうけた無教会派クリスチャンとしてのヒューマニズム、ないしはキリスト教社会主義の立場から日本をふくむ先進列強の植民政策を分析、これを批判した。三六、七年にわたって『中央公論』に「真理と戦争」、「支那問題の所在」、「国家の理想」などを発表し、軍部の企てつつある戦争を批判したため、軍部は文部省、内務省にはたらきかけ、また土方成美、本位田祥男ら当局に組する同僚教授の圧によって、三七年の暮、東大を辞職した。戦後まもなく復職し、五一年から五七年まで東大総長をつとめ、その後、日本国際経済学会の初代会長、学生問題研究所の所長などとして活躍した。一九六一年、死去。本書は二九年に発表されたが、単行本としては三七年に刊行（岩波書店）された。著書はほかに『植民及植民政策』、『南洋群島の研究』、『帝国主義研究』、『キリスト教入門』、『聖書講義』（未完）などがある。

一九二九年のころ、わたしは地方の中学校へ入学したばかりであったが、ある日、その中学校へ台湾の「蕃人」がつれてこられ、講堂でそれを「見物」したことを思い出す。どういう話があったか、それは忘れたが、かれがなにか芸をしたのと、原色のあざやかな衣裳をつけていたのはおぼえている。日焼けした手や足の感じがいかにもくたびれた印象をあたえ、大勢のものが見物するのはなにか残酷で、いやな気持がした。「日台融和」かなにかを看板にしてひと稼ぎしようというもののしわざであったのだろう。

同じころ、東京大学にいた矢内原忠雄は『帝国主義下の台湾』を世に問うていた。そこには驚くべきことが書かれていた。こんにちの台湾は、日本帝国主義の支配のもとで、三井・三菱などの巨大資本が主要な産業と商業を独占し、本島人たる農民や労働者は、経済的にも社会的にもまったく従属させられ、抑圧されているということの分析である。それは、経済理論〔主としてマルクス理論〕を武器とし、豊富なデータを駆使してなしとげられたみごとな客観的分析であり、しかも著者の念願である「虐《しいた》げらるるものの解放、沈めるものの向上、而して自主独立なるものの平和的結合」というヒューマニズムが行間ににじみ出ている。

まず歴史的事情の回顧からはじまる——。一七世紀におけるオランダの台湾統治が鄭成功《ていせいこう》によって駆逐され、ついで清国による二〇〇年の統治がつづいたが、一九世紀後半になってまずイギリス、ついでプロシア、アメリカ、フランスがいずれもこの「美しき島《イラ・フォルモサ》」を手に入れようとして来攻した。その競争のなかで勝ちのこったのは、けっきょく、日清戦争で勝利した日本であった。下関条約で日本は台湾および澎湖《ほうこ》諸島を手にいれ、これより五〇年間、日本の領有がつづくこととなる。この日本による台湾獲得は、はたして帝国主義的侵略であったかどうか、その原因となった日清戦争は「国民戦争なりやはた帝国主義戦争なりや」という興味ある問題を、矢内原は提出している。いうまでもなく、これはこんにちなお歴史家のあいだで意見の分かれている問題である。これについての著者の解答は、こうである。

日清戦争当時の日本は、イデオロギーのうえでは「すでに立派なる帝国主義国」であったが、経済発展のうえでは「わが資本は未だはなはだ充実せるにあらず、資本の圧力によりて植民地獲得の挙に出ずるが如き帝国主義的必然は未だわが国には存在せざりしが如くである」。その証拠に、台湾領有ののち軍政維持に要する年一〇〇〇万円の経費のうち七〇〇〇万円は日本からの持ち出しであった。したがって「台湾領有は、わが国にとりて『奢侈』たることが世論となり、これを一億万円にて外国または支那へ売るべしとの論が外国人の主張に和して国民有識者によりても主張せられ、ついに政府は明治三〇年―三一年の議会において補助金を四百万円に削減した」事実がある。それでは、日本は帝国主義ではなかったのだろうか。そうではない。日本は、帝国主義の実質をそなえていなかったが、「ただ欧米列強の帝国主義的領土獲得競争の渦中においてわが台湾領有が行われしことによりて、わが台湾獲得そのものもまた帝国主義的意義を得た。国際関係の帝国主義時代そのものが、その関連内に入りこみたるわが国の活動の色彩をも規定した」。したがって、日清戦争は単純なる国民戦争ではなくして、「早熟の帝国主義」「帝国主義前期」、「いわば非帝国主義国の帝国主義的実践」であったという。この指摘は妥当であり、当時の状況のもとではきわめて水準のたかい意見であったことは疑えない。

台湾における日本の植民政策は、それが帝国主義であることを承認するかぎりにおいて、成功の部類に属する。

「わが台湾統治三十余年、その治績は植民地経営の成功せる稀有の模範として推賞せらる。その割譲にさいし清国全権李鴻章《りこうしょう》が台湾の難治なる所以《ゆえん》として、気候風土の不健康なること、住民阿片の習慣に染みて脱却すべからざること、匪乱《ひらん》の根絶し難きこと、及び剽悍《ひょうかん》不治の蕃人居住することを挙げもってわが台湾要求の気勢をそがんとせし点は、わが統治によりてことごとく面目を改め、いまや衛生施設改良せられて悪疫は減少し、阿片令は遠からずして漸禁の効果をまっとうすべく、本島人自ら終熄《しゅうそく》する時なかるべしと信じたりし土匪《どひ》は平定して安寧秩序は設定せられ、さらに蕃人は平和化せられて蕃害はほとんどこれを見ざるにいたり、全島の交通取引は安全となり経済産業は興隆し教育制度は備わった」

このことは著者も認める。しかし、これは外見上のことであって、その裏側、あるいは台湾社会のなかみにひそむ矛盾を説きあかすものではない。その矛盾は、たとえば台湾の民族運動の指導者蔡培火《さいばいか》によって、つぎのように指摘されている。

「日本領台に及んで（中略）官僚は、国語中心主義〔日本語の強制〕を立てたために、旧時代に養成された人物は糞土のごとくに顧みられず、その雄飛を抑制されておよそ悶死してしまったものが多い。その後三十余年の間、上記の殺人的教育で人材の出ようはずがないけれど、それでも官僚はわれわれの中で国語を解する者が二十数万あるという。また母国各地の高等専門教育を受けた者はすでに多数に達し、近来は毎年百人以上も卒業者が出る、その他支那英米諸国に留学して帰った者も数十名はある。これらの新人にたいして台湾官僚はいかに取扱ったかというに、驚くなかれ全台湾の中央地方を通じてほや〳〵の高等官五等以下の者をタッタ五名、判任の有級者が三十余名、その外の者は永年来徒食せしめられている（中略）。われわれはいかなる方面にあっても徹底的に支配さるべきものだ」（『日本々国民に与ふ』）

本書は、右に引用した二つの文章が示す対照、その深刻な矛盾がいかにして発生したかを経済問題の分析を通じてあざやかに照らし出す。とくに三井・三菱・藤山を中心とする製糖資本が、いかに台湾の土地と農民を支配し、砂糖の生産・販売・金融において独占的地位を占め、台湾総督府や日本の経済・財政政策をいかに思いのままにあやつっているかが解明される。

「わが資本はわが国旗に随伴して台湾に来り、外国資本を駆逐して自己の勢力を据え、内地よりの投資と本島人資本の動員とによりて資本家的企業を発展せしめ、帝国的および地方的独占を形成して、台湾事業界のすべてを内地人大資本家の支配に掌握し、しかしてさらに台湾を基礎として対外発展に進出した」

台湾においてに成功裡におこなわれた土地調査・林野整理は、わが国資本進出のための清掃事業にほかならず、こうして成立した近代的所有を「警察的強権による売却の勧誘強要」によって製糖会社や私営農場が買収したことは、まさに資本の本原的蓄積であった。さらに、本島人にたいして「官庁もしくは有力者の後援による『請託的勧誘』の結果『辞するに途なく前途不安の念を禁ずる能わずして已むを得ず』株式に応募」させることによって、内地人の支配する会社を創設させる一方、本島人による会社の設立はつぎの一片の総督府令によって事実上これを禁圧した。

「本島人清国人又は本島人清国人のみの間に設立したる団体はその商号中に会社の文字を用うることを得ず。前項に違背したる者は二百円以下の罰金に処す」(明治四五年「台湾総督府令」第一六号)

日本が急速に新たな大陸侵略にむかってすすみつつあった時期に、矢内原は人間としての良心と厳正な科学者としての態度を持して『帝国主義下の台湾』を書いた。後年の筆禍事件・東大辞職〔一九三七年〕の端緒は、すでにここにきざしているだろう。われわれの誇りとすべき科学的達成である。

大塚久雄『近代欧洲経済史序説』

おおつか＝ひさお　一九〇七年、京都市に生まる。京都一中、三高をへて、東大経済学部を一九三〇年に卒業。本位田祥男教授のもとで助手になったが、一時失職。当時、発表した論文がきっかけになって法政大の経済学部に迎えられ、東大経済学部に復帰して助教授となり、戦後教授となった。病身で隻脚、白皙《はくせき》・温容な人柄である。多くの信奉者を輩出し、高橋幸八郎、松田智雄らの労作ともあわせて「大塚史学」と呼ばれる。経済史および西洋史の戦後の研究は、いずれも大塚史学とのかかわりにおいて進められたといえる。『西洋経済史講座』全五巻（岩波書店）は、その総決算である。著書には、『株式会社発生史論』（中央公論社）を最初として、本書（時潮社）と、一九四四年に全面的に改訂した『近代欧洲経済史序説』上巻、『近代資本主義の系譜』、『共同体の基礎理論』など。その理論は、「独立自由なる自作農民層」が封建制から解放されて生産力を拡充することのなかに西洋近代経済史の窮極の根源を見て、封建制あるいはその土台としてかれの考える農村共同体の存在や、それがもつ意識形態と「近代民主主義」とを対比させる。安保闘争において、丸山真男らとともに民主主義擁護の戦列に加わったことも、このことから理解できる。一九九六年、死去。

明治以来、西洋は二つの顔をもつものとして、日本国民の目にうつった。すなわち、なによりも「外圧」を生みだすものとしての「西洋」と、理想ないしは模範としての「西洋」——すすんだ文化や社会制度をもち発展した産業と技術をそなえた「西洋」と。この二つの西洋像は、いずれも真実であった。

オランダ、イギリス、フランス、ドイツ、アメリカは、いずれも日本とその周辺をうかがい、領土・利権・貿易の獲得をめざして現実の軍事的な圧力を日本に加えつづけた。「外圧」がいかに深刻に日本の近代史を規定したことか、国民はいかに痛切な想いをこめて「外圧」に抵抗してきたことか。太平洋戦争もまたその延長線上にあった。

ところで「西洋」のいま一つの顔も、日本にとっては忘れることができない。帝国主義「西洋」は、その本来の姿においては帝国主義ではなく、民主主義と自由と平和の国々である。偉大な思想家や政治家を生み、かつかれらによって養われた先進諸国である。「西洋」を排撃するのではなく、日本を「西洋化」することこそ近代日本の根本的な課題ではないか。そのためには、「外圧」への抵抗よりも、日本の内部改造が必要だと説く立場が生まれる。

「外圧」としての西洋観はだいたいにおいて政府・政治家・実業家によって採用され、「理想」としての西洋観は知識人・学生によって好んで受けいれられた。そして近代の日本は、二つの魂をもち、二つの考え方にひき裂かれる。というよりも、日本の近代史は前者が後者にたえず優越し、後者を前者の側にひきこんでゆく過程であったといえよう。明治初期と敗戦後だけが例外であって、この時期には「外圧」観から「理想」観への転向があるのだが、その他の時期には転向はつねに「理想」観から「外圧」観にむかっておこなわれた。それには二重の理由があった――政治が理論や知識を圧倒し従属させてゆくという理由と、理論や知識が現実への適用を求め具体化をめざすとき、自己と政治との合致をはからねばならないという理由と。

日本の思想家たちは例外なく、このような対立と矛盾に直面し、その解決に思いをこらした。福沢諭吉の民権論から国権論への移行は、その先駆といえる。西田幾多郎、河上肇、その他いずれの思想家にとっても、解決の仕方は異なるとはいえ、問題としておおいかぶさっていたものは同じである。もちろん、このことは、「理想」観をつらぬくことが正しくて、「外圧」観をとることが正しくないということをすこしも意味しない。「外圧」観が現実政治への妥協として生まれたものでないかぎり、それは歴史的真実を表現しているのだから。問題は、あたえられた矛盾をいかに解くことができたかにかかっている。大塚久雄の『近代欧洲経済史序説』は、まさに、「外圧」として日本人の目にうつった事象の究明をめざすものであった。

「ヨーロッパ、なかんずく西欧の近代経済社会がもつ世界史的意義の一つが、その勢力圏のきわめて執拗な世界的規模への拡延と膨脹にあったことは、すでに周知に属するであろう。ところで、西欧における近代経済社会はかような世界史的膨脹をいかにして達成したか。その現実的基礎をなすものは何であったか」（『近代欧洲経済史序説』一九四四年改訂版序文）

これが大塚の問題であった。この問題についての一般の、そして当時——中日戦争から太平洋戦争にいたる時期——の政治の側からの答えは、西欧諸国の飽くことを知らない「営利」または「商業」こそがその原因である、ということに帰着する。（利己主義、個人主義、物質万能等々といった評価もすべて同じことである。）「営利」、そしてその手段としての「商業」が動機としてあることは、たしかに事実である。だが、それだけであろうか、とかれは反問する。この反問の提出こそ、大塚理論の独創性を決定づけた。

近世初頭以来、世界的規模でたたかわれた国際的商業戦において、なぜイギリスが覇権をにぎることができたのか。イギリスもオランダも、ひとしく「営利」や「商業」を追求した点では、変わるところがないではないか。なぜ、オランダではなく、イギリスが勝利したのか。それは「営利」（「商業」）では説明できない。大塚の結論はこうである。

「かのいちじるしく『営利』的性格を帯びる近代西欧の経済的勢力圏も、ただそれが『営利』的性格を帯びるが故ではなく、むしろ本国における『生産力』の近代的拡充という事実の基礎づけをまって、はじめて、レビヤタンのごとき現実的勢力となり、世界的膨脹なる世界史的事態を実現することが可能となったとなすべきであろう」（同上）

「営利」の根底に「生産力」をみるという視点は、戦時体制のもとにあっても、珍しいものではなかった〔風早八十二、大河内一男など〕。しかし、大塚はさらにすすんで、「国民生産力」の各国における「構造的類型」こそが問題であるとし、近世イギリスの毛織物工業――これこそ当時の「国民的産業」である――が、なぜマニュファクチュアまたは産業資本へと「自生的」で「順調」な展開を示すことができたのか、と問題をおしすすめるのである。

こうして大塚は、卓越した問題的視点をもちつつ、広汎な史料探究の成果を駆使して、イギリス初期資本主義のなかみに着実に迫ってゆく。そして、イギリス「産業の基軸」＝毛織物工業の展開を解きあかすカギは、大塚によれば、都市や商人の活動のなかにではなくて、農村および農民の活動のなかに見いだされる。すなわち「農村工業」、それを推進する主体としての「中産的生産者層」がこれである。ついで経営形態の問題にたち入って、「都市の織元」と「農村の織元」の対抗→後者の勝利という路線があざやかにつきとめられる。

このように、問題を農村、とくにヨウマンと呼ばれる自営農民層の生産活動に帰着させることで、著者はいったい何をいおうとしたのであろうか。

「以上述べ来たったような『自営農民層』および都市ならびに農村地域における『小親方層』の正常かつ広汎な標準的展開、しかしてかかる社会層への毛織物工業のきわめて深き浸透は、近世イギリス経済史を通ずる一つの重要な特殊性とみなして差支えあるまい」

「この中産的生産者層を培養土壌として、その裡《うち》から、近代的経済社会形成の基本的要因《スペキフィクム》たる産業資本とその経営体たるマニュファクチュアとが発芽し成長してくることになる」

つまり、イギリスの「国民生産力」を決定した究極の要因ないしは主体は、自営農民層の「正常かつ広汎な標準的展開」であり、また「問題はさらに根源にさかのぼって、そもそも中世イギリスの封建的土地制度、すなわち『荘園』ないしその崩壊形態がかかる農村工業の成長を可能ならしめるような、いわば自由な構造のものであったためであることは十分に銘記される必要があろう」と説かれる。大塚はイギリスの特殊性だといってことわりながらも、「封建的土地制度」からの「自由な」農民や農村こそが、「生産力の近代的拡充」の母胎であることを明らかにした。この点は、くわしく論じられていないけれども、まさに本書の「隅石」であり、その思想史的意義もこの点にかかっている。

さて、最初の問題にかえろう。本書は「外圧」的西洋観にたいするするどい批判を内蔵している。すなわち、「西洋」を「営利」として排撃することは問題の解決ではない。「西洋」が封建制から自由な農村を「自生的」につくり出したことをふかく理解する点にこそ問題を解くカギがある——。そのさい、おそらく著者の脳裡には当時依然として封建制のもとにあった日本の農村と農民の問題が最もさし迫ったものとして映っていたにちがいない。日本の知識人がもつことをよぎなくされた西洋観の困難な問題についての、本書は一つのすぐれた指針であった。

波多野精一『時と永遠』

はたの＝せいいち　一八七七年、波多野敬の次男として、長野県の松本市に生まる。東大文学部哲学科に在学中、ケーベルに親炙し、その自由なキリスト教の感化をうけた。卒業の翌年、東京専門学校（早大）講師ついで教授。一九〇四－六年の間ドイツに留学し、当時かの地で新約神学界に革命的風潮をつくった宗教史学派の研究態度に影響をうけた。〇七年、東大文科大学で宗教学特別講義、一七年、京大文学部教授となり宗教学を担当。三七年の停年退職後、名誉教授。その生活はほとんど変化のない学究の歳月であり、愛犬を愛撫するもただ杖をもってのみしたという。学者として潔癖で随筆をほとんど書かず、わずかに、恩師「ケーベル先生追懐」と愛弟子「三木清君について」があるくらいである。一九五〇年、東京で死去。主著に『西洋哲学史要』、『基督教の起源』、『スピノザ研究』、『宗教哲学の本質及其根本問題』、『西洋宗教思想史・希臘の巻第一』、『宗教哲学』、『宗教哲学序論』など。『時と永遠』は岩波文庫に収録。

わが国の哲学書で世界の学界にプラスしうるものはまことに少ないが、いまなお専門書としてその資格を失わぬ珍しい例の一つがこの『時と永遠』という書物である。

「永遠」はもともと宗教に故郷をもつ概念であるが、わが国には、宗教を哲学の単なる極限として要請する哲学者や、宗教を独断的な信念として葬祭のみをこととする宗教家があまりに多い。そのなかで、宗教という生の特殊な形態をはじめて体系的・方法論的に反省したのが波多野精一であり、その三部作『宗教哲学』『宗教哲学序論』『時と永遠』は、わが国における宗教哲学や西洋宗教思想史の研究に決定的な路線をしいたのである。

本書は宗教哲学の特殊な専門書であるが、それでは「永遠」の問題意識なく「時」さえあればこと足りる幸福で多忙な一般の文化人には、本書は無用であるか。そうでないことを、波多野は透明な論理と品位ある修辞で説得する。本書は「文化」ないし文化主義への批判でもあるのだから。かれもむろん弁証法をつかう。しかし、世の多くの哲学者のように、それを大げさな隠蓑《かくれみの》などにはしなかった。清潔な哲学とはどういうものかをも、かれは教えている。

『時と永遠』の論理的骨組は簡明である。自然的生・文化的生・宗教的生という人間的生の三段階における「時」の諸相が、過去・現在・将来という時の三契機のそこでの変容をたどることによって、分析されるのである。つまり「存在論的に主体の存在における時間の意義」がかれの観点であった。われわれの現実の生活は、いかに原始的なものであれ、自然的生と文化的生が交錯しているが、かれはまず「根源的体験の世界」にふかく探りいって「体験的時間の真の姿を明らかにする」ことを強調し、生の最も根源的な体験を「実在する主体は実在する他者と直接的なる関係交渉において立つ」ところにみた。主体とは「他者への生」であるという、この矛盾した両面性、すなわち一方で「自己主張」であるものが、他方で「他者との関係交渉」であらざるをえぬこと、つまり実在的他者が主体の生内容の維持者・供給者であると同時に圧迫者・破壊者であることが生の最も根本的な問題である。

この生の根源的な姿を反映して、自然的生の「時間」は、主体の自己主張である現在に中心があるが、主体と他者との直接的接触交渉を意味する将来によって左右される。過去はここでは存在の完全な喪失である。したがって、自然的時間は将来より過去への不可逆的な方向をもち、無常性、不安、生の無意味など、「昔を今になす由《よし》もない」時間である。こういう自然的時間性を克服し、「滅びぬ現在」という永遠に憧れるものが、すなわち人間の「文化」である。

文化的生は、他者との直接的な関係交渉から解放され、くつろぎと自由独立の天地で自己主張を徹底しようとする活動ないし観想においてなりたつ。文化とは、主体が実在的他者とのあいだに、それにかわる観念的な「客体」を媒介者としてたてることだ。この客体が政治、経済、道徳などの人倫関係、学問、科学、イデオロギーなど、すべての文化内容である。文化がつくりだす客体は他者ではあるが、じつは主体の自己表現の質料ないし手段となる「可能的自己」にすぎぬ。文化が文化であるかぎり、実在的他者は本来不要である。したがって、文化主義は内在性・孤立性を本質的特徴とし、そこでは「我」と「汝」との人格的関係は、じつは無いにひとしい。

こういう文化的生の時間は、ひろい意味での「歴史的時間」である。それは、自然的時間とは逆に、過去より将来への方向をもつ。だが、その徹底した姿では、現在につきるべきものである。文化的主体は、過去を自然界とともに、それを土台としそれを質料として自己実現すべき「自分の過去」、つまり歴史とみなし、将来は自分の構想による理想として自由な「自分の将来」とみなすからである。また、文化的時間の一変種として、「時」を空間的に同質化して表象する「客観的時間」、つまり「時計の時間」が科学や学問によってたてられるが、しかしこれは「生きられる時でなく観られる時」にすぎない。

体験より観念へ転向することによって、文化的生は「永遠」に達することを夢みる。これが、イデアリスムないし神秘主義の哲学が説く「無時間性」であり、科学ないし道徳が要請する客観的時間の「無終極性」だ。しかしこの「永遠」で克服される「時」は、じつは過去だけにすぎぬ。主体と客体、現在と将来との「隔り」の前提の上にたつ文化的な活動ないし観想では、主体にとって他者性すなわち将来という時間性の真の克服ははたされない。「無終極性」とは

「活動の無意味」「自己実現の未完成」を意味するにすぎないのだから。

こうして波多野は判決を下す――文化的生の現在の恒常性は「滝つ瀬を彩《いろど》る虹」のそれであり、文化主義、人間主義、世俗主義は自己欺瞞の所産である、と。かれは生の根本的全面的革新を要求し、根源的な宗教的体験、すなわち真実の実在的他者＝神との交わりをまじめにうけとることを文化人に迫る。キリスト教的愛による生の共同においてのみ過去を徹底的に克服し、さらに「将来と現在との完全なる一致」をはたす「永遠」が実現される、と主張するのである。

以上、波多野の本意に反して、本書の後半でゆたかに展開される「永遠」すなわちキリスト教的体験の理論的回顧ではなく、もっぱらかれの「時」の論をあらあらしく素描してきた。かれ自身、文化主義の一面のゆたかさを十分に評価したひとである。「主体は無くなった過去をいたむに及ばずいまだ来たらざる将来をかこつことなく、現在への喜びを基調として自由と進歩との朗かなる旋律が生の情調を活かすであろう。これに優る幸福ははたしてこの世に求めるべきであろうか」

文化主義をたたえるこれほどみごとな修辞はないであろう。かれが「無終極性」をただちに「生の無意味」として絶対化することを、多くのひとびとはうべなわず、相対主義に甘んじそこに安んじようとするのも無理はない。「文化」の病根はふかいのである。

しかし波多野による文化的生の批判と宗教的生への誘いは、文化人の足下をゆるがしつづけるものであり、けっして無視されえぬ正しさをもつことも、また認められねばならぬ。相対主義に安んじることとそれ自体が、なんらかの「絶対」的な決意を要求するものであるから。現代文化・社会の「疎外」にまどい、こと新しくこれをあげつらうひとびとは、近ごろとみに多い。しかしその局所的な病症診断はなされても、その治療の決定的な処方をいまだなにびとも与ええぬ。このためにも、アウグスティヌス、ベルグソンらの単独孤立の文化的主体の立場を独創的に批評したうえで波多野がたてた自然的生の姿は、正面から再検討されるに価する。

かれのいう「宗教的体験」に行くも行かぬも、原理的な「人間の自然」像がきめる。波多野がペシミスティックにとった自然的生そのもののうちに他者を原理とし出発点とする生の共同を見つけだし、それを文化的生のなかに活かす「現世主義」の可能性を、ルソーやマルクスらの徹底的な吟味のうえで探求することが、宗教嫌いをつらぬこうとするこんにちの文化主義者たちの義務である。

このことはまた、波多野がカッシーラーの「象徴」論を批判して主張した、同一性を原理とする「表現」と他者性を原理とする「象徴」の区別、および後者の優越を、たといその宗教的色彩を消して単なるコミュニケーション論の見地からでも、再吟味する必要を意味するであろう。

小倉金之助『日本の数学』

おぐら＝きんのすけ　一八八五年、山形県酒田市に生まる。一九〇二年、中学を中退して上京、東京物理学校をへて東大選科（化学）に入学。翌年、退学して郷里に帰り、家業の回漕業に従事するあいだに結婚。家業と学問の矛盾に苦しみ、独力で可能な学問的職業として数学の研究を決意し、〇七年、林鶴一の指導のもとに本格的研究を開始。一〇年、再度上京、翌年新設された東北大理学部の助手として仙台に移る。一七年、大阪に移って新設の私立塩見理化学研究所の運営にあたりながら実用解析の分野の研究にすすみ、同時に初等数学教育の改善に力を注ぎつつ、数学史の研究をはじめた。三二年、大阪大学講師となり数学史を講ず。三七年、東京に移り、数学の大衆化、日本数学史の研究に主力を注ぐ。四〇年から物理学校理事を勤めたのち、四四年郷里に疎開、終戦後帰京。四六年から日本科学史学会長、民主主義科学者協会長、学術体制刷新委員会委員として活躍。『日本数学史』の体系的著述を念願としつつ、一九六二年、胃癌のため死去。本書は岩波新書に収められている。

『日本の数学』は、著者が一九三九年におこなったラジオ講演をもとにしたものである。和算〔徳川時代に発達したわが国独自の数学〕が、徳川初期の誕生期から封建社会の上昇・爛熟期に応じた発展・成熟をへて、明治初頭の学制の強行によって洋算〔西洋数学〕にヘゲモニーを奪われ、一挙に衰退するまでの過程が描かれている。

「私たち日本の一般人にとって大切なのは和算そのものの詳しい結果や計算法などに深入りすることではなくて、和算の発達や特質を日本の歴史、社会、文化あるいは日本人の性格との関連において理解し、しかも一方世界史的にも考えて見ることだ」と、冒頭にその意図が語られている。細々しい資料は一切はぶいて、特殊な専門語はもちろん固有名詞もできるだけ少なくすることに努めた記述は、啓蒙書として模範的な平明さのなかに、高い緊張感を盛りこむことに成功している。

本書のもつこのドラマのような迫力は、一部は「平素考えている『科学史』というものの性格だけはできるだけ崩さないでやって見たつもりです」という著者の自信に裏付けられている。ここにいう「科学史」というものの性格とは、唯物史観をその方法論とするということである。ただし太平洋戦争前夜の当時に、この立場に「形を崩さない」態の表現を与える顧慮を必要としたにせよ、その結果は機械論的な公式主義の水準を抜いたものになっている。著者はその研究経歴の当初からマルクス主義を信条とする数学史の専門家ではなかった。本書の前景となっている著者の前半生の思想の遍歴については、『数学者の回想』に詳しい。

著者は学問的経歴に出発するまでの四年間、郷里に帰って生家の回漕業に従事する。『数学者の回想』において、人間形成に必要なものとして、パスカルの「幾何学的精神」と「繊細の精神」のほかに「社会的精神」をつけ加える必要があることを、この四年間から教えられたという。官僚型・紋切り型の教師としてでなく、自由な庶民として、多産かつ屈曲に富んだ後年の活動への素地は、この冒険的な商人の生活によって育てられたと考えられる。たとえば、その当時読んだ島崎藤村のつぎの言葉が、忘れえぬものとして引用されている――「われらは人としてこの世に生まれて来たものである。ある専門家として生まれて来たものではない」。

しかし酒田の町から処女論文を世に問うた著者には、仙台に新設された東北大学の数学教室の助手という、いわば専門家としてのコースが開かれていた。創設以来すでに三四年を数えやや沈滞期にあった東大、一四年前に設けられ整備の途上にあった新興の京大に対抗して、青葉城下を「日本のゲッチンゲン」たらしめようとする清新の気が著者を迎えたことは幸いであった。そこには林鶴一、藤原松三郎らの新進が中核となり、数学の研究をせまく大学の範囲に限らず、ひろく開放的・集団的におこなう方法が講じられた。このような雰囲気のなかで著者は「科学概論」の田辺元、「相対性理論」「量子論」の石原純らと交わりをふかめつつ、その研究分野を当初の古典微分幾何学から幾何学と力学との交流する新分野にまで拡げていった。

この傾向は大阪時代の「理論数学と実用数学との統一」という方針にひきつがれた。この大方針はもともと物理と生物化学を主流とした研究所の容量をこえたものであり、あまつさえ大恐慌の余波をうけて、挫折せざるをえなかったが、むしろ自立性のつよい個性はほとんど独力で、その研究分野の振幅を拡大しつつ、その密度を凝縮すべき力点を摸索しつつあった。

この時期に当時の小中学校教育にたいするつよい批判をもった『数学教育の根本問題』(一九二四)と名著『統計的研究法』(一九二五)が書かれた。後者は河上肇の『貧乏物語』に暗示を得、医学生にたいする数学授業の材料を利用し、大恐慌・大震災直後の時勢に応じて計画された、各官庁の産業能率増進講習会の講師としての経験をもとにして書かれ、きわめて広汎な読者と長い生命をもった。

この時期の直前におこなわれた著者のフランス遊学は一般相対論の流行期と一致し、純粋数学者としての著者の得意とする幾何学と力学との交流が最も多産な展開を示した時期であり、物理学者としての著者の力倆が発揮された。にもかかわらず前記の二著に傾けた努力は、著者の内外の条件がようやくその学問的情熱に方向を与えつつあったことを示している。

『統計的方法』によって開かれた大原社会問題研究所関係の学者との接触に加速されて、最初の病床期をふくむ転換期をのり越え、数学史の研究が本格的に開始される。自然発生的に書かれた「算術の社会性」、プレハーノフの『階級社会の芸術』に暗示を得た「階級社会の算術」をはじめとした西欧資本制下の数学の社会性・階級性の分析が一九二九－三〇年にわたっておこなわれた。これらの実証的な研究は、史的唯物論による基盤を鮮明にしながら、一九三二年に新設された大阪大学における数学史の講義を一つの契機として東洋数学の特殊性へと対象の問題意識をふかめていった。この時期の頂点として二・二六事件のあった一九三六年、「知育偏重論」の名のもとでの科学への圧迫にたいし、田辺元の「科学政策の矛盾」についで「自然科学者の任務」を『中央公論』に発表し、ファシズムにたいする抵抗の姿勢をとった。一九三七年、東京に移るとともに、日々につのる言論圧迫のもとで、偏狭な国粋思想に抗して科学的精神の開発の手段として数学教育と大衆化の問題に力が注がれた。その線に沿って、『家計の数学』についで書かれたのが『日本の数学』である。

著者によって「史料をみながら毎日一時間半五日間で読了しうるよう」にと構想された一七〇ページの本書の内容は、なんべんとなく磨かれた透明さをもっており、ほとんど要約の余地を残さない。あえて本文の構成にとらわれずに要約すれば、つぎのごとくである。㈠日本の数学は最初はシナ〔元および明〕の数学を輸入し、一方ではこれを消化しつつ、他方では同化普及に成功する。㈡徳川前期にはすでにシナの天元術〔未知数をもつ一元代数方程式の算木を用いた器具代数による解法〕を改造して点竄《てんざん》という筆算による記号的代数が発明される。この独創は多元連立方程式の取り扱いを可能にし、それによって日本の数学はシナの数学を抜いて遥かに進展する。とくに幕末の「円理」は西洋における一八世紀前半の微積分とある意味では比肩しうる水準を示す。㈢封建鎖国時代の日本においては、和算家は強固なギルド制をくみ、相互の熾烈な対抗意識は和算に「無用の用」として、「芸に遊ぶもの」として、特殊な進歩を可能にしたが、不幸にして、その歴史的性格から蘭学に代表された西洋数学をその伝統に包容しえず、産業技術や自然科学とふかく関連した近代科学としての性格を完遂しえなかった。㈣明治維新になり国策は断然和算をすて西洋数学を徹底的に採用する方針を強行した。これによって和算は一挙に衰微の運命をたどった。

和算と洋算・シナ数学との比較、関孝和とニュートンとの比較などはそれぞれ小さなクライマックスをつくっているが、するどい直観的見透しとたくましい帰納力の産んだわれわれの和算の脆弱性についての実証的分析は、最大のクライマックスになっており、それによって当時の科学技術政策にたいする批判の役割をはたしている。

今西錦司『生物の世界』

いまにし＝きんじ　一九〇二年、京都西陣の帯問屋の長男に生まる。小学校の時代から昆虫採集を好み、ここから生物学と登山への関心が芽生える。京都一中、三高をへて、一九二八年、京大農学部農林生物学科を卒業。学生時代からいくつか初登頂を記録した。三五年、京大学士山岳会のリーダーとして白頭山冬季遠征を敢行。この間、登山と密接な関係のある森林の垂直分布、山地渓流にすむ昆虫などの研究に学問的関心が向けられ、やがて独創的な生態学体系の構想から『生物の世界』（一九四〇年、弘文堂）がまとめられた。現在は「中公クラシックス」などで読める。登山歴と学問歴をふまえて、日本における組織的学術探検の開拓者となる。四一年、ポナペ島調査。四二年、北部大興安嶺探検。四四年、内蒙古草原調査。敗戦によってしばらくこの島国に封じ込められた期間に、内蒙古で手がけた哺乳類の調査をつづけ、馬、鹿、猿などの日本内地にすむ哺乳類の生物社会学的研究に着手するが、四九年以降はニホンザルの研究に集中し、やがて類人猿や人類をふくむ霊長類へ研究を拡張する。登山ではマナスル踏査隊長としてヒマラヤ遠征、学術探検ではカラコルム－ヒンズークシ探検隊を組織し、アフリカのタンガニカに類人猿研究基地をつくった。一九九二年六月没。

明治以降、日本の科学者たちは、それぞれの分野で注目すべき業績をあげてきたが、ひろい展望をあたえる方法論を創唱した例はまれである。今西錦司の『生物の世界』は、そうしたまれな例に属する。

本書に素描された生態学的な生物社会学の方法論は、のちに『生物社会の論理』においていっそう整備され、一九四九年から開始されたニホンザルを中心とする霊長類の比較社会学的研究の指針として、みごとな成果をあげた。

著者の方法の根底をなす学問観ないし世界観には、西田哲学の影響が明瞭にみとめられる。「純粋経験」とか「行為的直観」と呼ばれる具体的現実の直観的把握を学問的認識の出発点とし実在の真相とみなす西田の観点は、直観的な「類推」を「新しい生物学の生命」とみる著者の観点に継承されている。著者によれば、類推とは「われわれがものの類縁関係を認識したことに対する、われわれの主体的反応の現われ」である。たとえば「石や木を見つけて今日はと挨拶しても、石や木が何も返事しないということ」は子供にでもわかる。ところが、動物のなかでもとくに犬や猿のような高等なものになると、「彼らのわれわれにたいする働きかけをも予想しないわけには行かない」。類縁関係のこうした直観的認識を、著者は類推の基礎とみなし、それを方法論の中核にすえた。ここから「生物学の任務は必ずしもわれわれの生活資源という問題にばかり結びついているのではない。われわれ人間もまたこの世界構成の一環として、生物的類縁をもち、われわれの現わすさまざまな行動習性も、われわれの生物的地盤の中に深く根ざしたものであることを明らかにすることによって、われわれがわれわれの本質について深く反省する資料を与えるものでなければならない」という主張も出てくる。

西田幾多郎が純粋経験や行為的直観を理論構成の究極の出発点として、それ以上さかのぼろうとしなかったのにたいして、今西錦司は類推の成立根拠を宇宙進化の見地から説明しようとする。このあたりに、西田の意識中心の生命哲学と著者の地球中心の生物学方法論の相異がみとめられる。著者によれば、われわれの住んでいるこの世界は、「もとは一つのものから分化し、生成したもの」であり、こうした分化発展の過程において、一つのものが「何等かの関係で結ばれた相異なるものに分かれていった」ともいえるし、「何等かの関係で結ばれた相似たものに分かれていった」ともいえる。このように相似とも相異とも見うる関係を秩序づけている原理が、類縁なのである。

「類縁とはものの生成をめぐる歴史的な親疏ないし遠近関係を意味するとともに、またその社会的な親疏ないしは遠近関係をも意味する」

このような類縁を直観的にとらえることが可能なのは、この世界が一つのものから分化発展したものであり、われわれ自身もこの世界の構成要素としてその分化発展を身をもって経験してきたものと考えられるからであり、世界のいろいろなものはわれわれと異質なものでないばかりでなく、それらの生成とともにわれわれも生成してきたものと考えられるからである。

以上は、第一章の要旨である。ここには著者の基本的観点が述べられており、西田哲学と今西生態学の接点がみとめられる。接点というのは、㈠現実の直観的認識を理論の中核にすえる点、㈡現実を一つの全体の分化発展としてとらえる点である。西田の『善の研究』では第一編「純粋経験」に㈠が、第二編「実在」に㈡が詳論されており、今西は純粋経験に類推の原型としての直観的認識を、実在を地球中心的な生物の世界におきかえた。

『生物の世界』は、「相似と相異」、「構造について」、「環境について」、「社会について」、「歴史について」という五章からなり、序文によれば、中心をなすのは第四章の社会論である。第一章から第三章までは第四章を導き出すためのいわば序文であり、第五章の歴史論は社会論の延長にすぎない。第一章では生物と環境が一つのものから分化発展したという仮定が提出され、第二章では生物の側に、第三章では環境の側に焦点が当てられる。まず、第二章と第三章の検討に移ろう。

生物は構造と機能の統一であるが、この統一は空間と時間の統一の反映にほかならない。「無生物だって世界の構成要素である以上構造的即機能的な存在である」

したがって、無生物から生物への進化とは、「無生物的構造が生物的構造に変り、無生物的機能が生物的機能に変る」ことであり、それは無生物的生命から生物的生命への変化をともなうのである。この場合、著者は「この世界に生命のないものはない」という汎生命主義的見地をとっている。

ついで環境に視点をむけよう。環境とは生物の「生活の場」であり、生物が生きていくために必要な食物や配偶者を求める場所である。

「環境なくして生物の存在が考えられないとともにまた生物の存在を予想せずして環境というものだけを考えることも出来ない」

したがって、

「生物とその生活の場としての環境とを一つにしたようなものが、それがほんとうの具体的な生物なのであり、またそれが生物というものの成立している体系なのである」

以上の考察をふまえて、第四章の社会論が展開される。社会とは「その中でその社会の構成員が生活する一つの共同体的な生活の場」であり、「個体が繁殖もし、栄養もとりうるようなもの」でなければならない。そうした社会は、具体的には種の社会である。地球上には一〇〇万種以上の種が現存するが、それらはそれぞれ特定の生活の場を占めている。生活の場は生活内容に相対的にきまるのであるが、生活内容の相異は生活形の相異を生じる。種の社会は、特定の生活の場を占める生活形を等しくする個体によって構成され、生物の世界は、異なった生活形、異なった生活内容をもつ種が、地球上の生活空間を棲《す》み分けることによって成立する。

右のような生物社会の構成原理を、著者は〝棲み分け〟原理と名づける。それは、種社会間の関係が、闘争的な競争よりはむしろ平和的な共存を基本とするという考えに立脚している。

ところで、「お互いに生活形の酷似した、力の等しいもの同志であると、この平衡を得るためにはどうしても棲み分けによる一種の空間的対立より解決の道がない」が、「生活形も異なり、また力も等しくないもの同志にあっては、一方がつねに他に対して優位を占め、他はつねに一方に席を譲るようにすることによっても、一種の別な平衡は保たれる」。前者の棲み分けによって構成される社会は「同位社会」、後者の棲み分けによって構成される社会は「同位複合社会」と名づけられる。これが、社会論の要点である。

歴史論の中心概念は、「分業」の概念である。生物の種社会は分業のない平面的な社会であり、同位社会もなお平面的であるが、同位複合社会には分業を条件とする階級構造がみとめられる。なお、ここではダーウィンの進化論にたいするするどい批判が展開され、独自な進化論が提起されている。

坂口安吾『日本文化私観』

さかぐち＝あんご　本名を炳吾といい、一九〇六年、新潟県新津市に生まる。坂口家の先祖は肥前唐津藩の陶工で、のち九谷にうつり、さらに新潟にうつった地方の豪家。父は町田忠治、若槻礼次郎などの政友。一三人兄妹の一二番目が安吾で、幼少より放浪癖があり、ガキ大将であったという。講談のたぐいを熟読、ひそかに忍術を研究した。一九一九年、新潟中学入学。このころより家への憎しみをおぼえ、学校をきらい、落第。谷崎やバルザックに読みふけり、二二年ついに放校。その秋上京、豊山中学に入る。ポウや啄木などを人生の落伍者として愛し、漠然と宗教にあこがれて、二六年、東洋大学印度哲学科に入学。梵語、パーリ語、チベット語などを猛勉強。三〇年、同大学卒。同人雑誌『言葉』、『青い馬』を創刊。三一年、小説『風博士』、『黒谷村』を書き、文壇に注目さる。三二年、矢田津世子を知り、恋がつづく。三六年、津世子と絶交、新生をめざし京都を放浪、『吹雪物語』を書く。戦後、『堕落論』と『白痴』によって一躍名声をはせた。四七年、梶三千代と結婚、一子をもうく。一九五五年、桐生市で急死。

戦争たけなわの一九四二年、当時の無名小説家坂口安吾は、『現代文学』というこれまたほとんど無名の小雑誌に「日本文化私観」を書いた。原稿用紙五〇枚ばかりのエッセイである。日本的とは何か。伝統とは何か。国民性とは何か。そういうたぐいの問いが、為政者から国民に投げかけられていた。坂口は、この問いにたいして、かれなりの答えを出したのである。

「講談を読むと、我々の祖先は甚だ復讐心が強く、乞食となり、草の根を分けて仇を探し廻っている」。だから、日本人とははなはだ復讐心のつよい国民だ、ということになるだろうか。いや、「そのサムライが終ってからまだ七八十年しか経《た》たないのに、これはもう、我々にとっては夢の中の物語である。今日の日本人は、凡《およ》そ、あらゆる国民の中で、恐らく最も憎悪心の尠《すくな》い国民の中の一つである」。憎悪心が少ないからかえって、封建体制の都合のために、仇討という「伝統」がつくられたといえる。「伝統とか、国民性とよばれるものにも、時として、このような欺瞞《ぎまん》が隠されている。凡《およ》そ自分の性情にうらはらな習慣や伝統を、恰《あたか》も生来の希願のように背負わなければならないのである。だから、昔日本に行われていたことが、昔行われていたために、日本本来のものだということは成立たない」

敗戦直後にかれの書いた「堕落論」でも、おなじ趣旨がくりかえされている。「元来日本人は最も憎悪心の少い又永続しない国民であり、昨日の敵は今日の友という楽天性が実際の偽らぬ心情であろう」。「我々は規約に従順であるが、我々の偽らぬ心情は規約と逆なものである」ながく規約としてのこったものには、それだけの理由がある。しかし規約がかくかくだからといって、元来「日本的」とはしかじかだと直線的に推論することの愚を、かれはいったのである。規約とはうらはらのところに、ときとしてほんとうの「自分の性情」のあることを指摘した。それは坂口安吾の文学者流の卓見である。政治制度にせよ美の約束にせよ、坂口は、そういうきまりのうらに、きまりの底に、「あるがまま」を、「当り前のこと」を見たひとである。「庭に一つの石を置いて、これは糞カキベラでもあるが、又、仏でもある、という。これは仏かもしれないという風に見てくれればいいけれども、糞カキベラは糞カキベラだと見られたら、おしまいである。実際に於《おい》て、糞カキベラは糞カキベラでしかないという当り前さには、禅的な約束以上の説得力があるからである」

日本の庭園、林泉は、一つの約束ごとである。自然そのままではなくて、自然をひねった約束ごとである。それは自然の模倣ではなく、いわば思想の表現だ。「けれども、茫洋《ぼうよう》たる大海の孤独さや、沙漠の孤独さ、大森林や平原の孤独さに就《つい》て考えるとき、林泉の孤独さなどというものが、いかにヒネくれてみたところで、タカが知れていることを思い知らざるを得ない」。美的な約束、人工のたくみはタカがしれている。そのタカのしれているところが「日本の伝統」なのであろうか。そうではない。庭や建築に「永遠なるもの」をつくることはできないというあきらめ、絶望が、昔から日本にはあった、とかれはいう。「永遠なるもの」というと、ひとは『方丈記』を思い出す。しかし坂口のいう「永遠なるもの」は、人間の絶対的な孤独、実存ということであった。建築はいつか火事にやけて亡びるといった皮相なものではなかった。かれは、当然の権利でもって『方丈記』とブルノー＝タウトを軽蔑する。かれらの孤独、かれらの永遠というのはその程度のものでしかなかった……。日本には、もっとはげしい絶対の探求があったし、自分はその伝統につながっているとかれは思う。

大雅堂はどうか。かれは画室をもたなかった。良寛はどうか。かれには寺すら必要でなかった。かれらが無欲だったわけではない。かれらはあまりにも欲がふかすぎ、豪奢でありすぎ、したがって、人工の限度にたいする絶望がふかかったのである。

「人工の限度にたいする絶望から、家だの庭だの調度だのというものには全然顧慮しないという生活態度は、特に日本の実質的な精神主義者には愛用されたのである」

「実質的な精神主義」とは耳なれぬ用語であり、皮肉な表現である。「実質的」とは生活者の立場である。「精神主義」とは絶対をもとめ、中途半端を排撃する文学者の魂である。この両者が結びついたところに、かれはいたのである。「精神主義者」坂口は、桂離宮も東照宮も、どちらも一つ穴のムジナとみた。無きにしかざるの「精神の貴族」からすれば、ともに饒舌であり、ともに俗悪である。しかし、無きにしかずという冷酷な批評精神はありえても、無きにしかずという芸術はない。存在しない芸術というのは、ありえないからである。したがって、俗悪を否定せんとしてなお俗悪であるしかない芸術と、俗悪ならんとして俗悪そのものである芸術と、この二つがのこる。そして生活者坂口は、「俗悪ならんとして俗悪である闊達自在さ」をむしろとるのである。最も精神主義的なものが最も生活的であるという逆説が、そして坂口安吾という逆説的存在がここで成り立つ。

「日本文化私観」は闊達自在な漫歩的エッセイだ。坂口が京都であそんだ思い出が随所に書きこんである。坂口の京都は、しかし、神社仏閣・名所旧蹟の京都ではなく、場末の芝居小屋であり、伏見稲荷の俗悪きわまる赤い鳥居であった。この鳥居は、一里に余るトンネルみたいなもので、「見るからに醜悪で、てんで美しくないのだが、人の悲願と結びつくとき、まっとうに胸を打つものがある」。「俗なる人は俗に、小なる人は小に、俗なるまま小なるままの各との悲願を、まっとうに生きる姿がなつかしい。芸術も亦そうである。まっとうでなければならぬ」。これが坂口のいう、実質的ということであり、生活的ということであった。

短い足にズボンをはき、洋服を着てちょこちょこ歩き、畳をすて安物の椅子にふんぞりかえっている――こうした現代日本人は、ヨーロッパ人から見れば滑稽かもしれぬ。「伝統」をないがしろにしている、というかもしれぬ。しかしわれわれの「生活の必要」がそれをもとめ、それを便利としているかぎり、ヨーロッパ人の憫笑ははなはだ浅薄でしかないのである。

生活第一、便利第一というところから、坂口は独自の機能主義美学にゆきつく。たとえば「非常に高いコンクリートの塀がそびえ、獄舎は堂々と翼を張って十字の形にひろがり、十字の中心交叉点に大工場の煙突よりも高々とデコボコの見張りの塔が突立っている。勿論、この大建築物には一ヵ所の美的装飾というものもなく、どこから見ても刑務所然としており、刑務所以外の何物でも有り得ない構えなのだが、不思議に心を惹《ひ》かれる眺めである」。どうしてこれを美しいと思うのか、とかれは自問する。この刑務所を見るのとよく似た感動が、ドライアイスの工場、小さな駆逐艦を見たときにも、かれをとらえた。坂口は、そこから結論する。

「ここには、美しくするために加工した美しさが、一切ない」

「不要なる物はすべて除かれ、必要のみが要求する独自の形が出来上っているのである。それは、それ自身に似る外には、他の何物にも似ていない形である」

必要のみに応じてつくられたところに「美」が生まれるという、ル＝コルビュジエの機能主義と同じ美学がここにみられる。ただし、坂口安吾の場合、その機能主義はふかい実存的・文学的感覚と結びついていることに注目しなければならない。かれは、絶対と孤独をもとめて、その果てに、俗の俗なる美学を発見したのである。

「……これが美しくなくて、何であろうか。見給え、空には飛行機がとび海には鋼鉄が走り、高架線を電車が轟々と駈けて行く」

湯川秀樹『目に見えないもの』

ゆかわ＝ひでき　一九〇七年、東京に生まる。翌年、実父小川琢治の京大文学部（地理学）教授赴任にともなって京都に移る。京都一中、三高をへて、一九二九年、京大理学部物理学科を卒業。原子核論、場の量子論を専攻。三二年、京大講師。同年、結婚し、姓を湯川と改め、大阪に移る。翌年、大阪大学講師、その翌年核力の中間子論についての最初の論文を発表。四〇年、京大教授、まもなく京都に移る。同年、学士院恩賜賞。四八年、プリンストンの高等研究所に客員教授として招かれ、四九年、コロンビア大学の正教授。五一年、ノーベル物理学賞。五三年、帰国して京大基礎物理学研究所長に就任。五五年のラッセル・アインシュタイン声明に署名、その提唱による「核兵器と世界平和に関する世界科学者会議」（パグウォシュ会議）に参加し、六二年、科学者京都会議を主宰。三四年までの生い立ちは自伝『旅人』に詳しい。兄に小川芳樹（工学）、貝塚茂樹（中国史）、弟に小川環樹（中国文学）がある。八一年、死去。専門的な論文以外の著作も多く、五五年までの主なものは『湯川秀樹選集』全五巻（甲鳥書林）に収録。それ以後のものとしては『素粒子』、『現代科学と人間』などがある。

かつてある詩人がヒマラヤ探検の講演会に列席したさい、この探検のために現代の科学・技術の最もすぐれた要素とあらゆる分野の科学者が動員されているにもかかわらず、「そこに一人の詩人の席もない」という感想をもらしていた。

地理的探検にかぎらず冒険一般はなんらかの現状打破、現状否定を契機としてふくむもので、その点では文学的作業と相通じる。詩的発想の迫力は、単に現実と理想、事実と幻想といった図式で解かれるべきでなく、蓄積と規整の過程のなかに断絶をふくみつつ冒険の方向へ媒介する一面をもつ。文学の歴史はこのことを示している。科学の歴史を飾る発明・発見もまた、「天才の霊感」の類に託する通俗的説明よりも、蓄積と規整の繰返しをふくむ実証的な過程とみることが、多くの場合、真相に近い。しかしなかには、冒険的な一躍によってはじめて真理への登攀行を成就しえた場合もあることを否定できない。

「核力に関する中間子の存在の予言」によってノーベル賞をうけた湯川理論の成果は日本人の独創性の証《あかし》として、またいわゆる「文化国家」のシンボルとしての声価を得ている。しかし近代国家としての成長期をある程度経たわが国の科学界に、ふつうの水準での独創性を問うならば、その答えはただ一つということにはなるまい。湯川理論は独創的な理論であると同時に「未知の粒子の理論的予想」に成功した冒険的性格を最大の魅力とし、シンボルとしての本質もそこに求められるべきである。

『目に見えないもの』（『物理学に志して』一九四四年の増補改訂版）はすべて終戦前の時期（一九三九―四五）に書かれている。同じ時期に『最近の物質観』、『極微の世界』、『存在の理法』という著書がある。中間子論が一応の展開をみた一九三五―三九年の時期を経て、著者は原子核の世界から素粒子の世界へと探検の歩をすすめつつあったが、これらの三冊では、いわば偵察行にもひとしい第一次探検の成果をふまえて、本来の目的である処女地への計画や見透しが情熱と自信をもって、ときには技術的な面もいとわずに語られている。しかし中間子の発見という輝しい経歴をもつ冒険的探究者のスピリットを探ろうとする一般読者にとっては、物理学内外のひろく多彩な話題に触れたこの『目に見えないもの』が、科学の主体としての人間を伝える意味で、興味ふかい素材を提供するものといえよう。第一部には物理学、物質観の変遷やそれをめぐる問題を概説した比較的長い四つの文章がふくまれ、第二部には中間子論誕生にいたるまでの「半生の記」を中心に少年時代、修学時代、二人の父への回想を綴った四つの文章、そして第三部には、もとめに応《こた》えた書評の類のほかに「物理学に志して」「目に見えないもの」などやや啓蒙的な随想が、「真実」「未来」などのアフォリズム風の短文とともに収められている。

第一部の主題は「物理的世界」の問題である。自然哲学→近代物理学→現代物理学という系譜をたどるとき〔I 理論物理学の輪廓〕、現代物理学の目標である素粒子論の建設への有効なルートはどのように設定されるか。近代物理学を特徴づける実証的精神は、経験に根拠をもたぬ独断論として思弁的な自然哲学を排し、法則性の本質としての実証性を確立した。しかし統計的な因果律をもつ量子力学の出現は、経験事実を再現するものとしての法則性の根拠を失わせ、近代物理学の幸福な安定感を動揺させた。さりとて、自然法則は自然現象の記述であって説明ではないとする徹底した実証主義の立場、操作主義の立場を認めることにはならない。このような立場は理論の発展の契機を抹殺する。たとえば、目に見えない原子にたいして実証主義のあびせた非難を想起すればよい。認識の問題の裏には必ず存在の問題があるのではないか〔III 物質の構造〕。といって、量子力学における自然認識の二重性を過渡的な不完全性とみなし、素朴実在論の安定感を回復する方向に解決すべきではない。量子力学で現在つかまれている二重性は事実と法則、可能性と現実性という一般な媒介関係のあらわれと解すべきで、その種の関係の背景として物理的世界が考えられる。この世界の本質への洞察の発展には、過去におけると同様、自己を否定する運命を甘受せざるをえない。量子力学で確率論的にとらえられた法則の統計性は素粒子論ではより高次になるのではないかというのが著者の見解である。

もちろん、物理的世界は現実世界一般をおおうものではない。といって、現実を制限された各種世界に寸断する経験論の手法は許されぬ。物理的世界は内に未知の可能性を蔵しているとともに外にひろい経験の世界と連関している。この連関を理解することは、物理学自身の統一性の問題であると同時に、世界観としての統一性の問題にかかわる。この種の問題が、観測の問題、生命の問題として取り扱われている〔I 物質と精神〕。これらは単に解釈の問題ではなく、実証的に可能な追求によって将来の物理学の発展の契機になりうる点が重要である。じじつ近代物性論とその発展である生物物理学の擡頭によって、最近この方向に新しい分野が開拓されつつあることは、著者の見識を示すものといえよう。

生命の問題のほかにエネルギーの問題も物理学の可能性を示す問題である。いわゆる原子力には触れられていないが、星のエネルギーとしての原子核エネルギーの問題が注目されている〔I エネルギーの源泉〕。この分野も戦後活潑に開拓されたが、著者はわが国のこの方面の研究の陰の推進者であった。

物理的世界における事実と法則の関係は、実証性の意味を変化させる。したがって素朴な実証性の立場から科学と無縁なものとして排された神話、自然哲学の思弁もまた異なった意味合いをもってくる。このような意味での古代インドの物質観・因果観と現代物理学のそれらとの対比が論じられている〔I 古代の物質観と現代物理学〕。この種の考察は、単にモダンな解釈とか汎神論的・仏教的な自然観の表白といったものではない。科学の根源と著者が評価するゆえんは、単に類比《アナロジー》の論理という面に限定されず、より多く文学的表象としての機能の面がある。既知の科学的な概念が一身上のアスペクトに主体化されて高い具象性をそなえたときに強烈な文学的表象が生まれるように、物理的世界における未知の概念やカテゴリーの発掘にたいして「意味」の表象が駆動力として機能する面はじゅうぶん評価されてよい。

第二部の回想記は、のちに自伝『旅人』で拡大発展された材料である。第一部の物理学の系譜にたいして、一物理学者の系譜がここにある。そして両者の交点として「中間子の予言」という科学史上の一事件がある。これら二種の異なった段階の序列を同一の発展の論理として把握することが科学の方法の問題であろうし、その論理の適用技術として教育の問題がある。

第三部を著者はみずから「恰《あたか》も蟬が飛び去った樹上に残る脱殻《ぬけがら》の如きものではなかろうか」と批評しているが、むしろ第二部を補って著者の気質を伝えている。たとえば『ピエール＝キュリー伝』の書評に託して語られている過渡期の物理学者にたいする敬愛は、素粒子論をめざして胎動する過渡期に身をおく著者として当然かもしれない。が同時に、物理学の英雄時代への期待と希望のつよさを物語るものになっている。表題になっている「目に見えないもの」では現象論的方法にたいする原子論的方法の優位が述べられている。本書の末尾は、その確信を裏書きすると同時に、著者の物理的世界を表象するようなつぎの句で結ばれている——「芥子《けし》粒《つぶ》の中に須弥山《しゅみせん》が蔵されているという喩《たと》えのように」。

鈴木大拙『日本的霊性』

すずき＝たいせつ　一八七〇年、金沢市に生まる。父は了準、母は増で、四男一女の末子。五歳のとき、父を失った。旧制四高の前身である石川専門学校初等中学を卒業後、学制改革による新制の第四高等中学校予科三年に編入。その間、西田幾多郎、藤岡作太郎らを知るが、まもなく中途退学。二一歳のとき、小学校訓導を止めて上京し、東京専門学校（早大）、のちに東大選科に学ぶが、大学へ通うよりも鎌倉円覚寺、今北洪川のもとで参禅に精進。洪川の死後、釈宗演について参禅。二七歳のとき、シカゴにすむポール＝ケーラスのもとへ行き、宗教的仕事を手伝う。三九歳にして帰国、学習院教授となり、ビアトリス＝レーンと結婚。のち大谷大学教授となる。そのころから宗教的心境が円熟し、『無心といふこと』、『禅と日本文化』、『続禅と日本文化』、『浄土系思想論』、『日本的霊性』などをつぎつぎに発表。一九四五年、親友西田幾多郎を失い、「西田が死んだ、西田が死んだ」と人前で慟哭したという。四九年、文化勲章。五二年、コロンビア大学に移り、五八年に帰国、鎌倉松ヶ岡文庫にてもっぱら仏教の研究に従事。六六年、死去。本書は「中公クラシックス」などに収められている。

『日本的霊性』は数多い鈴木大拙の著書のなかでも最もわかりやすく、しかも最もすぐれたもののの一つであろう。大拙は、ようやく日本の運命がきまりかけたかにみえた戦争のさなか、一九四四年の夏に、本書を書いた。

かれが日本精神という言葉をさけて、ことさらに日本的霊性という聞きなれない言葉をもちいたのは、当時流行していた時局便乗的な日本の精神論を嫌ったためでもあろうが、同時に、精神という言葉をつかうかぎりさけられないかにみえる精神と物質の対立という意味をさけようとしたのであろう。霊性とは、「精神と物質の対立をこえ、精神と物質とが二つでありながら一つで、一つでありながら二つであるという相即相入の世界を現出させるもの」である。このような宗教的霊性は、もちろん普遍的なものであるが、霊性の自覚過程や、それが精神的事象にあらわれる様式には、各民族に相異がある。このような霊性の日本的あらわれ、日本的霊性を、大拙は禅と浄土思想にみる。仏教はもちろんインド生まれの外来宗教であるが、それが中国をへて日本に移入され、長い準備期間をへて、やっと鎌倉時代になって、日本的霊性を目覚ました。外来宗教である仏教が霊性をもたらしたのではない。もともと霊性は、日本の大地に根づいていたのであるが、それが仏教を機縁にして、長い冬眠から目覚めたのである。

平安時代の日本人は、情性的生活にあけくれていた。はかない恋や移りゆく自然にたえず涙を流し、夢からうつつか、いっさいがあわれであり、いっさいが淡かったかれらは、ふかい宗教的自覚をもつことができなかった。かれらの生活は大地に根をおろしていなかった。いっさいの生物がそこで生まれ、そこで死ぬ大地、それこそ霊性の「奥の院」であり、日本的霊性は大地に根のない貴族ではなく、大地に根づいた農民や、その農民にささえられた武士を地盤として、禅と浄土思想という形で開花した。禅は武士に生死の自覚をあたえ、浄土教、とくに真宗は農民にふかい宗教的自覚をあたえたのである。

禅と浄土思想、ふつう、それは聖道門と浄土門、自力教と他力教というふうに、相容れない二つの宗教のようにみられるが、大拙はそれを日本的霊性の二つの自覚面とみるのである。仏教には知的自覚と情的自覚、大知と大悲の二面があるが、このどちらに力点がおかれるかによって、霊性は、禅あるいは浄土思想という形をとってあらわれるのだという。このように禅と浄土思想を相通じるものとみると、禅あるいは浄土思想にたいする、多少ふつうとちがった解釈が必要とされるであろう。浄土思想でいう浄土は、ふつう人間が死んでからゆく清浄な国、西方十万億土にある国とされ、南無阿弥陀仏をとなえればかならず未来の浄土に往生できると考えられるが、大拙によれば、このような浄土解釈は不十分である。浄土とはこの娑婆《しゃば》にある霊性的世界であり、南無阿弥陀仏という霊の底から出た悲痛な叫び声によってわれわれはそのまま浄土の世界に住むことができ、この娑婆が浄土であり浄土がすなわち娑婆であるという。

霊性はもちろん知性や物質をこえたものであるが、知性や物質とはなれてそれと対立した形で存在しているのではなく、知性や物質をいったん否定しながらも、それらを包括する形で、それらに相即して存在しているのである。このような娑婆と浄土、知性・物質と霊性の結びつき、絶対に相反するものの結びつきの論理を、かれは親友西田幾多郎にならって、「絶対矛盾の自己同一」ともいうが、また伝統にしたがって、「般若即非の論理」ともいう。

源信から、法然、親鸞への浄土思想の発展のなかに、かれは、浄土、すなわち娑婆という般若即非の思想の発展をみるが、こうした般若の思想は、また一文不知《いちもんふち》の庶民の心にも宿るのである。石見《いわみ》の国に才市というひとがいた。才市は下駄つくりを職としたが、かれは仕事のあいまにかんな屑に奇妙な歌を書きつけた。

「才市どこか、浄土かい。

ここが浄土の、なむあみだぶつ。

「わしのこころは、あなたのこころ、あなたのこころが、わたしのこころ。わしになるのが、あなたのこころ。

「わしが聞いたじゃありません。わしが聞いたなありません、こころにあたるなむあみだぶつ、いまあなたに打たれ取られて」

才市にとってここが浄土で、浄土はここで、阿弥陀は才市と同じ心であった。かれはしばしば、懺悔と歓喜の交互する宗教的興奮を経験したらしいが、それもまったくあみだの慈悲、あみだの心、あみだのなせるわざであった。才市はまったく法悦と無心の境地に遊ぶ妙好人であったが、大拙は才市のなかに法然や親鸞や道元におとらない日本的霊性のふかみをみる。

このような浄土思想や妙好人の解釈を読むひとは、そこに禅的に解釈された浄土思想をみるであろう。そこでは浄土は大地そのものであり、いまここに存するものとみられている。浄土思想をこのようにみる著者は、逆に、禅は悲の面、情性の面がたりないのではないかともいう。浄土禅という言葉で大拙の立場を批評するひともあるが、こういう立場をとってのみ日本人の精神の骨格を形成した禅と浄土思想という二つの宗派を公平に評価しえたのであろう。

戦争中に書かれた本書には、不思議なほど時局の影はない。かれは多くの文化人のような時局便乗の言葉をほとんど一言ももらさなかった。かれの心はすでに霊性の世界にあり、娑婆の世界をどこ吹く風と思っていたのではないか、とすら思われる。あわただしい世界のなかで、かれは静かに忘れられた日本の精神のふかみをみつづけたのであろう。

かつて、大拙のみた日本的霊性の視点は、浅薄で侵略的な日本精神論にたいする反主流派的な視点であったが、いまやそれは、とくに外人が日本をみる最も主要な視点となった。外人は浄土思想より行動的で新奇な禅を好み、禅のなかに最もふかい日本的霊性をみようとするかのようである。その場合、本書は『禅と日本文化』とともに、入門書以上の役割をはたすことは確実である。ひょっとしたら外人以上に日本のことを知らず、日本文化について反省することの少ないわれわれにとっても、過去および将来の日本文化、日本の精神のあり方を考える場合に、『日本的霊性』は必読の書であろう。しかしそのことは、けっして本書でみられた日本の精神のみが正しい精神の姿であり、他の視点は間違っていることを意味しはしない。それのみか、本書には現在の世界からみて、多少どうかと思われる点もないではない。

「先年上海事変のとき、戦争で日本の兵隊が突撃した。始めはワア／＼で突進したが、いつの間にやら、それが『なむあみだぶつ』にかわって、何れも念仏で敵陣へ切り込んだと云うのである。……自分の頸の切られるときも『なむあみだぶつ』、他の胸をつくときも『なむあみだぶつ』、消極・積極・否定・肯定――何れにも念仏が出る」

なむあみだぶつで人間を斬り、なむあみだぶつで人間に斬られるのは、たしかに尋常ならざる達人の境地であろうが、平和であり、しかも平和でなくてはならぬ現代には、多少ぶっそうな精神であろう。武士道精神と結びついた禅に最高の日本的霊性のあらわれをみる大拙に平和の精神の不足をみるひとは、状況に融通無礙《ゆうずうむげ》に適応するその精神に、批判精神の欠如をもみるかもしれない。あわただしい戦争の時代に新しい視点で大拙が静かに日本の伝統を考えつづけたように、あわただしい平和の時代に静かに日本の伝統を新しく考えつづけることが、いたずらにこのたぐいまれな達人を礼讃するより、現在ではむしろ必要なことかもしれない。

柳田国男『先祖の話』

やなぎた＝くにお　一八七五年、兵庫県神崎郡福崎町田原辻川で、医師松岡操の六子として生まる。兄に医師松岡鼎、医学博士井上通泰、弟に歴史学者松岡静雄、画家松岡映丘らがある。一八九〇年に上京し井上家に同居、森鷗外を知り田山花袋らと交わる。一九〇〇年、東大法科大学政治科を卒業、農商務省に入る。翌年、柳田家の養子。法制局参事官、貴族院書記官長を歴任して、一九年、官界を去る。公務のかたわら、新渡戸稲造を中心に郷土会を設立、一三年、高木敏雄とともに『郷土研究』を発刊、民俗学研究の基礎をかためた。二〇年、朝日新聞社に招かれ、各地を旅行し、『朝日新聞』に寄稿、のち『雪国の春』などとして出版。二五年、『民族』を創刊。三四年には門下の木曜会（のちに民俗学研究所）の同人による山村調査、ついで海村・離島の民俗調査。翌年、全国の民俗学徒を結集して『民間伝承』を主宰、民俗学講座を開いて普及につとめた。四一年、朝日文化賞、四七年、日本芸術院会員。翌年、日本学士院会員。五一年、文化勲章。一九六二年、八七歳で死去。『先祖の話』は一九四五年に脱稿、翌年出版した。柳田家の私版もあるが、『柳田國男全集』第一三巻（筑摩書房）などに収められている。

柳田国男の民俗学における業績を、わずか一冊の著書『先祖の話』を通じて紹介することは、むしろ無謀でさえある。半世紀をこえる長い学問活動のあいだに『後狩詞記《のちのかりことばのき》』から『海上の道』まで約百種の著述をなし、そのすべてがつぎつぎに大きな反響を呼んだ巨人の真の姿を描くためには、一〇冊はおろか二〇冊をあげても多くはあるまい。かれは、日本民族のもつ伝承文化のさまざまな分野について、おびただしく蒐集された事実にもとづき、するどい観察とひろい視野からすぐれた理解を導き出し、いまだ知られなかった民族生活の実相を明らかにした。その文才も稀にみるものである。このような人物はめったに出現するものではない。

柳田民俗学もしくは柳田学などという言葉がある。これは余人には及びえぬという賞讃から出たには相違ないが、反面にかれの学風が民俗学において偏《かたよ》った特殊なものと受けとられるおそれがないでもない。好むと好まぬとにかかわらず、柳田国男はまさに日本民俗学の中心に位置していたのである。かれは、この学問の創始者の一人として、つねに先頭に立ってこんにちの繁栄をもたらした。このような学者の評価は、正統の座においておこなわれるべきである。かれを祖述する門流はいうまでもなく、その批判的立場にあるものでも、民俗学を考えるとき、柳田国男の存在は無視しえない。

民俗学の名においてかれの提唱した民族文化の研究は、これを歴史的に解明して現実生活の理解に到達することにあった。「歴史的に」という表現には、多少は抵抗を感ずるひともあろう。しかしながら伝承文化は、たとえ現在の事実であっても、前代以来うけつがれたものである。文化はすべて、いわば歴史的に成立したといえる。そうである以上、その考察には歴史的理解が必要となる。民俗学が歴史とは異なると主張してきたのは、方法論的に従来のいわゆる正統派歴史研究とは同一でないということで、学問自体が歴史学の性格をもつことを妨げるものではなかった。いわば、新しい歴史研究の形態がかれによって始められたのである。もっとも、民俗学を文化人類学の系列に置こうとする意見もある。かれもこれに期待をかけていた。それと、日本文化の特質をあくまで明確にすることとは、しかし抵触するものではなかった。

『先祖の話』は、序文によると、一九四五年四月から五月にかけて書かれた。そのころの日記『炭焼日記』には、前年の五月に講演を依頼されて同じ題目で話をしたとあり、同年一一月一〇日の条《くだ》りにはこの論文を書きはじめたと記されている。一九四五年三月一〇日の大空襲の日にも、終日この稿を書いていたという。敗戦の色濃い暗い日々にも、この七十翁は、ちかく予想される国民生活の混乱を救う一助として、将来の希望を求めるためには民族文化の伝統をよく省《かえり》みることを期待して、熱情をこめて同胞に語りかけようとしていたことがうかがわれる。ここには教えてやるから聞けという姿勢はない。いつも平易な言葉で、われわれが共通にもつ事実に注意をむけ、ともに考え、かつ知ろうという態度があった。過去を知ろう、歴史を考えようと説いても、柳田は保守もしくは復古論者ではけっしてなかった。国民生活がいまよりもよくなるようにいつも努力すべきで、そのためにも過去を正確に知ることを要請する。「かつて我々の民族の中にたしかに有った事実を、知らずに居るということがよくない。それを私は出来るだけ少なくしなければならぬと思うのである」

本書がまずわれわれの注意をうながすのは、先祖という言葉がいま二通りの意味で理解され、用いられていることである。通例は、「家の最初の人ただ一人が先祖だと思い、そうで無くとも大へん古い頃に、活きて働いて居た人のことだ」と考えているが、一方に「先祖は祭るべきもの、そうして自分たちの家で祭るのでなければ、何処も他では祭る者の無い人の霊、即ち先祖は必ず各家々に伴なうもの」と思っているひともあることを告げる。前者は文字によってこの語を知ったものの見解で、先祖は何某だと語ることにつながる。後者は耳でこの言葉を聞き知り、むかしのひとの心持ちを伝える解釈だと説明する。

そこで著者は、国民の多数が伝承した「先祖は祭るもの」という立場から考察をすすめ、日本人の人生観、生死観、死後の他界観などについて、さまざまの話題をつぎつぎに提示しつづける。読者の側からいえば、それはまったく知らなかったということがらでもない。多少は見聞し経験して知っていることだが、ただあらためて考えてみなかったというばかりであろう。それが各地の事例を比べてみせられると、いままでは意味なくまもっていた慣習の由来が明らかになり、変化してきたもとの心持ちも掘りさげて気づかれるようになる。「人が死後には祭ってもらいたいという念願は一般であった」と著者はいう。たしかに家の永続を願い、子孫の繁栄を望む思想はいつの世にも変りはなかった。しかしながら「それを知りきって居た子孫の者として、祭る先祖と祭らずともよい先祖とを差別しよう筈は無い。ただその祭をする役目には定まった掛りがあって、誰が祭っても何処で祭っても、よいというものでは無かった」とつづけて述べるのは、家族の結合形態に変遷があり、それに応じて先祖として祭られるものにも変遷があったというのである。古代の氏族集団から、中世では家は分立しても嫡家庶家が同族組織を形成し、さらに家々が独立する時代になった。氏族の長者の司祭権は同族団の本家に伝わり、また家々が初代以下を別々に祭ることになった。そこで「先祖の祭は子孫の義務というだけで無く、もとは正統嫡流の主人夫婦の権利でもあった」と説かれたことが納得される。

このような問題を解明しようとするために、村々の伝承のみでは資料はじゅうぶんとはいえぬことに気づくであろう。民俗学といえば村の故老の思い出話を筆記してくることとばかり信じているものもある。たしかに民間伝承を正確に広汎に記録することは必要である。これ以外に常民生活の考察の手懸りがない場合があるからである。しかし口頭伝承のほかにも研究に役立つものがあるならば、民俗学はそれらを拒むものではけっしてない。じじつ柳田国男はこの書物において論旨を展開するうえに、多くの文献資料をも活用する。『先祖の話』が大きな説得力をもっているのは、歴史学の共同の場に通路をひろく開いていることにかかっていた。

主題の展開にしたがって、民俗学が対象とする重要な問題が数多くとり上げられ、組みこまれる。年中行事については、年頭作法と先祖祭の日の集会慣習とが検討された。正月と盆とが類似する儀礼をもつことから、両者はもと同じ行事の二つの側面を示すものかと推定し、ともに先祖が祭られる時と考えて、精密な論証にかかる。神棚と仏壇との祭の二重構造についても、仏教信仰の習合形態を分析して変遷のあとづけが試みられる。仏事年忌をうち切る習俗がこのときを境にホトケがカミになるという伝承は、古い先祖祭を知る端緒になった。遺体を葬る地とは別に、祖霊を祭る場所を設けた両墓制から、祖霊、同族神、氏神の分離にも民族信仰の長い歴史があることが説かれる。先祖を祭る心持ちがわれわれの信仰習俗のあらゆる部分につながっていることを知って驚くばかりであった。

この重大な命題について、柳田国男は一つの解答をわれわれに提供した。それがいかにみごとであっても、この研究考察は完了したのではないと著者は述べた。

「日本民俗学の提供せんとするものは結論では無い。人を誤ったる速断に陥れないように、出来る限り確実なる予備知識を、集めて保存して置きたい」。「これから世に立つ新鋭の間から、若干の理解と共鳴とを期するばかりである」

丸山眞男『日本政治思想史研究』

まるやま＝まさお　一九一四年、大正・昭和を通じての大ジャーナリスト丸山幹治の次男として、長野に生まる。兄も弟もジャーナリスト。一九三七年、東大法学部を卒業し、四〇年、同助教授。この間、日本近世の政治思想史についてすぐれた論文を発表。四四年、召集をうけ、『日本政治思想史研究』第三章を出発の朝までかかって書きあげ、新宿駅で同僚に手渡した。戦後、五〇年、東大教授。四七年、『人文』二号で「科学としての政治学」を発表し、旧来の政治学への反省と今後の政治学の科学的確立を主張し、いわゆる近代政治学の中心として多くのすぐれた政治学者を生んだ。ナショナリズム、ファシズムについてふかい関心を示し、五二年の破防法反対から六〇年の安保闘争までの実践活動に理論的に寄与するところ大であった。一九九六年、死去。主要訳著書はセイバイン『西洋政治思想史』、『現代政治の思想と行動』、『日本の思想』がある。本書は、戦後の一九五二年に刊行された（東大出版会）。

「あらゆる真摯なる思想家の場合にそうである様に、彼の厖大な体系も窮極するところ現実社会に対する深い時代関心に裏づけられていた」

これは、丸山眞男が安藤昌益について語っている言葉である。ここでいわれているような意味での「真摯なる思想家」という評言がまさに当の丸山自身にこそふさわしいことを明らかにしたものこそ『日本政治思想史研究』である。戦争中における日本近世政治思想史研究という、「とくに時局的な学問対象」にたいして、「およそ非時局的なアプローチ」をあえてしていること自体、著者の「深い時代関心」の証左にほかならない。

かれが本書において意図したところは何か。「徳川封建体制の崩壊の必然性を思想史的な側面から最も確実に実証する」ために、儒教とくに朱子学という封建社会の正統的世界観の崩壊の過程をたどり、これによって、「広くは日本社会の、狭くは日本思想の近代化の型《パターン》」を究明しようということである。

本書の構成は第一章、「近世儒教の発展における徂徠学の特質並にその国学との関連」、第二章、「近世日本政治思想における『自然』と『作為』——制度観の対立としての——」、第三章、「国民主義の『前期的』形成」からなる。それぞれ、一九四〇年から四四年にかけて学術雑誌に発表された独立の論文を収めたものであるが、すべて同一の問題意識によってつらぬかれ、たがいに相補う関係にある。おそらく現在の日本には比類まれな精緻な論理と華麗な名文をもつ〝芸術作品〟で、はなはだ紹介の困難な書であるが、あえて要約を試みる。

まず、徳川封建制の正統的イデオロギーたる朱子学を自然法思想であるとして規定する。朱子学の根本的立場では、君臣・父子・夫婦といった人間関係を規制する規範が天地・陰陽という「宇宙的秩序（天理）」に根拠をもち、しかも「人間性に先天的に内在（本然の性として）する」ものとされるからである。こういう立場から、「現実の封建的ヒエラルヒー」が「『自然的秩序』として承認」されることになる。

では、この「規範と自然との連続的構成」がいかにしてくずれてゆくか。それには、「自然的秩序の論理を主体的作為のそれにまで転換」することが必要であるが、これを遂行したのが、「規範を作り出しこれにはじめて妥当性を賦与する人格を思惟の出発点に置く」徂徠学である。つまり、「自然」にたいする「作為」の立場にほかならない。そして、作為すなわち制度改革の主体としては、まず時と所とを超越した聖人、ついで「その度《たび》ごとの作為」をおこなう「各時代の開国の君主」が考えられる。

朱子学における自然の論理から徂徠学における人為の論理への転換は、ゲマインシャフト的思惟からゲゼルシャフト的思惟へという『『中世的』社会意識の転換過程にほぼ対応」する。社会を作為の産物とすることによって、社会から「必然的に疎外される」自然を根拠とする

「思想的抵抗」としての安藤昌益・本居宣長を間奏曲として、「幕府のための」作為〔徂徠〕は、幕末の内外の危機状態において「幕府に対する批判」としての作為となって展開される。

これと並行して作為の主体も、将軍から大名以下へとかわったが、それはあくまで庶民の能動的参加を排除する「上から」の制度改革にとどまっていた。このかぎりで、庶民にとって秩序は「運命的な所与」であり、「自然的秩序観のなお妥当する現実的地盤」が残存する。この傾向を強化するものとして、外敵にたいする国内的一致の要請があった。ここにおいて、この一致の「精神的支柱」を天皇にもとめ、そのもとでの封建的身分秩序の「無条件的な承認」で「夷狄」に対処しようという尊皇攘夷論が成立する。しかし、ついで封建的身分制が国民の主体的参加を、したがって精神的一致をさまたげるという認識〔たとえば吉田松陰〕が生まれるにいたって、尊皇攘夷論は一君万民的な形態をもつようになり、明治維新をむかえる。

さらに自由民権運動においては、作為説を一歩すすめた人作説、すなわち人民を作為の主体とする社会契約説が理論的武器となるが、絶対主義の「巨大なる国家《レヴァイアサン》」がこれを呑みこみ、「全市民的＝近代的」なものはついに日本では成立しえない。これはまた、「国家的独立のための国民的統一の要請」にこたえる二つの契機――「中間勢力」を解体して、一方では最高主体への凝集という「集中化」の契機、他方では国民層への拡大という「拡大化」の契機において、前者に力点をかけることとなり、わが国のナショナリズムを「国家主義」的なものたらしめた。

日本の「近代化の型《パターン》」は、かくてみごとに跡づけられた。

以上は、「封建的社会秩序の観方乃至は基礎づけ方」という視角から近世政治思想史を「問題史的」に跡づけている第二章の要約で、本書の中心ともいうべきところである。近世政治思想の「思想構造の自己分解過程の跡づけ」を試みた第一章と、同じ対象をナショナリズムの形成という観点からみる第三章とは、この第二章を裏づけるものといってよい。

さきにもふれたように、本書を構成する三論文はいずれも戦時中に発表されたものである。一九五二年に一書にまとめたときにつけた「あとがき」は、「執筆当時の思想的状況」について、「明治維新の近代的側面、ひいては徳川社会における近代的要素の成熟に着目することは私だけでなく、およそファシズム的歴史学に対する強い抵抗感を意識した人々にとっていわば必死の拠点」であったといっている。これこそ、著者もいうように、本書の「超学問的動機」であり、これを書くことは「魂の救い」であった。と同時に、本にまとめるまでに、敗戦による「日本帝国主義の解体という巨大な歴史的断層が介在」しており、本書の内容は「現在の視点とはどうしても直接に連続しない」。

そこで「あとがき」によれば、現在の視点からすれば、本書の分析は「廃棄」されたり「抽象的に否定」されたりはしないが、「新たな視点と照明の投入」によって、「異った組合せや配図のなかに置かれることによって機能変化を遂げる」であろうという。そして、「この『近代国家』がカッコ付の近代であったことも今日……まず学界の共有財産になっている」という言葉から察すれば、この「機能変化」は、本書での「近代」の強調が戦後における「カッコ付」の強調へ、という力点移動を一つの方向とするのではあるまいか。

戦後における丸山眞男の仕事は、このことを立証しているといえそうである。

こうした機能変化はあらゆる思想的生産の避くべからざる運命かもしれない。この運命に抗するとき、思想の硬直が結果する。この機能変化をじゅうぶんなる自覚のもとにおこないえたことにこそ、かれの柔軟性があるといえようか。つねに過去にかえりつつ、そこから現在を見さだめ、未来を見とおす、というすぐれた意味での歴史的思考とは、こうしたものであろう。丸山の論文集はいずれもかなり長文の「あとがき」をもち、しかもこのような歴史的思考の場として重要な意味をもつ。(ちなみに、「あとがき」なるものは欧米の書では皆無か、あってもたいした意味をもたない。中国の「跋《ばつ》」の伝統をひく東洋的特産物でもあろうか。)

以上のような意味で、本書、ことに「あとがき」は、戦前ないし戦中と戦後とをむすぶかけ橋としての役割を、日本の思想界において果たしえた。この地点にこそ、戦後の政治思想ないし思想一般のすぐれた出発点の一つがあったのである。

執筆分担

福沢諭吉	河野健二
田口卯吉	河野健二
中江兆民	桑原武夫
北村透谷	飛鳥井雅道
山路愛山	飛鳥井雅道
内村鑑三	飯沼二郎
志賀重昂	松田道雄
陸奥宗光	樋口謹一
竹越与三郎	桑原武夫
幸徳秋水	河野健二
宮崎滔天	桑原武夫
岡倉天心	高橋和巳
河口慧海	川喜田二郎
福田英子	河野健二
北一輝	樋口謹一
夏目漱石	高橋和巳
石川啄木	多田道太郎
西田幾多郎	上山春平
南方熊楠	桑原武夫
津田左右吉	梅原猛
原勝郎	加藤秀俊
河上肇	河野健二
長谷川如是閑	樋口謹一
左右田喜一郎	上山春平
美濃部達吉	樋口謹一
大杉栄	飛鳥井雅道
内藤虎次郎	桑原武夫
狩野亨吉	上山春平
中野重治	松田道雄
折口信夫	平山敏治郎
九鬼周造	梅原猛
中井正一	多田道太郎
野呂栄太郎	上山春平
羽仁五郎	河野健二
戸坂潤	井上健
山田盛太郎	河野健二
小林秀雄	多田道太郎
和辻哲郎	飯沼二郎
タカクラ＝テル	多田道太郎
尾高朝雄	樋口謹一
矢内原忠雄	河野健二
大塚久雄	河野健二
波多野精一	橋本峰雄
小倉金之助	井上健
今西錦司	上山春平
坂口安吾	多田道太郎
湯川秀樹	井上健
鈴木大拙	梅原猛
柳田国男	平山敏治郎
丸山眞男	樋口謹一

略年表

作品の公表が一部のみの場合は、その最初の公表年次に作品名を記した。例えば《一八六七 マルクス『資本論』》は《一八六七年マルクス『資本論・第一巻』刊行》の意味である。『 』は単行本、「 」は論文を示す。新聞・雑誌名はその創刊年次を示す。ゴチックは本書に収録したもの。( )内は死没の年齢を示す。

一八六七	明治天皇即位／大政奉還	マルクス『資本論』
一八六八(明治元)	福沢諭吉の慶応義塾ができる／東京遷都	
一八六九	本木昌造が印刷機発明	スエズ運河開通
一八七〇		普仏戦争
一八七一	廃藩置県／日刊新聞の創刊	ドイツ帝国成立
一八七二	福沢諭吉『**学問のすゝめ**』／学制頒布	
一八七三	徴兵令／地租改正はじまる	同治中興
一八七四	民選議院設立の建白／西周『百一新論』	
一八七五	福沢諭吉『文明論之概略』	エンゲルの法則

一八七六	新聞紙条例／クラーク来日	日韓修好条約／インド帝国
一八七七（明治一〇）	西南の役／田口卯吉『**日本開化小史**』／東京大学開設	モルガン『古代社会』
一八七八	フェノロサ来日	
一八七九	東京学士会院／大阪朝日・田口卯吉の東京経済雑誌／植木枝盛『民権自由論』	
一八八〇	新約聖書翻訳なる	
一八八一	西園寺公望・中江兆民の東洋自由新聞	ランケ『世界史』
一八八二	中江兆民『民約訳解』／東京専門学校（のちの早大）創設	
一八八三	官報発行／鹿鳴館落成	マルクス死す／エンゲルス『空想から科学へ』
一八八五	ローマ字会創立／尾崎紅葉らの我楽多文庫／坪内逍遥『小説神髄』	インド国民会議第一回大会
一八八六	帝国大学令／東京に電灯がつく	
一八八七（明治二〇）	反省会雑誌／二葉亭四迷『浮雲』・中江兆民『**三酔人経綸問答**』	テンニース『共同社会と利益社会』

一八八八	東京朝日・大阪毎日／岡倉天心ら東京美術学校創立／君が代制定	
一八八九	大日本帝国憲法発布／東海道線開通	第二インター結成
一八九〇	徳冨蘇峰の国民新聞／教育勅語発布／第一回帝国議会	初のメーデー／マーシャル『経済学原論』
一八九一	内村鑑三の不敬事件／幸田露伴『五重塔』・竹越与三郎『新日本史』	
一八九二	神道古俗論で久米邦武が大学追放さる／北村透谷「**徳川氏時代の平民的理想**」を書く／小学教科書検定制	リッケルト『認識の対象』・スペンサー『道徳の原理』
一八九三	山路愛山「**明治文学史**」の発表はじまる／ケーベル来日／内村鑑三『**余はいかにしてキリスト信徒となりしか**』(英文)	デュルケーム『社会分業論』
一八九四	北村透谷(27)自殺／志賀重昂『**日本風景論**』	日英改正通商航海条約／日清戦争おこる／グラビア印刷
一八九五	太陽・少年世界・東洋経済新報／陸奥宗光『**蹇蹇録**』できる	三国干渉／孫文が日本亡命
一八九六	竹越与三郎『**二千五百年史**』	シオニズム運動

一八九七	京都帝国大学設立／陸奥宗光(54)死す	朝鮮が大韓と改称
一八九八（明治三一）	岡倉天心の日本美術院創立／徳冨蘆花『不如帰』	戊戌の政変／米西戦争
一八九九	河口慧海がチベット旅行／反省雑誌を改称して中央公論／横山源之助『日本の下層社会』／小学校教育費の国庫負担	義和団事件おこる／ベルンシュタインの修正主義／米が門戸開放宣言
一九〇〇	明星・内村鑑三の『聖書之研究』	パヴロフの条件反射
一九〇一	福沢諭吉(68)死す／幸徳秋水『**廿世紀之怪物帝国主義**』・中江兆民『一年有半』／中江兆民(55)死す	東亜同文書院創立／米のフィリピン支配確立
一九〇二	宮崎滔天「**三十三年之夢**」	日英同盟／大公報
一九〇三	小学校国定教科書／岡倉天心『**東洋の理想**』（英文）・幸徳秋水『社会主義神髄』	ボルシェヴィズム／ライトの飛行機とぶ
一九〇四	平民新聞が共産党宣言を訳載して発禁／河口慧海『**西蔵旅行記**』・福田英子『**妾の半生涯**』	日露戦争おこる
一九〇五	田口卯吉(51)死す／夏目漱石『吾輩は猫である』	血の日曜日／マルクス「剰余価値理論」／ポーツマス条約
一九〇六	北一輝『**国体論及び純正社会主義**』（まもなく発禁）・丘浅次郎『進化と人生』	

一九〇七（明治四〇）	福田英子らの世界婦人／田山花袋『蒲団』／狩野亨吉「記憶すべき関流の数学者」／夏目漱石『**文学論**』	ベルグソン『創造的進化』・ジェームズ『プラグマティズム』
一九〇八	アララギ／ベルヌ条約加盟	中国に日貨排斥運動おこる
一九〇九	赤旗事件／幸徳らの自由思想や世界婦人を発禁／夏目漱石『文学評論』	伊藤博文殺さる
一九一〇	白樺／幸徳事件／石川啄木「**時代閉塞の現状**」・『一握の砂』	日韓併合／対華四国借款団／フロイト『精神分析』
一九一一	幸徳秋水(41)刑死す／西田幾多郎『**善の研究**』	日英同盟改訂／関税自主権回復／辛亥革命おこる
一九一二（大正元）	石川啄木(27)死す／大杉栄・荒畑寒村らの近代思想・友愛会の友愛新報	中華民国臨時政府
一九一三	憲政擁護運動おこる／岡倉天心(52)死す／柳田国男らの郷土研究	孫文が日本亡命／フッサールの現象学論
一九一四	吾等／南方熊楠「**十二支考**」の発表はじめる／阿部次郎『三太郎の日記』	第一次世界大戦／ラッセル『哲学の科学的方法』／サンガー産児制限論
一九一五		対華二一ヵ条要求／新青年

一九一六	吉野作造が憲政本義論を発表／朝永三十郎『近世における我の自覚史』・津田左右吉『**文学に現はれたる我が国民思想の研究**』／河上肇「**貧乏物語**」／タゴール来日／夏目漱石(50)死す	レーニン「帝国主義論」を書く／アインシュタインが一般相対性原理を発見
一九一七	山路愛山(54)死す／左右田喜一郎『経済哲学の諸問題』	胡適ら文学革命を主張／ロシア革命
一九一八	米騒動／原敬内閣／東大に新人会／武者小路実篤らの新しき村運動	シベリア出兵／ウィルソンの一四ヵ条／中国で軍閥抗争はじまる
一九一九	普選運動おこる／我等・改造・解放・人間／長谷川如是閑「**現代国家批判**」を中央公論などに発表／北一輝「日本改造法案大綱」	万歳事件／コミンテルン結成／五四運動おこる／ヴェルサイユ講和会議
一九二〇(大正九)	経済恐慌／第一回メーデー／森戸事件／竹越与三郎『日本経済史』・高畠素之訳『資本論』・和辻哲郎『日本古代文化』・柳田国男『雪国の春』	尼港事件／国際連盟発足／ウェルズ『世界文化史大系』
一九二一	原敬暗殺／志賀直哉『暗夜行路』／鈴木文治らの日本労働学校	日英同盟廃棄／ソ連がネップ採択／中国共産党創立

一九二二	前衛・思想・無産階級／日本共産党・日本経済連盟会／常用漢字二〇〇〇字／左右田喜一郎『**文化価値と極限概念**』／アインシュタイン来日／宮崎滔天(53)死す	ソ連邦設立の宣言／M＝ウェーバー『科学方法論』
一九二三	文藝春秋・赤旗／美濃部達吉『**憲法撮要**』／関東大震災／大杉栄(39)虐殺・遺稿『**自叙伝**』	ケインズ「貨幣改革論」／カッシーラーの『象徴形式の哲学』
一九二四	内藤虎次郎『**日本文化史研究**』／日本フェビアン協会・東洋文庫設立／原勝郎(53)死す	英国労働党内閣
一九二五	ラジオ放送／治安維持法／学生の軍事教練／細井和喜蔵『女工哀史』／日本プロレタリヤ文芸連盟	ヒトラー『わが闘争』／スターリン「一国社会主義理論」
一九二六（昭和元）	学生の社会科学研究を禁止／折口信夫「水の女」の発表はじまる	
一九二七	経済不況／世界文学全集・マル－エン全集・岩波文庫／福田英子(62)・志賀重昂(65)・左右田喜一郎(47)死す／芥川竜之介自殺	山東出兵／排日運動激化／ハイデッガー『存在と時間』

一九二八	第一回普選／共産党員の大量検挙（3・15）／新人会・京大社研解散／前衛・戦旗／狩野亨吉「安藤昌益」	青島出兵／張作霖事件／不戦条約／ソ連第一次五ヵ年計画
一九二九	中野重治『**芸術に関する走り書的覚え書**』・折口信夫『**古代研究**』・戸坂潤『科学方法論』・小倉金之助『階級社会の算術』・矢内原忠雄「**帝国主義下の台湾**」／原勝郎『日本中世史研究』**（東山時代に於ける一縉紳の生活）**	世界恐慌はじまる
一九三〇（昭和五）	学生思想善導施設方針／野呂栄太郎『**日本資本主義発達史**』・九鬼周造『**「いき」の構造**』・田中王堂『現代文化の本質』／内村鑑三(70)死す	ロンドン軍縮会議
一九三一		満州事変おこる
一九三二	『日本資本主義発達史講座』／羽仁五郎「**東洋における資本主義の形成**」／五・一五事件	満洲国建国宣言／コミンテルン「32年テーゼ」
一九三三	小林多喜二虐殺／思想対策協議会／滝川事件／転向続出／戸坂潤「**日本イデオロギー論**」の諸論文を発表はじまる	国際連盟脱退／ヒトラーが首相となる

一九三四	野呂栄太郎(35)虐殺／思想局・国語審議会／山田盛太郎『**日本資本主義分析**』／内藤虎次郎(69)死す	ソ連の国際連盟加入／中国共産党の大西遷
一九三五(昭和一〇)	天皇機関説で『憲法撮要』発禁／青年学校開設／和辻哲郎『**風土**』・小林秀雄『**私小説論**』／世界文化・日本浪漫派	コミンテルン「人民戦線テーゼ」
一九三六	二・二六事件／言論取締強化／コム＝アカデミー事件／議事堂落成／尾高朝雄『**国家構造論**』・林達夫『思想の運命』／狩野亨吉「天津教古文書の批判」／タカクラ＝テル「ニッポン国民文学のかくりつ」(**新文学入門**)・中井正一「委員会の論理」	スペイン内乱／魯迅死す／独伊枢軸成立／西安事件
一九三七	文化勲章／教育審議会／大塚久雄『**近代欧洲経済史序説**』／北一輝(54)刑死す／矢内原忠雄筆禍事件	日華事変おこる／ケインズ『一般理論』／毛沢東「実践論」／日独伊防共協定
一九三八	国家総動員法／波多野精一「**時と永遠**」／久保栄「火山灰地」／人民戦線事件	ミュンヘン会談
一九三九	東大粛学事件／三木清『構想力の論理』	第二次世界大戦おこる

一九四〇	津田左右吉『神代史の研究』発禁／田辺元『歴史的現実』・小倉金之助『**日本の数学**』・今西錦司『**生物の世界**』／丸山眞男「**日本政治思想史研究**」一部発表	毛沢東『新民主主義論』
一九四一（昭和一六）	国民学校発足／九鬼周造(54)・南方熊楠(74)死す	太平洋戦争おこる
一九四二	学徒出動／日本新聞協会・大日本言論報国会／漢字左書／坂口安吾「**日本文化私観**」／高山岩男『世界史の哲学』	
一九四三	谷崎潤一郎「細雪」中止令／学徒出陣	サルトル『存在と無』
一九四四	中央公論・改造弾圧／湯川秀樹『物理学に志して』（**目に見えないもの**）	サイパン島玉砕／ラスキ『信仰・理性・文明』
一九四五（昭和二〇）	授業停止／鈴木大拙『**日本的霊性**』／西田幾多郎(76)死す／戸坂潤(45)・三木清(48)獄死す	広島に原爆投下／独降伏／ポツダム宣言受諾／ヴァレリー死す

一九四六　柳田国男『**先祖の話**』／一九五一『**南方熊楠全集**』／一九五二　丸山眞男『**日本政治思想史研究**』／一九五八『**狩野亨吉遺文集**』／一九六二　中井正一『**美と集団の論理**』

本文中に、「白痴」や「発狂」など、現在の人権意識に照らすと不適切とされる差別的表現が使用されています。この作品は、一九六二年に初版が刊行され、多くの読者に読み継がれてきたものであり、作品の価値を尊重し、また編者や一部著者が他界していることに鑑み、原文のまま収録いたしました。差別意識を助長する意図は一切ありません。また、改版にあたり、ルビを追加し、明らかに誤記と思われるものなどは修正しました。（編集部）

写真
●国立国会図書館ＨＰ内「近代日本人の肖像」より
5p、11p、17p、35p、47p、53p、83p、95p、131p
●それ以外は、中央公論新社

桑原武夫（くわばら・たけお）

1904年，福井県に生まれる．1928年，京都帝国大学文学部卒業．京都大学人文科学研究所教授，同所長を経て，1968年に定年退官，名誉教授となる．1987年，文化勲章を受章．専攻，西洋文化史．1988年，逝去．

著訳書 『事実と創作』（創元社，1943）
『現代フランス文学の諸相』（筑摩書房，1949）
『文学入門』（岩波新書，1950）
『思い出すこと忘れえぬ人』（文藝春秋，1971）
『桑原武夫集』（全10巻，岩波書店，1980〜1981）
『一日一言 人類の知恵』（共著，岩波新書，1956）
『世界の歴史10 フランス革命とナポレオン』（共著，中央公論社，1961）
スタンダール『赤と黒』（生島遼一共訳，岩波文庫，1933，1934）
アラン『芸術論集』（岩波書店，1941）
ルソー『告白』（岩波文庫，1965〜66）

日本《にほん》の名著《めいちょ》 改版
中公新書 *1*

1962年11月25日初版発行
2012年10月25日改版発行

編　者　桑原武夫
発行者　小林敬和

本文印刷　三晃印刷
カバー印刷　大熊整美堂
製　本　小泉製本

発行所　中央公論新社
〒104-8320
東京都中央区京橋 2-8-7
電話　販売 03-3563-1431
　　　編集 03-3563-3668
URL http://www.chuko.co.jp/

Published by CHUOKORON-SHINSHA, INC.
Printed in Japan　ISBN978-4-12-180001-5 C1200

中公新書刊行のことば

いまからちょうど五世紀まえ、グーテンベルクが近代印刷術を発明したとき、書物の大量生産は潜在的可能性を獲得し、いまからちょうど一世紀まえ、世界のおもな文明国で義務教育制度が採用されたとき、書物の大量需要の潜在性が形成された。この二つの潜在性がはげしく現実化したのが現代である。

いまや、書物によって視野を拡大し、変りゆく世界に豊かに対応しようとする強い要求を私たちは抑えることができない。この要求にこたえる義務を、今日の書物は背負っている。だが、その義務は、たんに専門的知識の通俗化をはかることによって果たされるものでもなく、通俗的好奇心にうったえて、いたずらに発行部数の巨大さを誇ることによって果たされるものでもない。現代を真摯に生きようとする読者に、真に知るに価いする知識だけを選びだして提供すること、これが中公新書の最大の目標である。

私たちは、知識として錯覚しているものによってしばしば動かされ、裏切られる。私たちは、作為によってあたえられた知識のうえに生きることがあまりに多く、ゆるぎない事実を通して思索することがあまりにすくない。中公新書が、その一貫した特色として自らに課すものは、この事実のみの持つ無条件の説得力を発揮させることである。現代にあらたな意味を投げかけるべく待機している過去の歴史的事実もまた、中公新書によって数多く発掘されるであろう。

中公新書は、現代を自らの眼で見つめようとする、逞しい知的な読者の活力となることを欲している。

一九六二年一一月